綱鑑易知錄

第五册

唐紀

五代　後梁紀　後唐紀　後晉紀　後漢紀　後周紀

卷五十三至卷六十三

唐代宗大曆十四年（公元七七九年）起
後周世祖顯德六年（公元九五九年）止

中華書局

綱鑑易知錄卷五三

唐紀

代宗皇帝

綱 己未，十四年，（七七九）春正月，以李泌爲澧州刺史。（澧州治澧陽縣，即今湖南澧縣。）

目 常衮言於上曰：「陛下久欲用李泌，昔漢宣帝欲用人爲公卿，必先試理人，請且以爲刺史，使周知人閒利病，俟報政而用之。」

綱 二月，田承嗣卒。

目 以其姪悅爲魏博留後。（魏博節度使治魏州城，在今河北大名縣東。）

綱 三月，淮西將李希烈逐其節度使李忠臣，（淮西節度使治蔡州城，即今河南汝南縣。）詔以希烈爲留後。

綱 夏五月，帝崩，太子卽位。

目 上崩，遺詔以郭子儀攝冢宰。德宗卽位，動遵禮法，食馬齒羹，馬齒，菜名，今馬齒莧也。不設鹽、酪。酪，乳漿。

綱 閏月，貶崔祐甫爲河南少尹。祐甫與常衮議羣臣喪服不合，衮奏祐甫「率情變禮」，貶之。

崔祐甫相

綱　貶常袞爲潮州刺史，（潮州治潮陽縣，即今廣東潮州市。）以崔祐甫同平章事。

目　時郭子儀、朱泚雖以軍功爲宰相，皆不預朝政，袞獨居政事堂，（政事堂，宰相會同議事處。）代二人署名奏貶祐甫。既而二人表其非罪，上問：「卿曏言可貶，何也？」二人對「初不知。」上以袞爲欺罔，貶爲潮州刺史，而以祐甫代之，聞者震悚。時上居諒陰，陰音庵。諒陰，天子居喪之次。委政祐甫，所言皆聽。而羣臣喪服，竟從袞議。袞議：羣臣喪服，當從皇帝二十七日而除，其天下吏人三日釋服，自遵遺詔。祐甫以爲遺詔無朝臣、庶人之別，皆應三日釋服。

初，至德以後，至德，肅宗年號。天下用兵，官爵冗濫。元、王秉政，元載、王縉。賄賂公行。及袞爲相，思革其弊，四方奏請，一切不與；而無所甄別，賢愚同滯。祐甫欲收時望，作相未二百日，除官八百人，前後相矯，終不得其適。上嘗謂祐甫曰：「人或謗卿，所用多涉親故，何也？」對曰：「臣爲陛下選擇百官，不敢不詳慎。苟平生未之識，何以諳其才行而用之。」諳音庵，曉也。上以爲然。

綱　詔罷四方貢獻，又罷梨園。（唐玄宗開元二年，選樂工、宮女數百人，自敎之，謂之梨園弟子，後以樂工稱梨園。）

綱　尊郭子儀爲尚父，加太尉，兼中書令。

目　上以山陵近，葬期伊邇也。帝王所葬曰山陵。禁屠宰。子儀之隸人犯禁，金吾將軍裴諝奏之。或謂曰：「君獨不爲郭公地乎？」諝曰：「此乃所以爲之地也。郭公勳高望重，上新卽位，以爲羣臣附之者衆，吾故發其小過，以明郭公之不足畏。上尊天子，下安大臣，不亦可乎！」

禁奏祥瑞

綱 詔天下毋得奏祥瑞。縱馴象，出宮女。

目 澤州上慶雲圖，（澤州治晉城縣，在今山西晉城縣東。澤州刺史李鷃獻慶雲圖，慶雲即卿雲。）上曰：「朕以時和年豐爲嘉祥，以進賢顯忠爲良瑞，如卿雲、靈芝、珍禽、奇獸、怪草、異木，何益於人！布告天下，自今有此，毋得上獻。」

先是，外國累獻馴象，上曰：「象費豢養而違物性，（豢音換。）將安用之！」命縱於荆山之陽，（荆山，在今陝西銅川市西南。）及豹、貀、鬭雞、獵犬之類，（貀音納，似狗，豹文。）悉縱之；又出宮女數百人。於是中外皆悅，淄青軍士，（時平盧節度使李正己以其子納爲淄青留後，治鄆州城，即今山東東平縣。）至投兵相顧曰：「明主出矣，吾屬猶反乎！」

李希烈爲淮西節度

綱 以李希烈爲淮西節度使。

目 代宗優寵宦官，奉使四方者，還問所得頗少，則以爲輕我命；由是中使所至，公求賂遺，重載而歸。上素知其弊，遣中使邵光超賜希烈旌節；希烈贈之僕、馬及縑七百匹。（縑音兼，幷絲絹也。）上怒，杖光超而流之。於是中使之未歸者，皆潛棄所得於山谷，雖與之莫敢受。

馬燧爲河東節度

綱 以馬燧爲河東節度使。（河東騎士單弱，燧居數月，敎爲精騎。（河東節度使治太原府，即幷州城，在

劉晏判度支

今山西太原市西南。）

綱　以劉晏判度支。

目　初，第五琦始榷鹽以佐軍用，及劉晏代之，法益精密。初歲入錢六十萬緡，緡音民，錢貫也。末年所入逾十倍，而人不厭苦。計一歲征賦所入總一千二百萬緡，而鹽利居其大半。以鹽爲漕傭，水運曰漕，雇直曰傭。自江、淮至渭橋，（在今陝西西安市東北，接臨潼界，即東渭橋。）率萬斛，傭七千緡，自淮以北，列置巡院，擇能吏主之，不煩州縣而集事。

綱　六月，詔：「寃滯聽詣三司使及撾登聞鼓。」撾音打，擊鼓也。登聞院懸鼓，以達寃人。

綱　遣使慰勞淄青將士。

目　李正己畏上威名，正己時爲平盧節度使。表獻錢三十萬緡；上欲受之恐見欺，却之則無辭。崔祐甫請遣使慰勞淄青將士，因以賜之，使將士人人戴上恩，諸道知朝廷不重貨財。上悅，從之。正己慙服，天下以爲太平之治，庶幾可望焉。

木妖

綱　秋七月，毁元載、馬璘、劉忠翼之第。

目　安、史亂後，安、史，安祿山、史思明。法度墮弛，將相宦官競治第舍，各窮其力而後止，時人謂之「木妖」。上素疾之，故毁其尤者。

綱　以張涉爲右散騎常侍。

目　上之在東宮也，國子博士張涉爲侍讀，即位之夕，召入禁中，事皆咨之；明日，以

楊炎喬琳相

沈既濟上選舉議

詔財賦皆歸左藏

爲翰林學士，親重無比。至是，以爲散騎常侍，學士如故。

綱 八月，以楊炎、喬琳同平章事。

目 上方勵精求治，不次用人，卜相於崔祐甫，祐甫薦炎器業，上亦素聞其名，故自道州司馬用之。（道州治營道縣，即今湖南道縣。）琳，粗率喜詼諧，無他長，與張涉善，涉稱其才可大用，上信而用之；聞者無不駭愕。既而祐甫病，不視事。

綱 沈既濟上選舉議。

目 議曰：「選舉之法三科：曰德也，才也，勞也。然安行徐言，非德也；麗藻芳翰，非才也；累資積考，非勞也。今乃以此求天下之士，固未盡矣。臣謂五品以上及羣司長官，宜令宰臣進敍，吏部、兵部得參議焉。其六品以下或僚佐之屬，許州、府辟用；（辟，舉也。）其或選用非公，則吏部、兵部察而舉之，加以譴黜，則衆才咸得，而官無不治矣。」

綱 冬十月，吐蕃、南詔入寇，遣神策都將李晟等擊破之。（宿衞禁兵有左右神策軍。）

綱 葬元陵。（在今陝西銅川市西南檀山。）

綱 十一月，喬琳罷。

目 琳以衰老耳聵，論議疎闊，罷政事，上由是疎張涉。

綱 十二月，立宣王誦爲皇太子。

綱 詔財賦皆歸左藏。

楊炎論財賦不宜貯內庫

目　舊制，天下金帛皆貯於左藏，（唐有左藏署，屬太府寺。）太府四時上其數，比部覆其出入。（唐制，天下財賦皆納入左藏，比部覆核其出入。比部屬刑部。）及第五琦爲度支使，奏盡貯於大盈內庫，使宦官掌之，天子亦以取給爲便。由是以天下公賦爲人君私藏，有司不復得窺其多少，殆二十年。宦官蠶食其中，蟠結根據，牢不可動。楊炎頓首於上前曰：「財賦者，國之大本，生民之命，重輕安危，靡不由之，是以前世皆使重臣掌其事，猶或秏亂不集。秏音帽。秏亂，不明也。今獨使中人出入盈虛，中人，宦官也。大臣皆不得知，政之蠹弊，莫甚於此。請出之以歸有司。度宮中歲用，量數奉入。如此，然後可以爲政。」上即日下詔，從之。炎以片言移人主意，議者稱之。

綱　遣闗播招撫湖南盜賊。（湖南觀察使治潭州城，即今湖南長沙市。）

目　湖南賊帥王國良阻山爲盜，遣都官員外郎闗播招撫之。播辭行，上問以爲政之要，對曰：「爲政之本，必求有道賢人與之爲理。」上曰：「朕比已下詔求賢，又遣使搜訪矣。」對曰：「此唯得文詞干進之士耳，安有有道賢人肯隨牒舉選乎！」上悅。

德宗皇帝　名适，代宗太子，在位二十五年，壽六十四歲而崩。帝猜忌刻薄，以強明自任，恥見屈於正論，而忘受欺於奸諛，用盧杞、趙贊以至於敗；小人之能亂國也如此。

作兩稅法

綱　庚申，德宗皇帝建中元年，（七八〇）春正月，始作兩稅法。

目　唐初，賦斂之法曰租、庸、調，（高祖武德七年定均田租庸調法。）有田則有租，有身則有庸，

罷轉運租庸鹽鐵使

楊炎獨專朝政

以朱泚爲涇原節度使

有戶則有調。玄宗之末，版籍浸壞，至德兵起，（至德，肅宗年號。）所在賦斂，迫趣取辦，（趣音促。）無復常準。下戶旬輸月送，不勝困弊，率皆逃徙，其土著者百無四五。至是，楊炎建議作兩稅法：（謂夏輸無過六月，秋輸無過十一月，置兩稅使以總之。）先計州縣每歲所用及上供之數而賦於人，量出以制入。戶無主、客，（州縣有主戶、客戶之分。）以見居爲簿；人無丁、中，（男子十八以上爲中，二十三以上成丁。）以貧富爲差；爲行商者，在所州縣稅三十之一。居人之稅，秋夏兩徵之。其租、庸、調雜徭悉省，皆總於度支。上用其言，仍詔兩稅外輒率一錢者，以枉法論。

綱 罷轉運、租庸、鹽鐵等使，貶劉晏爲忠州刺史。初，劉晏與楊炎不相悅，至是炎奏罷晏轉運等使，尋貶忠州刺史。（忠州治臨江縣，即今四川忠縣。）

綱 二月，命黜陟使十一人分巡天下。

綱 以段秀實爲司農卿。

目 崔祐甫有疾，多不視事；楊炎獨任大政，專以復恩讎爲事，奏用元載遺策城原州。（事見卷五十二大曆八年「元載奏請城原州」目及注。）炎欲發兩京、關內丁夫浚豐州陵陽渠，（在豐州九原縣，在今內蒙古杭錦後旗西北。）以興屯田。上遣中使訪之涇原節度使段秀實，（涇原節度使治涇州城，在今甘肅涇川縣北。）秀實以爲：「邊備尚虛，未宜興事以召寇。」炎怒，以爲沮己，徵秀實爲司農卿。使李懷光兼涇原，既而渠竟不成。

綱 以朱泚爲涇原節度使。

目　楊炎欲城原州，命李懷光居前督作，朱泚、崔寧各將萬人翼其後。詔下涇州爲城具，其將士怒曰：「吾屬始居邠州，（即豳州，治新平縣，即今陝西邠縣。）甫營耕桑，有地著之安。地著猶言土著。徙屯涇州，披荆榛，立軍府；坐席未煖，又投之塞外。吾屬何罪而至此乎！」又以懷光嚴刻，皆懼。別駕劉文喜因衆心不安，據涇州不受詔，復求段秀實或朱泚爲帥。詔以泚代懷光。

綱　三月，張涉坐贓，放歸田里。

復置度支轉運使

綱　以韓洄判度支，杜佑權江、淮轉運使。楊炎罷度支轉運使，既而天下錢穀無所總領，乃復舊制。

綱　夏四月，上生日，不受獻。

綱　六月，門下侍郎同平章事崔祐甫卒。

築奉天城

綱　築奉天城。（奉天，縣名，即今陝西乾縣。）

目　術士桑道茂上言：「陛下不出數年，暫有離宮之厄，臣望奉天有天子氣，宜高大其城，以備非常。」上命京兆發丁夫數千，雜六軍之士築奉天城。

殺劉晏

綱　秋七月，殺忠州刺史劉晏。

目　荆南節度使庾準希楊炎指，（荆南節度使治荆州城，即今湖北江陵縣。）奏晏與朱泚書求營救，辭多怨望；炎證成之，上密遣中使縊殺之，天下冤之。

初，安、史之亂，天下戶口什亡八九，所在宿重兵，其費不貲，貲音咨，量也。皆倚辦於晏。

劉晏善理財

晏有精力，多機智，變通有無，曲盡其妙。常以厚直募善走者，置遞相望，遞，驛傳也。覘報四方物價，覘，窺也。不數日皆達，食貨輕重之權，悉制在掌握，國家獲利而天下無甚貴甚賤之憂。

出納必委之士類

晏以爲「辦集衆務，在於得人，故必擇通敏、精悍、廉勤之士而用之」。常言「士陷贓賄，則淪棄於時，名重於利，故士多淸脩；吏雖潔廉，終無顯榮，利重於名，故吏多貪汙」。其句檢簿書，句同鉤。出納錢穀，事雖至細，必委之士類；吏惟書符牒，不得輕出一言。

理財以養民爲先

晏又以爲戶口滋多，則賦稅自廣，故其理財常以養民爲先。諸道各置知院官，每旬月具雨雪豐歉之狀以告，豐則貴糴，歉則賤糶，或以穀易雜貨供官用，而於豐處賣之。知院官始見不稔之端，先申至，某月須如干蠲免，如干猶言若干。某月須如干救助，及期，晏不俟州、縣申請，卽奏行之，不待困弊、流殍，然後賑之也，由是戶口蕃息。始爲轉運使，時天下見戶不過二百萬，其季年乃三百餘萬，非晏所統亦不增也。其初財賦歲入不過四百萬緡，季年乃千餘萬緡。

官多則擾民

常平鹽

晏專用榷鹽法充軍國之用。晏以爲，官多則民擾，故但於出鹽之鄉置官收鹽，轉鬻於商人，任其所之，其去鹽鄉遠者，轉官鹽於彼貯之。或商絕鹽貴，則減價鬻之，謂之常平鹽，官獲其利而民不乏鹽。其始江、淮鹽利不過四十萬緡，季年乃六百餘萬緡，由是國用充足而民不困弊。

各隨便宜造運船緣水置倉

大計不惜小費

事必一日中決

先是，運關東穀入長安者，以河流湍悍，（河，黃河。湍悍，勇急也。）率一斛得八斗至者，則爲成勞，受優賞。晏以爲江、汴、河、渭，水力不同，各隨便宜，造運船，教漕卒，緣水置倉，（緣，循也。）轉相受給。自是每歲運穀或至百餘萬斛，無斗升沉覆者。船十艘爲一綱，（艘，船之總名。）使軍將領之，十運無失，授優勞官。於揚子置場造船，（揚子，縣名，在今江蘇儀徵縣東南。）艘給千緡。或言：「用不及半，請損之。」晏曰：「不然，論大計者不可惜小費，凡事必爲永久之慮。今始置船場，執事者多，當先使之私用無窘，則官物堅完矣。若遽與之屑屑較計，安能久行乎！異日必有減之者；減半以下猶可也，過此則不能運矣。」後五十年，有司果減其半。及咸通中，（咸通，懿宗年號。）有司計費而給之，無復羨餘，船益脆薄，（脆音翠。）漕運遂廢。晏爲人勤力，事無閑劇，（劇音極。閑劇，閑與煩也。）必於一日中決之。後來言財利者，皆莫能及。

綱 冬十月，貶薛邕爲連山尉。（連山縣，在今廣東連山縣西北。）

目 大曆以前，（大曆，代宗年號。）賦斂、出納、俸給皆無法，長吏得專之；重以元、王秉政，（元，元載。王，王縉。）貨賂公行，天下不按贓吏者殆二十年。上以宣歙觀察使薛邕文雅舊臣，（歙音攝。）（宣歙觀察使置在宣州城，即今安徽宣城縣。）徵爲左丞；邕去宣州，盜隱官物以巨萬計，殿中侍御史員寓發之，貶連山尉。於是州縣始畏朝典。上初即位，疎斥宦官，親任朝士，而張涉、薛邕繼以贓敗，宦官、武將皆曰：「南牙文臣，（牙同衙。唐分宰相爲南司，故曰南牙。）贓至巨萬，而謂我曹濁亂天下，曹，輩也。豈非欺罔邪！」於是上心始疑，不知所倚仗矣。

李寶臣卒

李惟岳自爲成德留後

綱 辛酉，二年，（七八一）春正月，成德節度使李寶臣卒，（成德節度使治恆州城，即今河北正定縣。）子惟岳自稱留後。

目 李寶臣欲以軍府傳其子惟岳，以其年少闇弱，豫誅諸將之難制者數十人。及卒，孔目官胡震、家僮王他奴勸惟岳匿喪，詐爲寶臣表，請繼襲，不許；乃發喪，自稱留後。使將佐共奏求旌節，又不許。初，寶臣與李正己、田承嗣、梁崇義相結，期以土地傳子孫，故承嗣之死，（承嗣死在大曆十四年。）寶臣力爲悅請繼襲。至是，悅屢爲惟岳請，上亦不許；或曰：「不與必爲亂。」上曰：「賊本無資以爲亂，皆藉我土地，假我位號，以聚其衆耳。曏日因其所欲而命之多矣，而亂益滋，是爵命不足以已亂而適足以長亂也。」竟不許。田悅乃與李正己各遣使詣惟岳，潛謀勒兵拒命。正己發兵萬人屯曹州，（治濟陰縣，在今山東曹縣西北。）悅亦完聚，與崇義、惟岳相應，河南士民騷然驚駭。詔以永平節度使李勉爲都統，（永平節度使治泗州城，在今安徽泗縣東南。）備之。

楊盧並相

綱 以楊炎、盧杞同平章事。

郭子儀屏姬見盧杞

目 杞貌醜，色如藍，有口辯；上悅之。郭子儀每見賓客，姬妾不離側。杞嘗往問候，子儀悉屏侍妾。或問其故，子儀曰：「杞貌陋而心險，婦人見之必笑，他日杞得志，吾族無類矣！」

楊炎既殺劉晏，朝野側目，李正己累表請晏罪。炎懼，遣腹心分詣諸道，密諭以「晏昔嘗請立獨孤后，初，德宗即位，衆疾劉晏久典利權，風言晏嘗密表勸代宗立獨孤妃爲后。楊炎因言晏與黎幹同謀。崔祐甫言茲事曖昧，況已更大赦，不當復究。尋貶晏忠州刺史。上自殺之。」上聞而惡之，由是有誅炎之志，擢杞爲相，不專任炎矣。炎素輕杞無學，多託疾不與會食；杞亦恨之。杞陰狡，欲起勢立威，小不附者必欲置之死地，引裴延齡爲集賢直學士，集賢，殿名。親任之。

盧杞引裴延齡

綱 發京西兵戍關東。

目 發京西防秋兵萬二千戍關東。上御望春樓宴勞之，神策將士獨不飲，上使詰之，其將楊惠元對曰：「臣等發奉天，軍帥張巨濟戒之曰：『此行大建功名，凱旋之日，相與爲歡。苟未捷，毋飲酒。』故不敢奉詔。」及行，有司緣道設酒食，獨惠元所部缾罌不發。缾，酒器。罌音英，缾之總名。上深歎美，賜書勞之。

張巨濟將略

綱 夏五月，田悅舉兵寇邢、洺。（邢州治龍崗縣，在今河北邢臺市西南。洺州治永年縣，在今河北永年縣東北。）

田悅寇邢洺

目 田悅、李正己、李惟岳定計，連兵拒命。悅欲阻山爲境，曰：「邢、洺如兩眼，在吾腹中，不可不取。」乃遣兵馬使康愔將兵八千人圍邢州，自將兵數萬圍臨洺。（縣名，即今河北永年縣。）邢州刺史李共、臨洺將張伾堅壁拒守。

郭子儀卒

楊炎罷張鎰相

破田悅

張伾守臨洺

綱　六月，以韓滉爲鎮海軍節度使。（鎮海軍節度使即浙江西道節度使，治京口，在今江蘇鎮江市東南。）梁崇義拒命，詔淮西節度使李希烈督諸道兵討之。

綱　尚父、太尉、中書令、汾陽忠武王郭子儀卒。

目　子儀爲上將，擁彊兵，程元振、魚朝恩讒謗百端，詔書一紙徵之，無不即日就道，由是讒謗不行。嘗遣使至田承嗣所，承嗣西望拜之曰：「此膝不屈於人若干年矣！」李靈曜據汴州，（汴州治浚儀縣，在今河南開封市北。）公私物過汴者皆留之，惟子儀物不敢近，遣兵衞送出境。校中書令考凡二十四，（唐制，一歲終一考功，子儀自肅宗乾元元年拜中書令，至是凡二十四考。）家人三千人，八子、七壻皆爲顯官；諸孫數十人，每問安，不能盡辨，頷之而已。（頷音撼，點頭以應也。）僕固懷恩、李懷光、渾瑊輩皆出麾下，雖貴爲王公，嘗頤指役使，趨走於前，家人亦以僕隸視之。天下以其身爲安危者殆三十年，功蓋天下而主不疑，位極人臣而衆不疾，窮奢極欲而人不非之，年八十五而終。其將佐爲名臣者甚衆。

綱　秋七月，楊炎罷，以張鎰同平章事。

綱　詔馬燧、李抱眞、李晟討田悅，戰於臨洺，大破之。

目　田悅攻臨洺，累月不拔，城中食且盡。張伾飾其愛女，使出拜將士曰：「諸軍守戰甚苦，伾家無他物，請鬻此女爲將士一日之費。」衆皆哭曰：「願盡死力，不敢言賞。」李抱眞告急於朝，詔馬燧及神策兵馬使李晟將兵討悅，又詔朱滔討惟岳。燧等軍至臨洺，悅悉衆

李正己卒

力戰，悅兵大敗，悅夜遁，邢州圍亦解。

綱　平盧節度使李正己卒，（平盧節度使治營州城，即今遼寧朝陽縣。）子納自領軍務。與李惟岳遣兵救田悅。

綱　八月，李希烈與梁崇義戰，大破之，崇義死，傳首京師。

綱　九月，以張孝忠爲成德軍節度使。（成德軍節度使治恆州城，即今河北正定縣。）

李承爲山南東道節度

綱　加李希烈同平章事，以李承爲山南東道節度使。（山南東道節度使治襄州城，即今湖北襄樊市。）

李承先見

目　初，希烈請討梁崇義，上亟稱其忠。黜陟使李承自淮西還，言於上曰：「希烈必立微功；但恐有功之後，更煩朝廷用兵耳！」上不以爲然。希烈既得襄陽，（卽山南東道治。）遂據之。上乃思承言，以爲山南東道節度使。承單騎赴鎮，至襄陽，希烈迫脅萬方，承不屈，希烈乃大掠而去。

殺楊炎

綱　冬十月，殺左僕射楊炎。

盧杞陷楊炎

目　初，蕭嵩家廟臨曲江，（蕭嵩，玄宗時宰相。曲江，在今西安市東南。）玄宗以娛遊之地，非神靈所宅，命徙之。楊炎爲相，立廟復直其地。炎惡京兆尹嚴郢，盧杞欲陷炎，引以爲御史大夫。先是炎有宅在東都，賣以爲官廨，（廨音介，官舍也。）郢按之，以爲有羨利。吏議以爲：「監主自盜，當絞。」杞因言：「嵩廟地有王氣，故玄宗徙之；炎有異志，故取以建廟。」遂貶崖州司馬；（崖州治舍城縣，在今廣東瓊山縣東南。）遣中使護送，縊殺之。

綱 徐州刺史李洧以州降。（徐州治彭城縣，即今江蘇徐州市。）洧音委。

目 徐州刺史李洧，正己之從父兄也。舉州歸國；遣巡官崔程奉表詣闕，乞領徐、海、沂觀察使，（海州治朐山縣，即今江蘇新海連市。沂州治臨沂縣，即今山東臨沂縣。）且曰：「今海、沂皆爲李納所有。洧與其刺史王涉、馬萬通有約，苟得朝廷詔書，必能成功。」程先白張鎰。盧杞怒，不從其請。以洧爲招諭使。

綱 十一月，劉洽、唐朝臣等，（劉洽，朔方將。唐朝臣，宣武將。）大破青、魏兵於徐州。先是李納遣其將王溫會魏博兵攻徐州，李洧遣王智興詣闕告急，詔唐朝臣、劉洽等共救之。（青、魏，指淄青節度使及魏博節度使。）

馬燧洹水之捷

綱 壬戌，三年，（七八二）春正月，馬燧等大破田悅等於洹水，（在今河南安陽市北。）博、洺州降。（博州治聊城縣，在今山東聊城市東。）

王武俊殺李惟岳

綱 朱滔、張孝忠與李惟岳戰，大敗之，趙州降。（趙州治平棘縣，在今河北寧晉縣西北。）成德兵馬使王武俊殺惟岳，傳首京師。

綱 二月，以張孝忠爲易、定、滄州節度使，（易州治易縣，即今河北易縣。定州治安喜縣，即今河北定縣。滄州治清池縣，在今河北滄縣東南。謂節度此三州。）王武俊爲恆冀團練使，（恆冀團練使治冀州城，在今河北衡水縣西南。）康日知爲深趙團練使，（深趙團練使治深州城，即今河北饒陽縣。）以德、棣隸幽州。（德州治安德縣，即今山東德州市。棣州治厭次縣，在今山東惠民縣南。以二州隸屬幽州節度使朱滔。）

目　時河北略定，惟魏州未下。李納勢日蹙。朝廷謂天下不日可平，以孝忠爲易、定、滄州節度使，武俊、日知爲恒冀、深趙團練使，（康日知亦李惟岳將，以趙州歸國。）以德、棣二州隸朱滔，令還鎮。滔固請深州，不許，由是怨望，留屯深州。武俊自以不得爲節度使，又失趙、定，不悅。復有詔令武俊以糧三千石給朱滔，馬五百匹給馬燧。武俊以爲魏博既下，朝廷必取恒冀，故分其糧馬以弱之，疑，未肯奉詔。田悅聞之，遣判官王侑說朱滔救魏博。滔大喜，卽遣侑歸報。又遣王郅說王武俊共救田悅，武俊亦喜，許諾，相與刻日舉兵南向。

綱　三月，以李洧兼徐、海、沂觀察使。

目　劉洽攻李納於濮州，（治鄄城，在今山東鄄城縣東。）克其外城。納於城上涕泣求自新，李勉又遣人說之，納遣判官房說入見。會中使宋鳳朝稱納勢窮蹙，不可捨，上乃囚說等，納遂歸鄆州，復與田悅等合。朝廷以納勢未衰，始以洧兼徐、海、沂觀察使，而海、沂已爲納所據，洧竟無所得。

綱　夏四月，朱滔、王武俊反，發兵救田悅，寇趙州。詔李懷光討之。（懷光爲朔方節度使。使討悅且拒滔等。）

括富商錢

綱　括富商錢。

大索長安

目　時兩河用兵，（兩河，謂河南、河北。）月費百餘萬緡，府庫不支數月。太常博士韋都賓、陳京建議，「請括富商錢，出萬緡者，借其餘以供軍。」上從之。判度支杜佑大索長安中，長安

馬李釋憾結歡

囂然，如被寇盜，計所得纔八十餘萬緡。又括僦櫃質錢，僦音求，賃也。質，物相質當也。凡蓄積錢帛粟麥者，皆借四分之一，封其櫃窖；窖音教。地藏曰窖。百姓爲之罷市。計并借商所得，纔二百萬緡，人已竭矣。

綱 洺州刺史田昂入朝。

目 李抱眞、馬燧數以事相恨望，怨隙遂深，不復相見。由是諸軍逗撓，久無成功，上遣中使和解之。及王武俊逼趙州，抱眞分麾下二千人戍邢州，燧大怒，欲引兵歸。李晟說燧曰：「李尚書以邢、趙連壤，分兵守之，誠未有害。今公遽自引去，衆謂公何！」燧悅，乃單騎造抱眞壘，相與釋憾結歡。會田昂請入朝，燧奏以洺州隸抱眞。李晟軍先隸抱眞，又請兼隸燧，以示協和。

綱 召朱泚入朝，以張鎰兼鳳翔節度使。（鳳翔節度使治岐州城，在今陝西鳳翔縣南。）

目 朱滔遣人以蠟書遺朱泚，蠟書卽蠟丸，以蠟爲丸，置書其中。欲與同反；馬燧獲之，幷使者送長安，泚不之知。上驛召泚至，示之，泚頓首請罪。上曰：「相去千里，初不同謀，非卿之罪也。」因留之長安，賜賚甚厚，以安其意。

上以幽州兵在鳳翔，思得重臣代之。盧杞忌張鎰忠直，爲上所重，欲出之，乃對曰：「鳳翔將校皆高班，班秩高也。非宰相無以鎮撫，臣請自行。」上俛首未言，俛同俯。杞遽曰：「陛下必以臣貌寢，貌不揚曰寢。不爲三軍所伏，固惟陛下神算。」上乃顧鎰曰：「無以易卿。」鎰知爲

李懷光愜山之敗

關播相

盧杞薦關播

朱滔田悅等稱王

杞所排而無辭以免，因再拜受命。

上初即位，崔祐甫爲相，務崇寬大，當時以爲有貞觀之風；貞觀，太宗年號。及杞爲相，知上性多忌，因以疑似離閒羣臣，始勸上以嚴刻御下，中外失望。

綱　六月，李懷光擊朱滔、王武俊於愜山，愜音怯。（愜山，在今河北大名縣東南。）敗績。

目　朱滔、王武俊軍至魏州，田悅具牛酒出迎。滔營於愜山，李懷光軍亦至，馬燧等盛軍容迎之。滔以爲襲己，遽出陳；懷光欲乘其營壘未就擊之。燧請且休士觀釁，懷光曰：「時不可失。」遂擊滔，滔軍崩沮；懷光按轡觀之，有喜色。武俊引騎橫衝之，懷光軍分爲二；滔引兵繼之，官軍大敗，溺死者不可勝數。燧等與諸軍涉水而西，保魏縣以拒滔。（魏縣，在今河北大名縣西北。）滔等亦引兵營魏縣東南，與官軍隔水相拒。

綱　冬十月，以曹王皋爲江西節度使。（江西節度使治洪州城，在今江西進賢縣西北。）

綱　以關播同平章事。

目　盧杞知上必更立相，恐其分己權，薦播儒厚，可鎭風俗；遂以爲相。政事皆決於杞，播但斂袵無所可否。上嘗從容與宰相論事，播欲有所言，杞目之而止。出謂之曰：「以足下端慤少言，故相引至此，曏者奈何發口欲言邪！」播自是不敢復言。

綱　十一月，朱滔、田悅、王武俊、李納皆自稱王。滔稱冀王，爲盟主；悅稱魏王，武俊稱趙王，納稱齊王。

李希烈自稱都元帥　關播薦李元平　詔遣顏眞卿宣慰李希烈　李希烈留顏眞卿

綱　十二月，李希烈自稱天下都元帥。

綱　癸亥，四年，(七八三)春正月，李希烈陷汝州，(治梁縣，即今河南臨汝縣。)詔遣顏眞卿宣慰之。

目　李元平者，薄有才藝，性疎傲，敢大言，好論兵；關播奇之，薦於上，以爲將相之器，以汝州近許，(時希烈徙鎭許。)(今河南許昌市。)擢元平爲別駕，知州事。元平至，即募工徒治城；希烈陰使壯士數百人往應募，繼遣其將李克誠將數百騎突至城下，應募者應之於內，縛元平馳去。元平見希烈恐懼，便液汙地。(便，溲也。液，流也。)希烈罵之曰：「盲宰相以汝當我，何相輕也！」遣別將取尉氏，(今河南尉氏縣。)圍鄭州，(治管城縣，即今河南鄭州市。)東都震駭。

初，盧杞惡太子太師顏眞卿，欲出之。眞卿謂曰：「先中丞傳首至平原，眞卿以舌舐面血。(先中丞，謂盧杞父奕也，天寶中拜御史中丞。傳，驛遞。舐，吮也。安祿山陷東都，奕被殺，傳首至平原，時顏眞卿爲平原太守，執其使，取奕首，以舌舐其面血，續以蒲身葬之。)今相公忍不相容乎！」杞矍然起拜，(矍音覺。矍然，驚顧貌。)而恨之益深。至是，上問計於杞，杞對曰：「誠得儒雅重臣，爲陳禍福，可不勞軍旅而服。顏眞卿三朝舊臣，忠直剛決，名重海內，人所信服，眞其人也！」上以爲然。遣眞卿宣慰希烈。詔下，舉朝失色。

眞卿乘驛至東都，留守鄭叔則曰：「往必不免，宜少留，須後命。」眞卿曰：「君命也，將焉避之！」遂行。至許，欲宣詔旨，希烈使其養子千餘環繞慢罵，拔刃擬之；眞卿色不變。遂留不遣。

朱滔等各遣使詣希烈勸進，勸勉進上帝號也。希烈召眞卿示之曰：「四王見推，（四王，冀王朱滔、魏王田悅、趙王王武俊、齊王李納。）不謀而同，豈吾獨爲朝廷所忌無所自容邪！」眞卿曰：「此乃四凶，何謂四王！相公不自保功業，爲唐忠臣，乃與亂臣賊子相從，求與之同覆滅邪！」希烈不悅。他日，又與四使同宴，四使曰：「都統將稱大號，而太師適至，是天以宰相賜都統也。」眞卿叱之曰：「汝知有罵安祿山而死者顏杲卿乎？乃吾兄也。吾年八十，知守節而死耳，豈受汝曹誘脅乎！」希烈掘坎於庭，云欲阬之，眞卿怡然，見希烈曰：「死生已定，何必多端！亟以一劍相與，豈不快公心事邪！」希烈乃謝之。

綱　夏四月，初稅間架、除陌錢法。陌通作「百」。房屋有稅及官用省錢始此。

目　舊制，諸道軍出境，則仰給度支；上優恤士卒，每出境，加給酒肉，本道糧仍給其家，一人兼三人之給，故將士利之。各出軍纔逾境而止，月費錢百三十餘萬緡，常賦不能供。判度支趙贊乃奏行二法：所謂稅間架者，每屋兩架爲間，上屋稅錢二千，中稅千，下稅五百。敢匿一間，杖六十，賞告者錢五十緡。所謂除陌錢者，公私給與及賣買，每緡官留五十錢，給他物及相貿易者，約錢爲率。敢隱錢百者，杖六十，罰錢二千，賞告者錢十緡，賞錢皆出坐者。於是愁怨之聲，盈於遠近。

綱　秋八月，李希烈寇襄城，（今河南襄城縣。）詔發涇原等道兵救之。

目　初，上在東宮，聞監察御史陸贄名，即位，召爲翰林學士，數問以得失。贄曰：「克敵之要，在乎將得其人；馭將之方，在乎操得其柄。將非其人者，兵雖衆不足恃；操失其柄者，將雖材不爲用。將不能使兵，國不能馭將，非止費財翫寇之弊，亦有不戢自焚之災。」戢音檢，斂也。左傳隱公四年：「兵猶火也，弗戢，將自焚也。」又曰：「人者，邦之本。財者，人之心。心傷則其本傷，本傷則枝葉顚瘁矣。」

又論關中形勢，以爲：「王者蓄威以昭德，偏廢則危；居重以馭輕，倒持則悖。王畿者，四方之本也。太宗列置府兵，分隸禁衞，諸府八百餘所，而在關中者殆五百焉。舉天下不敵關中，則居重馭輕之意明矣。承平漸久，武備寖微，故祿山竊倒持之柄，一舉滔天。乾元之後，肅宗年號。繼有外虞，悉師東討，故吐蕃乘虛深入，先帝避之東遊。（事見卷五十二代宗廣德元年。）是皆失居重馭輕之權，忘深根固柢之慮。追想及此，豈不寒心！今朔方、太原之衆，朔方，李懷光。太原，馬燧。遠在山東；神策六軍之兵，神策軍，李晟。六軍：左、右羽林，左、右龍武，左、右神武。繼出關外。倘有賊臣啗寇，啗音淡，餌之也。黠虜覦邊，黠音閑，入聲。覦音娶，本作「覰」，伺視也。未審陛下何以禦之！立國之安危在勢，任事之濟否在人。勢苟安，則異類同心；勢苟危，則舟中敵國。陛下豈可不追鑒往事，惟新令圖，脩偏廢之柄以靖人，復倒持之權以固國乎！今關輔之閒，徵發已甚，宮苑之中，備衞不全。萬一將帥之中，又如朱滔、希烈，竊發郊畿，驚犯城闕，未審陛下復何以備之！臣願追還神策六軍、節將子弟，明敕涇、隴、邠、寧，（涇、邠

朱泚反據長安

姜公輔先見

見上。隴州治汧源縣，即今陝西隴縣。寧州治安定縣，在今甘肅寧縣東南。）更不徵發，仍罷閒架等稅，冀已輸者弭怨，弭音米，止也。見處者獲寧，則人心不搖，而邦本固矣。」上不能用。

綱 冬十月，涇原兵過京師，作亂，上如奉天。朱泚反，據長安。

目 上發涇原等道兵救襄城。十月，節度使姚令言將兵五千至京城。軍士冒雨，寒甚，多攜子弟而來，冀得厚賜遺其家，既至，一無所賜。發至滻水，（在今陝西西安市東北。）詔京兆尹王翃犒師，惟糲食菜餤；糲，粗米。餤音淡，餅餤也，麪裹菜爲之。衆怒，蹵而覆之，曰：「吾輩將死於敵，而食且不飽，安能以微命拒白刃邪！聞瓊林、大盈二庫，金帛盈溢，不如相與取之。」乃擐甲張旗鼓譟，擐音換，貫也。還趣京城。趣同趨。上遽命賜帛，人二匹；衆益怒，射中使，殺之。遂入城，百姓駭走。

初，京城召募使白志貞募禁兵，東征死亡者皆不以聞，但受市井富兒賂而補之，名在軍籍受給賜，而身居市廛爲販鬻。至是，上召禁兵以禦賊，竟無一人至者。乃與太子、諸王、公主自苑北門出，王貴妃以傳國寶繫衣中；宦官竇文瑒、霍仙鳴帥宦官左右僅百人以從；瑒音唱。後宮諸王、公主不及從者什七八。翰林學士姜公輔叩馬言曰：「朱泚嘗爲涇帥，涇謂涇原節度使。廢處京師，心常怏怏。今亂兵若奉以爲主，則難制矣。請召使從行。」上曰：「無及矣！」夜至咸陽，飯數匕而過。匕，匙也。羣臣皆不知乘輿所之。盧杞、關播、白志貞、王翃、陸贄等追及於咸陽。

賊登含元殿，譟，譟同噪。爭入府庫運金帛。姚令言曰：「今衆無主，不能持久。朱太尉閒居私第，請相與奉之。」衆許諾。乃遣騎迎朱泚入宮，居白華殿，自稱權知六軍。百官出見泚，或勸迎乘輿，泚不悅。源休以使回紇還，去年五月上遣源休送回紇大臣突董等喪還其國。賞薄，怨朝廷，入見泚，爲陳成敗，引符命，勸之僭逆。

德宗幸奉天

上思桑道茂之言，（見建中元年。）幸奉天。金吾大將軍渾瑊繼至。瑊素有威望，衆心恃之，稍安。檢校司空李忠臣、太僕卿張光晟皆鬱鬱不得志，至是，與工部侍郎蔣鎮皆爲泚用。

段秀實說朱泚

泚以司農卿段秀實久失兵柄，意其必怏怏，遣騎召之。不納，騎士踰垣入，劫之。秀實乃謂子弟曰：「吾當以死徇社稷耳。」乃往見泚，說之曰：「犒師不豐，有司之過也，天子安得知之！公宜以此開諭將士，示以禍福，奉迎乘輿，此莫大之功也！」泚不悅。

盧杞保朱泚不反

上徵近道兵入援。有上言「朱泚爲亂兵所立，且來攻城，宜早脩守備」。盧杞切齒言曰：「朱泚忠貞，羣臣莫及，臣請以百口保其不反。」上亦以爲然。又聞羣臣勸泚奉迎，乃詔諸道援兵至者皆營於三十里外。姜公輔諫曰：「今宿衞軍寡，有備無患。若泚奉迎，何憚兵多。」上乃悉召援兵入城。

段秀實謀誅朱泚

綱　司農卿段秀實謀誅朱泚，不克，死之。

目　秀實與將軍劉海濱、涇原將吏何明禮、岐靈岳謀誅朱泚，迎乘輿，未發。泚遣韓旻

秀實奪笏擊朱泚　鳳翔降朱泚　朱泚自稱大秦皇帝尋改號漢　蕭劉姜相

將銳兵三千，聲言迎駕，實襲奉天。秀實謂靈岳曰：「事急矣！」使靈岳詐爲姚令言符，令旻且還。竊其印未至，（竊姚令言印。）秀實倒用司農印印符，追之，旻得符而還。泚、令言大驚；靈岳獨承其罪而死。泚召李忠臣、源休、姚令言及秀實等議稱帝事。秀實勃然起，奪休象笏，前唾泚面，大罵曰：「狂賊！吾恨不斬汝萬段，豈從汝反邪！」因以笏擊泚，中其額，濺血灑地。（濺音薦，激灑也。）海濱不敢進，而逸。忠臣前助泚，泚得脫走。秀實知事不成，謂泚黨曰：「我不同汝反，何不殺我！」衆爭前殺之。海濱捕得，見殺。明禮從泚攻奉天，復謀殺泚，亦死。上聞秀實之死，恨委用不至，涕泗久之。

綱　鳳翔將李楚琳殺節度使張鎰，降于朱泚。

綱　朱泚僭號。

目　朱泚自稱大秦皇帝，改元應天。以姚令言、李忠臣爲侍中，源休同平章事，蔣鎮、樊系、張光晟等拜官有差。立弟滔爲皇太弟。休勸泚誅翦宗室以絕人望，殺凡七十七人。系爲泚譔册文，既成，仰藥而死。泚尋改國號漢。

綱　李希烈陷襄城。

綱　李懷光帥衆赴長安。（朔方節度使李懷光時屯魏縣。）

綱　以蕭復、劉從一、姜公輔同平章事。

綱　泚犯奉天，詔韓遊瓌、渾瑊拒之。（瓌音規。）

陸贄論理亂疏

高重捷戰死

目　泚自將逼奉天。邠寧留後韓遊瓌將兵拒泚，遇於醴泉。（在今陝西乾縣東南。）遂引兵還，還奉天。泚亦隨至。渾瑊與遊瓌血戰竟日，賊乃退。造攻具，毀佛寺以爲梯衝。梯，鉤梯也，所以上城者。衝，衝車也，所以陷陣者。遊瓌曰：「寺材皆乾薪，但具火以待之。」

上與陸贄語及亂故，深自克責。贄曰：「致今日之患，皆羣臣之罪也。」上曰：「此亦天命，非由人事。」贄退，上疏曰：「陛下志一區宇，四征不庭，不庭，不朝也。兇渠稽誅，逆將繼亂，兵連禍結，行及三年。非常之虞，億兆同慮。惟陛下獨不得聞，至使兇卒鼓行，白晝犯闕。陛下有股肱之臣，有耳目之任，有諫諍之列，有備禦之司，見危不能竭其誠，臨難不能效其死；所謂羣臣之罪，豈徒言歟！臣又聞之，天所視聽，皆因於人。人事理而天命降亂者，（理即治，唐時避高宗諱，凡「治」字皆作「理」。）未之有也；人事亂而天命降康者，亦未之有也。自頃征討頗頻，刑網稍密，物力竭耗，人心驚疑。上自朝列，下達蒸黎，日夕族黨聚謀，咸憂必有變故，旋屬涇原叛卒，果如衆庶所虞。京師之人，動逾億計，固非悉知算術，皆曉占書，則明致寇之由，未必盡關天命。臣聞理或生亂，亂或資理，有以無難而失守，有以多難而興邦。今生亂失守之事，則既往不可復追矣；其資理興邦之業，在陛下克勵而謹脩之而已。」

綱　將軍高重捷及泚兵戰，死。

目　將軍高重捷與泚驍將李日月戰於梁山，（在今陝西乾縣西北。）破之；乘勝逐北，賊伏兵掩之，斬其首而去。上哭之盡哀，結蒲爲首而葬之，泚見其首亦哭曰：「忠臣也！」束蒲爲

李日月戰死

李晟解奉天圍

渾瑊破朱泚雲梯

賈隱林進言

身而葬之。日月亦戰死於城下;歸其尸。其母不哭,駡曰:「奚奴!奚本東胡宇文之別種,日月本奚人,故駡曰奚奴。國家何負於汝而反?死已晚矣!」及泚敗,獨日月之母不坐。

綱　十一月,李晟將兵入援。渾瑊擊朱泚,破走之,奉天圍解。

目　李晟聞上幸奉天,引兵出飛狐道,(在今河北蔚縣東南。)晝夜兼行。詔以爲行營節度使。泚圍奉天經月,城中資糧俱盡。時供御纔有糲米二斛,每伺賊閒,夜縋人於城外,縋同墜。采蕪菁根而進之。蕪音無,菁音精,蕪菁,菜名,又名蔓菁。李懷光以兵五萬入援,至蒲城。(今陝西蒲城縣。)李晟亦自蒲津濟,(蒲津在今陝西大荔縣東,黄河西岸。)軍於東渭橋。馬燧遣其司馬王權及子彙將兵五千人屯中渭橋。(在今陝西咸陽市東。)泚黨所據,惟長安城。出戰屢敗,泚以爲憂,乃急攻奉天,造雲梯,高廣數丈,上容壯士五百人;城中恂懼。渾瑊迎其所來,鑿地道積薪蓄火以待之。時士卒凍餒,又乏甲胄,瑊撫諭之,激以忠義,皆鼓譟力戰。城中流矢,進戰不輟。會雲梯輾地道,輪陷,不能前却,火從地出,須臾灰燼,賊乃引退。於是三門出兵,太子督戰,賊徒大敗。

李懷光引兵西,先遣兵馬使張韶齎蠟表,(蠟表見上蠟書,置表於蠟丸中,便於藏匿也。)閒行至奉天,閒行,從微道而行。值賊方攻城,驅使塡塹;塹,遶城水也。得開入城。上大喜,城中歡聲如雷。懷光亦敗泚兵於醴泉,泚遂遁歸長安。衆以爲懷光復三日不至,則城不守矣。泚退,從臣皆賀。汴滑兵馬使賈隱林進言曰:「陛下性太急,不能容物,若此性未改,雖朱泚敗亡,憂未艾也！」艾，息也。上甚稱之。

盧杞阻李懷光入見

綱　李懷光至奉天，詔引軍還取長安。

目　李懷光來赴難，數與人言盧杞、趙贊、白志貞之姦佞，且曰：「天下之亂，皆此曹所爲也！吾見上，當請誅之。」杞聞之懼，言於上曰：「懷光勳業，社稷是賴，賊徒破膽，皆無守心，若使之乘勝取長安，則一舉可以滅賊，此破竹之勢也。今聽入朝，留連累日，使賊得成備，恐難圖矣！」上以爲然。詔懷光直引軍屯便橋，（在今陝西西安市西北。）與李建徽、李晟、楊惠元共取長安。懷光自以數千里赴難，破泚解圍，而咫尺不得見天子，意殊怏怏，曰：「吾今已爲姦臣所排，事可知矣！」遂引兵行。

陸贄疏當今急務

上問陸贄以當今切務。贄上疏曰：「當今急務，在於審察羣情而已矣。羣情之所甚欲者，陛下先行之，所甚惡者，陛下先去之。欲惡與天下同，而天下不歸者，未之有也。理亂之本，繫於人心，況當變故危疑之際乎！頃者中外意乖，君臣道隔，郡國之志不達於朝廷，朝廷之誠不升於軒陛。上澤闕於下布，下情壅於上聞，實事不知，知事不實，此羣情之所甚惡也。夫總天下之智以助聰明，順天下之心以施教令，則君臣同志，何有不從！遠邇歸心，孰與爲亂！」疏奏旬日，無所施行。

贄又上疏曰：「臣聞立國之本，在乎得衆，得衆之要，在乎見情。在易，乾下坤上曰泰，坤下乾上曰否，損上益下曰益，損下益上曰損。夫天在下而地處上，於位乖矣，而反謂之泰

必以其欲從天下之心

者，上下交故也。君在上而臣處下，於義順矣，而反謂之否者，上下不交故也。上約己而裕於人，人必悅而奉上矣，豈不謂之益乎！上蔑人而肆諸己，人必怨而叛上矣，豈不謂之損乎！是以古先聖王之居人上也，必以其欲從天下之心，而不敢以天下之人從其欲。陛下以明威照臨，以嚴法制斷，故遠者驚疑而阻命逃死之亂作，近者畏懾而偷容避罪之態生。人各隱情，以言爲諱，至於變亂將起，億兆同憂，獨陛下恬然不知，方謂太平可致。陛下以今日之所覩，驗往時之所聞，孰眞孰虛？何得何失？則事之通塞備詳之矣！人之情僞盡知之矣！」

上乃遣中使諭之曰：「朕本性甚好推誠，亦能納諫。將謂君臣一體，全不隄防，緣推誠信不疑，所以反致患害。諫官論事，例自矜衒，衒音眩。歸過於朕以自取名。又多雷同，道聽塗說，試加質問，遽卽辭窮。所以近來不多對人，非倦於接納也。」贄以書對曰：「天不以地有惡木而廢發生，天子不以時有小人而廢聽納。且一不誠則心莫之保，一不信則言莫之行。陛下所謂失於誠信以致患害者，斯言過矣。夫馭之以智則人詐，示之以疑則人偸。上行之則下從，上施之則下報。若誠不盡於己而望盡於人，衆必怠而不從矣。不誠於前而曰誠於後，衆必疑而不信矣。是知誠信之道，不可斯須而去身。願陛下愼守而力行之，非所以爲悔也！夫仲虺贊揚成湯，虺音毁。不稱其無過而稱其改過；商書仲虺之誥「用人惟己，改過不吝。」吉甫歌誦周宣，不美其無闕而美其補闕。詩大雅周宣王命仲山甫築城于齊，而尹吉甫作烝民之詩以送之，其六章曰：「袞職有闕，維仲山甫補之。」袞職，王職也，天子龍袞，不敢斥言王闕，故云。是則聖賢唯以改過爲能，不以無過爲貴。蓋以爲智者改過而遷善，愚者恥過而遂非；遷善則其德日新，遂非則其惡彌積也。諫官不密，信非忠厚，其於聖德固亦無虧。陛下若納諫不違，則傳之適足增美；陛下若違諫不納，又安能禁之勿傳！且陛下雖窮其辭而未窮其理，能服其口而未服其心也。夫上好勝必甘於佞辭，上恥過必忌於直諫；如是則下之諂諛者順旨，而忠實之語不聞矣。上騁辯必勦說而折人以言，勦音鈔。曲禮：「毋勦說，毋雷同。」注：「攬取他人之說以爲己說，謂之勦說。聞人之言而附和之，謂之雷同，如雷之發聲而物同應之也。」上眩明必臆度而虞人以詐，如是則下之顧望者自便，而切磨之辭不盡矣。上厲威必不能降情以接物，上恣愎必不能引咎以受規，愎音闢，戾也。如是則下之畏愞者避辜，而情理之說不申矣。愞音懦。上情不通於下則人惑而不從其令；下情不通於上則君疑而不納其誠。誠而不見納則應之以悖，令而不見從則加之以刑；下悖上刑，不敗何待！故諫者多，表我之能好；諫者直，示我之能賢；諫者之狂誣，明我之能恕；諫者之漏泄，彰我之能從。有一於斯，皆爲盛德。」上頗采用其言。

綱 十二月，貶盧杞、白志貞、趙贊爲遠州司馬。

目 李懷光頓兵不進，上表暴揚杞等罪惡；暴音僕。衆論諠騰，亦咎杞等。上不得已，皆貶爲司馬。

綱 以陸贄爲考功郎中。

目　贇辭曰：「行罰先貴近而後卑遠，則令不犯；行賞先卑遠而後貴近，則功不遺。望先錄大勞，次遍羣品，則臣亦不敢獨辭。」上不許。

綱鑑易知錄卷五四

唐紀

德宗皇帝

綱　甲子，興元元年，（七八四）春正月，大赦。

目　陸贄言於上曰：「昔成湯以罪己勃興，商書湯誥：「其爾萬方有罪，在予一人；予一人有罪，無以爾萬方。」楚昭以善言復國。左傳，定公四年吳師入郢，楚昭王出奔隨。五年，申包胥以秦師至，敗吳師，昭王復國。善言，謂吾以志前惡及大德滅小怨是也。陛下誠能不吝改過，以謝天下，使書詔之辭無所避忌，則反側之徒革心向化矣。」上然之，故奉天所下書詔，（時德宗在奉天。）雖驕將悍卒聞之，無不感激揮涕。

楚昭以善言復國

上又以中書所撰赦文示贄，贄言：「動人以言，所感已淺，言又不切，人誰肯懷！今茲德音，悔過之意不得不深，引咎之辭不得不盡，洗刷疵垢，宣暢鬱堙，使人人各得所欲，則何有不從者乎！然知過非難，改過爲難；言善非難，行善爲難。假使赦文至精，止於知過言善，猶願聖慮更思所難。」上然之。乃下制曰：「致理興化，必在推誠；忘己濟人，不吝改過。小子長於深宮之中，暗於經國之務，積習易溺，居安忘危，不知稼穡之艱難，不恤征戍之勞苦，

興元赦文

澤靡下究，情未上通，事既壅隔，人懷疑阻。由昧省己，遂用興戎，遠近騷然，衆庶勞止。天譴於上而朕不悟，人怨於下而朕不知，馴致亂階，變興都邑，萬品失序，九廟震驚，上累祖宗，下負烝庶，痛心靦貌，靦音忝，面慙也。罪實在予，自今中外書奏，不得言『聖神文武』之號。（建中元年，羣臣上德宗尊號曰聖神文武皇帝。）李希烈、田悅、王武俊、李納等，咸以勳舊，各守藩維，朕撫御乖方，致其疑懼；皆由上失其道，下罹其災，罹音離。朕實不君，人則何罪！宜并所管將吏等一切待之如初。朱滔雖緣朱泚連坐，路遠必不同謀，念其舊勳，務在弘貸，如能效順，亦與維新。朱泚反易天常，盜竊名器，暴犯陵寢，所不忍言，獲罪祖宗，朕不敢赦。其脅從將吏百姓等，官軍未到以前，並從赦例。赴奉天及收京城將士，並賜名奉天定難功臣。其所加墊陌錢、稅閒架、竹、木、茶、漆、榷鹽之類，（墊陌錢即趙贊所行除百錢，稅間架亦趙贊所行，並見卷五十三建中四年。）悉宜停罷。」赦下，四方人心大悅。後李抱真入朝，爲上言：「山東宣布赦書，士卒皆感泣，臣見人情如此，知賊不足平也！」

王武俊等上表謝罪

綱　王武俊、田悅、李納上表謝罪。

李希烈稱大楚皇帝

綱　李希烈僭號。

目　李希烈自恃兵彊，遂謀稱帝，遣人問儀於顏眞卿，眞卿曰：「老夫嘗爲禮官，所記惟諸侯朝天子禮耳！」希烈遂稱大楚皇帝，以其黨鄭賁、孫廣、李緩、李元平爲宰相。遣其將辛景臻謂顏眞卿曰：「不能屈節，當自焚！」積薪灌油於其庭。眞卿趨赴火，景臻遽止之。

陸贄諫置庫行宮

綱 置瓊林大盈庫於行宮。

目 上於行宮廡下貯諸道貢獻之物，榜曰瓊林大盈庫。陸贄諫曰：「天子與天同德，以四海爲家，何必撓廢公方，崇聚私貨，效匹夫之藏，以誘奸聚怨乎！今者攻圍已解，衣食已豐，而謠讟方興，（讟音讀，怨謗也。）軍情稍阻，豈不以患難既與之同憂，而安樂不與之同利乎！誠能近想重圍之殷憂，追戒平居之專欲，凡在一庫貨賄，盡令出賜有功，每獲珍華，先給軍賞，如此則亂必靖，賊必平，徐駕六龍，（徐，安行也。天子五路駕六馬，故曰六龍。易乾卦：「時乘六龍以御天。」）旋復都邑。天子之貴，豈當憂貧！是乃散小儲而成大儲，（儲，貯也。）損小寶而固大寶也。」（易繫辭下傳：「聖人之大寶曰位。」）上卽命去其榜。

綱 以蕭復爲江、淮等道宣慰、安撫使。

目 蕭復嘗言於上曰：「宦官爲監軍，恃恩縱橫。此屬但應掌宮掖之事，（掖，宮旁舍。）不宜委以兵權國政。」上不悅。又嘗言：「陛下踐祚之初，聖德光被，自用楊炎、盧杞黷亂朝政，以致今日。陛下誠能變更睿志，臣敢不竭力。儻使臣依阿苟免，臣實不能！」又嘗與盧杞同奏事，杞順上旨，復正色曰：「盧杞言不正！」上愕然，退，謂左右曰：「蕭復輕朕！」命復充山南、荆湖、江、淮等道宣慰、安撫使，實疏之也。

綱 二月，贈段秀實太尉，謚忠烈。

綱 李晟還軍東渭橋。（在今陝西西安市東北，接臨潼界。）

目　李懷光有異志，又惡李晟獨當一面，恐其成功；奏請與晟合軍，詔許之。晟與懷光會於咸陽西。懷光密與朱泚通謀，事迹頗露，李晟屢奏，恐爲所併，請移軍東渭橋，上從之。

賜李懷光鐵券

綱　加李懷光太尉，賜鐵券。鐵券，符契也，以鐵鑄之，朱書字也。

目　李晟以爲：「懷光反狀已明，緩急宜有備，蜀、漢之路不可壅，請以裨將趙光銑等爲洋、利、劍三州刺史，（洋州治西鄉縣，在今陝西西鄉縣南。利州治緜谷縣，即今四川廣元縣。劍州治普安縣，即今四川劍閣縣。）各將兵以防未然。」上欲親總禁兵幸咸陽，趣諸將進討。趣同促。或謂懷光曰：「此漢祖遊雲夢之策也！」（事見卷十漢高帝六年「帝會諸侯於陳」目。）懷光大懼，反謀益甚。詔加懷光太尉，賜鐵券，遣使諭旨。懷光對使者投鐵券於地曰：「人臣反，賜鐵券；懷光不反，今賜鐵券，是使之反也！」辭氣甚悖。

石演芬告李懷光反

懷光潛與朱泚通謀，其養子石演芬遣客詣行在告之。乘輿所至曰行在。事覺，懷光召演芬責之曰：「我以爾爲子，奈何負我，死甘心乎？」演芬曰：「天子以太尉爲股肱，太尉以演芬爲心腹；太尉既負天子，演芬安得不負太尉乎！演芬胡人，不能異心，惟知事一人。苟免賊名而死，死甘心矣！」懷光使左右臠食之，臠，切肉塊也。皆曰：「義士也！」以刀斷其喉而去。

德宗奔梁州

綱　李懷光反，帝奔梁州。

目　上以懷光附賊，將幸梁州，山南節度使嚴震遣大將張用誠將兵五千迎衞。用誠爲懷光所誘，陰與之通謀。會震繼遣牙將馬勛奉表，上語之故。勛詣梁州，取震符召用誠，壯士自後擒之，送震杖殺之。

李懷光襲奪李建徽、楊惠元軍，殺惠元，建徽走免。懷光又與韓遊瓌書，約使爲變，遊瓌奏之。

懷光遣其將趙昇鸞入奉天，約爲內應。昇鸞詣渾瑊自言，瑊遽以聞，且請決幸梁州。上遂出城，命戴休顏守奉天。休顏徇於軍中曰：「懷光已反！」遂乘城拒守。

懷光遣其將孟保、惠靜壽、孫福達將精騎趣南山邀車駕，（南山在今陝西西安市南。）至盩厔，（即今陝西盩厔縣。）相謂曰：「彼使我爲不臣，我以追不及報之，不過不使我將耳。」帥衆而東，縱之剽掠。剽音票，截也。由是百官從行者皆得入駱谷。以追不及還報，懷光皆黜之。

加李晟同平章事

綱　加神策行營節度使李晟同平章事。

李晟以忠義感激將士

目　李晟得除官制，拜哭受命，謂將佐曰：「長安，宗廟所在，天下根本，若諸將皆從行，誰當滅賊者！」乃治城隍，隍，城下池也。繕甲兵，爲復京城之計。是時懷光、朱泚連兵，聲勢甚盛；晟以孤軍處其閒，內無資糧，外無救援，徒以忠義感激將士，故其衆雖單弱而銳氣不衰。

田緒殺田悅

綱　三月，魏博兵馬使田緒殺其節度使田悅，（魏博節度使治魏州城，在今河北大名縣東。）權知軍事。

陸贄諫官
獻瓜者

目 田悅用兵數敗，其下厭苦之。上以給事中孔巢父爲魏博宣慰使。巢父，孔子三十七世孫也，性辯博，至魏州，對其衆爲陳逆順禍福，悅及將士皆喜。兵馬使田緒，承嗣之子也，凶險多過失，悅杖而拘之。悅以歸國，撤警備，緒遂與左右殺悅，於是將士皆歸緒；因請命於巢父，巢父命緒權知軍府。朱滔遣人說緒，許以本道節度使；緒遂款於滔。李抱眞、王武俊又遣使詣緒，許以赴援。緒召將佐議之，幕僚曾穆、盧南史曰：「用兵雖尙威武，亦本仁義，然後有功。幽陵之兵恣行殺掠，幽陵卽幽州，指朱滔。今雖盛彊，其亡可立而待也。奈何以目前之急，欲從人爲反逆乎！不若歸命朝廷。天子方蒙塵於外，天子出奔謂之蒙塵。聞魏博使至必喜，官爵旋踵而至矣。」緒從之，遣使奉表詣行在。

綱 李懷光奔河中。（河中府卽蒲州，治河東縣，在今山西芮城縣西北。）

目 始，懷光方彊，朱泚與書，以兄事之，約分帝關中。及懷光已反，其下多叛，泚乃賜以詔書，且徵其兵。懷光慚怒，內憂麾下爲變，外恐李晟襲之，遂燒營東走。至河中，或勸守將呂鳴岳焚橋拒之，鳴岳以兵少，恐不能支，遂納之。

綱 車駕至梁州。

目 上在道，民有獻瓜果者，上欲以散試官授之，陸贄奏曰：「爵位恆宜愼惜，不可輕用。獻瓜果者，賜之錢帛可也。」上曰：「試官虛名，無損於事。」贄曰：「當今所病，方在爵輕，設法貴之，猶恐不重，若又自棄，將何勸人！今之員外、試官，雖則授無費祿，然而突銛鋒、排患難、竭筋力、展勤效者，（突，觸。銛音纖，利也。）皆以是酬之；若獻瓜果者亦以授之，則彼必相謂曰：『吾以忘軀命而獲官，此以進瓜果而獲官，是國家以吾之軀命同於瓜果矣。』視人如草木，誰復爲用哉！今陛下既未有實利以敦勸，又不重虛名而濫施，則後之立功者，將曷用爲賞哉！」

上居艱難中，雖有宰相，小大之事，必與贄謀之，故當時謂之「內相」。然贄數直諫，忤上意。盧杞雖貶，上心庇之。贄極言杞姦邪致亂，上雖貌從，心頗不悅。車駕至梁州。山南地薄民貧，盜賊之餘，戶口減半。嚴震百方以聚財賦，民不至困窮，而供億無乏。

【綱】鳳翔節度使李楚琳遣使詣行在。（鳳翔節度使治岐州城，在今陝西鳳翔縣南。建中四年，李楚琳殺節度使張鎰，以鳳翔降朱泚。）

【目】初，奉天圍解，李楚琳遣使入貢，上不得已除鳳翔節度使，而心惡之。使者數輩至，上皆不引見。欲以渾瑊代之，（代李楚琳鎮鳳翔。）陸贄奏曰：「楚琳之罪固大，必欲精求素行，追抉宿疵，則是改過不足以補愆，自新不足以贖罪。凡今將吏，豈盡無疵，人皆省思，孰免疑畏，又況阻命脅從之流，安敢歸化哉！」上乃善待楚琳使者，優詔存慰之。

上又問贄：「近有卑官自山北來者，（山北謂雍、岐等州，在秦嶺之北。）論說賊勢，語多張皇，察其事情，頗似窺覘。若不追尋，恐成姦計。」贄上奏曰：「以一人之聽覽而欲窮宇宙之變態，以一人之防慮而欲勝億兆之姦欺，役智彌精，失道彌遠。項籍納秦降卒二十萬，慮其懷詐

陸贄諫德宗六失

而盡阬之，其於防虞，亦已甚矣。漢高豁達大度，天下之士至者，納用不疑，其於備慮，可謂疏矣。然而項氏以滅，劉氏以昌，蓄疑之與推誠，其效固不同也。陛下智出庶物，有輕待人臣之心；思用萬機，有獨馭區寓之意；寓同宇。謀吞衆略，有過慎之防；明照羣情，有先事之察；嚴束百辟，有任刑致理之規；威制四方，有以力勝殘之志。由是才能者怨於不任，忠藎者憂於見疑，藎音盡。詩大雅文王之篇：「王之藎臣。」藎，進也，言其忠愛之篤，進進無已也。著勳業者懼於不容，懷反側者迫於及討，馴致離叛，構成禍災。願陛下以覆轍爲戒，天下幸甚。」

李晟爲諸道副帥

綱　夏四月，以韓遊瓌爲邠寧節度使。（邠寧節度使治寧州城，在今甘肅寧縣東南。）

綱　加李晟諸道副元帥。

目　晟家百口及神策軍士家屬皆在長安，朱泚善遇之。軍中有言及家者，晟泣曰：「天子何在，敢言家乎！」泚使晟親近以家書遺晟曰：「公家無恙。」晟怒曰：「爾敢爲賊爲閒！」閒音諫。（閒諜。）立斬之。軍士未授春衣，盛夏猶衣裘褐，終無叛志。

綱　以田緒爲魏博節度使。

罷姜公輔相

綱　姜公輔罷爲左庶子。

目　上長女唐安公主薨，（公主以唐安縣爲食邑，唐安在今四川崇慶縣東南。）上欲爲造塔，厚葬之。姜公輔表諫，以爲：「山南非久安之地，（山南謂梁州，山南道治。）且宜儉薄，以副軍須之急。」上謂陸贄曰：「造塔小費，非宰相所宜論。公輔正欲指朕過失，自求名耳。」贄上奏曰：「凡論事者

李抱眞會王武俊

賈林復說王武俊

當問理之是非，豈計事之大小！故唐、虞之際，主聖臣賢，而慮事之微，日至萬數。然則微之不可不重也如此，陛下又安可忽而勿念乎！若謂諫爭爲指過，則剖心之主，紂剖比干心。不宜見罪於哲王；以諫爭爲取名，則匪躬之臣，易蹇卦二爻：「王臣蹇蹇，匪躬之故。」不應垂訓於聖典。」上意猶怒，罷公輔爲左庶子。

綱 以賈耽爲工部尚書。

目 先是，耽爲山南東道節度使，使行軍司馬樊澤奏事行在。澤既復命，方大宴，有急牒至，牒音疊。移文曰牒。以澤代耽。耽內牒懷中，內同納。顏色不變；宴罷，召澤告之，且命將吏謁澤。牙將張獻甫怒曰：「行軍自圖節鉞，節，編毛爲之，大將所擁，秦、漢以下改爲旌幢之形。鉞，大斧也。節以專殺，鉞以專斷。節鉞必上賜之，示征伐自天子出也。事人不忠，請殺之。」耽曰：「天子所命，則爲節度使矣！」即日離鎮，以獻甫自隨，軍府遂安。

綱 韓遊瓌引兵會渾瑊於奉天。

綱 李抱眞會王武俊於南宮。（在今河北南宮縣西北。）

目 朱滔攻貝州百餘日，（貝州治淸河縣，在今河北南宮縣東南。）馬寔攻魏州亦踰四旬，皆不能下。初朱滔攻田悅，分兵攻貝州；及田緒殺悅，滔遣馬寔攻魏州。賈林復爲李抱眞說王武俊曰：「朱滔志吞貝、魏，復值田悅被害，儻旬日不救，則魏博皆爲滔有矣。魏博既下，則張孝忠必爲之臣。（張孝忠時爲易定節度。）滔連三道之兵，進臨常山，（三道，謂幽州朱滔、易定張孝忠、魏博田緒。常山卽恆州，今河北正定縣，時王武俊所鎭。）明公欲保其宗族，得乎！常山不守，則昭義退保西山，（昭義節度使治相州城，即今河南安陽縣。）河朔盡入於滔矣。（河朔猶言河北。）不若乘貝、魏未下，與昭義合兵救之；滔既破亡，則朱泚不日梟夷，鑾輿反正，諸將之功，孰居明公之右者哉！」武俊悅，從之。軍於南宮東南，抱眞自臨洺引兵會之。（臨洺關，即今河北永年縣。）兩軍尙相疑，抱眞以數騎詣武俊營；命行軍司馬盧玄卿勒兵以俟，曰：「今日之舉，繫天下安危，若其不還，領軍事以聽朝命亦惟子，勵將士以雪讎恥亦惟子。」言終，遂行。見武俊，敍國家禍難，天子播遷，持武俊哭，流涕縱橫。武俊亦悲不自勝，左右莫能仰視。遂與武俊約爲兄弟，誓同滅賊。抱眞退入武俊帳中，酣寢久之；武俊感激，待之益恭，指心仰天曰：「此身已許十兄死矣！」十兄謂抱眞。遂連營而進。

李抱眞服王武俊

綱　五月，韓滉遣使貢獻。

韓滉獻綾羅

目　山南地熱，上以軍士未有春服，亦自御裌衣。至是，鹽鐵判官王紹以江、淮繒帛來至，上命先給將士，然後御衫。韓滉又遣幕僚何士幹獻綾羅四十擔於行在，又運米百艘以餉李晟。艘音搜，船之總名。時關中斗米五百，及滉米至，減五之四。滉爲人彊力嚴毅，自奉儉素，夫人常衣絹帬，帬卽裙字。破，然後易。

綱　李抱眞、王武俊大破朱滔於貝州。滔夜焚營遁歸范陽。

李王大破朱滔

綱　六月，李晟等收復京城。朱泚亡走，其將韓旻斬之以降。

李晟收復長安

于公異作露布

陸贄諫詔訪內人

目 李晟大陳兵，諭以收復京城。召諸將謂曰：「賊重兵皆聚苑中，自苑北攻之，潰其腹心，賊必奔亡。」乃牒渾瑊、駱元光等，領兵刻期集於城下。李晟移軍於光泰門外，方築壘，泚兵大至。晟縱兵擊之，賊敗走。明日，晟使兵馬使李演、王佖將騎兵，佖音弼。史萬頃將步兵，直抵苑牆。晟先開牆二百餘步，賊柵斷之。萬頃帥衆拔柵而入，佖、演繼之，賊衆大潰，諸軍分道並入，賊不能支，皆潰。張光晟勸泚出亡，泚乃與姚令言帥餘衆西走。光晟降。晟遣兵馬使田子奇以騎兵追泚，令諸軍曰：「晟賴將士之力，克清宮禁。長安士庶，久陷賊庭，若小有震驚，非弔民伐罪之意。晟與公等室家相見非晚，五日內無得通家信。」晟遣掌書記于公異作露布上行在，古者每戰克，欲使天下聞知，乃以版書獲捷之由，露之不封，以示布告中外。自後魏以來乃書帛建於漆竿上，名爲露布。曰：「臣已肅清宮禁，祗謁寢園，鐘簴不移，廟貌如故。」崔豹古今注：「廟者貌也，所以彷彿先人之容貌。」上覽之泣下，曰：「天生李晟，以爲社稷，非爲朕也。」

朱泚將奔吐蕃，其衆隨道散亡，比至涇州，纔百餘騎。田希鑒閉城拒之，田希鑒，涇原大將，是年四月，殺其節度使馮河清而附於泚。涇卒遂殺姚令言，詣希鑒降。泚獨與親兵北走；寧州刺史夏侯英拒之。泚將梁庭芬射泚墜阬中，韓旻等斬之，詣涇州降。傳首行在。詔以希鑒爲涇原節度使。

上命陸贄草詔賜渾瑊，使訪求奉天所失內人。贄上奏曰：「今巨盜始平，疲瘵之民，瘵音債，病也。瘡痍之卒，痍音夷，傷也。尙未循拊，而首訪婦人，非所以副惟新之望也。」上遂不降詔，而遣中使求之。

李晟爲司徒

【綱】以李晟爲司徒、中書令，渾瑊爲侍中，駱元光等遷官有差。

陸贄諫奪李楚琳

【綱】上發梁州。

【目】上問陸贄：「今至鳳翔，諸軍甚盛，因此遣人代李楚琳，何如？」贄上奏曰：「如此則事同脇執，以言乎除亂則不武，以言乎務理則不誠，用是時巡，後將安入！議者或謂之權，臣竊未喩其理。夫權之爲義，取類權衡，今輦路所經，路，車也，天子五路。首行脇奪，易一帥而虧萬乘之義，得一方而結四海之疑，乃是重其所輕而輕其所重，謂之權也，不亦反乎！夫以反道爲權，以任數爲智，此古今所以多喪亂而長姦邪也。不如俟奠枕京邑，枕，安也。徽授一官，彼將奔走不暇，安敢復勞誅鉏哉！」

【綱】秋七月，遣給事中孔巢父宣慰河中，李懷光殺之。

還長安

【綱】車駕還長安。

【目】李晟謁見上於三橋，（在今西安市西北，望賢宮之東，唐京城西。）先賀平賊，後謝收復之晩，伏路左請罪。上駐馬慰撫，爲之掩涕，令左右扶上馬。至宮，每閒日，閒暇之日。輒宴勳臣，李晟爲之首，渾瑊次之，諸將相又次之。

徵李泌

【綱】徵李泌爲左散騎常侍。

李泌諫與吐蕃兩鎮
李希烈殺顏眞卿
李晟爲隴右等節度進爵西平王

目 李泌爲杭州刺史，（杭州治錢塘縣，即今浙江杭州市。）徵詣行在，日直西省，（唐中書省謂之西省。）朝野屬目。上問河中爲憂？泌曰：「天下事甚有可憂者；若惟河中，不足憂也。陛下已還宮闕，懷光不束身歸罪，乃虐殺使臣，竄伏河中，不日必爲帳下所梟矣。」

初，上發吐蕃以討朱泚，許以安西、北庭之地與之；（安西節度使治龜茲城，在今新疆庫車、沙雅兩縣間。北庭節度使治庭州城，即今新疆烏魯木齊市。）及泚誅，吐蕃來求地，上欲與之。泌曰：「安西、北庭之人，勢孤地遠，盡忠竭力，爲國家固守近二十年，誠可哀憐。一旦棄之戎狄，彼必深怨中國，他日從吐蕃入寇，如報私讎矣。況日者吐蕃觀望不進，陰持兩端，何功之有！」上遂不與之。

綱 八月，顏眞卿爲李希烈所殺。

目 李希烈聞希淸伏誅，（初，李晟收復京城，斬朱泚黨李希淸等於市。）忿怒，遣中使至蔡州殺顏眞卿。（眞卿時留蔡州。（治汝陽縣，即今河南汝陽縣。））中使曰：「有敕。」眞卿再拜。中使曰：「今賜卿死。」眞卿曰：「老臣無狀，罪當死。不知使者幾日發長安？」使者曰：「自大梁來。」（大梁即汴州，去年冬陷於希烈。）眞卿曰：「然則賊耳，何謂敕邪！」遂縊殺之。

綱 以李晟爲鳳翔、隴右節度等使，（隴右節度使治鄯州城，即今青海樂都縣。）進爵西平王。（西平即鄯州，舊爲西平郡。）

綱 遣渾瑊等討李懷光軍于同州。（治馮翊縣，即今陝西大荔縣。）

加韓滉同平章事李泌知韓滉

此朝廷大計

目 上命渾瑊、駱元光討懷光，懷光遣其將徐庭光軍長春宮以拒之，（長春宮，在今陝西大荔縣東北。）瑊等數戰不利。時度支用度不給，議者多請赦懷光，上不許。

綱 馬燧討李懷光，取晉、慈、隰州。（晉州治臨汾縣，即今山西臨汾縣。慈州治吉昌縣，在今山西鄉寧縣西北。隰州治隰川縣，即今山西呂梁縣。）以渾瑊爲河中節度使，康日知爲晉慈隰節度使。

綱 冬十月，以竇文瑒、王希遷爲監神策軍兵馬使。竇、王皆宦者。

綱 十一月，加韓滉同平章事。

目 議者或言：「滉聚兵脩城，陰蓄異志。」上疑之，以問李泌，對曰：「滉公忠清儉，貢獻不絕。鎮撫江東，盜賊不起。所以脩城爲迎扈之備耳。扈音戶。迎駕扈從。此乃人臣忠篤之慮，奈何更以爲罪乎！滉性剛嚴，不附權貴，故多謗毁，臣敢保其無他。」上曰：「外議洶洶，卿弗聞乎？」對曰：「臣固聞之。其子臯爲郎，不敢歸省，正以謗語沸騰故也。」退，遂上章，請以百口保滉。他日，又言於上曰：「臣之上章，非私於滉，乃爲朝廷計也。」上曰：「如何？」對曰：「今天下旱、蝗，關中米斗千錢，倉廩耗竭，而江東豐稔。願陛下早下臣章，以解朝衆之惑，而諭韓臯使之歸覲，令滉速運糧儲，此朝廷大計也。」上卽下泌章，令臯歸覲，而諭之曰：「卿父比有謗言，朕不復信。關中乏糧，宜速致之。」臯至，滉感悅，卽日發米百萬斛，聽臯留五日卽還朝，自送至江上，冒風濤而遣之。陳少遊聞之，陳少遊爲淮南節度使，去年冬李希烈陷汴州，拔襄邑，江、淮大震，少遊遣款於希烈。卽貢米二十萬斛。

會劉洽得李希烈起居注，（時洽克汴州，希烈奔蔡州。）云「某月日，陳少遊上表歸順。」少遊聞之慙懼，發疾，卒。大將王韶欲自爲留後，韓滉遣使謂之曰：「汝敢爲亂，吾卽日全軍渡江誅汝矣！」韶懼而止。上聞之喜，謂李泌曰：「滉不惟安江東，又能安淮南，眞大臣之器，卿可謂知人！」遂加滉平章事、江淮轉運使。滉入貢無虚月，朝廷賴之，使者勞問相繼，恩遇始深矣。

綱 馬燧取絳州。（治正平縣，在今山西侯馬市西北。）

綱 乙丑，貞元元年，（七八五）春正月，贈顔眞卿司徒，諡文忠。

綱 以盧杞爲澧州別駕。（澧州治澧陽縣，即今湖南澧陽縣。）

目 盧杞遇赦，移吉州長史，（吉州治吉安縣，即今江西吉安縣。）謂人曰：「吾必再入。」未幾，上果欲用爲饒州刺史。（饒州治鄱陽縣，即今江西鄱陽縣。）給事中袁高奏：「杞極惡窮凶，何可復用！」上不聽。補闕陳京、趙需等亦爭之，上謂宰相：「與杞小州。」乃以杞爲澧州別駕。上謂李泌曰：「朕已可袁高所奏。」泌曰：「累日外人竊議，比陛下於桓、靈；今承德音，乃堯、舜之不逮也！」上悅。杞竟卒於澧州。

綱 三月，馬燧敗李懷光兵於陶城。（在今山西芮城縣西北。）夏四月，燧及渾瑊又破懷光兵於長春宮。

目 馬燧敗懷光兵於陶城，斬首萬餘級；分兵會渾瑊，逼河中。破懷光兵於長春宮

赦懷光有五不可

朱滔死

馬燧平河中

南，遂圍宮城。

時連年旱、蝗，資糧匱竭，言事者多請赦李懷光。李晟上言：「赦懷光有五不可：河中距長安纔三百里，同州當其衝，多兵則未爲示信，少兵則不足隄防，忽驚東偏，何以制之？一也；今赦懷光，必以晉、絳、慈、隰還之，渾瑊既無所詣，康日知又應遷移，土宇不安，何以奬勵，二也；陛下連兵一年，討除小醜，兵力未窮，遽赦其罪，今西有吐蕃，北有回紇，南有淮西，（李希烈僭號淮西。）觀我彊弱，必起窺覦，三也；（覦音豫。窺覦，希幸也。）懷光既赦，則朔方將士皆應敘勳行賞，（朔方將士，謂解奉天之圍者。）今府庫方虛，賞不滿望，是愈激之使叛，四也；既解河中，罷諸道兵，賞典不舉，怨言必起，五也。今河中斗米五百，芻藁且盡，陛下但敕諸道圍守旬時，彼必有內潰之變，何必養腹心之疾爲他日之悔哉！」馬燧入朝，奏曰：「懷光凶逆尤甚，赦之無以令天下，願更得一月糧，必爲陛下平之。」上許之。

綱　六月，朱滔死，以劉怦爲幽州節度使。（幽州節度使治幽州城，即今河北薊縣。）

綱　秋七月，陝虢軍亂，（陝虢節度使治陝州城，即今河南陝縣。）殺其節度使張勸，詔以李泌爲都防禦轉運使。

綱　八月，馬燧取長春宮，遂及諸軍平河中。李懷光縊死。

目　馬燧與諸將謀曰：「長春宮不下，則懷光不可得。然其守備甚嚴，攻之曠日持久，我當身往諭之。」遂徑造城下，呼其守將徐庭光，庭光帥將士羅拜城上。燧曰：「汝曹徇國立功四十餘年，何忽爲滅族之計！從吾言，非止免禍，富貴可圖也。」衆不對。燧披襟曰：「汝不信吾言，何不射吾！」將士皆伏泣。燧曰：「此皆懷光所爲，汝曹無罪。第堅守勿出。」皆曰：「諾。」燧等遂進逼河中，懷光舉火，諸營不應。

駱元光使人招庭光；庭光罵辱之。及燧還，乃開門降。燧以數騎入城慰撫之，其衆大呼曰：「吾輩復爲王人矣！」渾瑊謂僚佐曰：「始吾謂馬公用兵不吾遠也，今乃知吾不逮多矣！」

燧帥諸軍至河西，河中軍士自相驚，皆易其號爲「太平」字；懷光不知所爲，乃縊而死。

初，懷光之解奉天圍也，上以其子璀爲監察御史。及懷光屯咸陽不進，璀密言於上曰：「臣父必負陛下，願早爲之備。臣聞君、父一也；但今日陛下未能誅臣父，而臣父足以危陛下，故不忍不言。」不忍見君上之危而不言也。上驚曰：「卿大臣愛子，當爲朕委曲彌縫之！」左傳僖公二十六年：「彌縫其闕，而匡救其災。」對曰：「臣父非不愛臣，臣非不愛其父與宗族也；顧臣力竭，不能回耳。」上曰：「然則卿以何策自免？」對曰：「臣父敗，則臣與之俱死，復有何策哉！使臣賣父求生，陛下亦安用之！」及李泌赴陝，上謂之曰：「朕所以欲全懷光，誠惜璀也。卿至陝，試爲朕招之。」對曰：「陛下未幸梁、洋，懷光猶可降也。今雖請降，臣不敢受，況招之乎！璀固賢者，必與父俱死矣；若其不死，則亦無足貴也。」及懷光死，璀亦自殺。

朔方將牛名俊斷懷光首出降。燧自辭行，至是凡二十七日。渾瑊盡得懷光之衆。朔方軍自是分居邠、蒲矣。

綱　加馬燧兼侍中。

綱　赦懷光一子，收葬其尸。罷討淮西兵。

陸贄諫討淮西

目　上問陸贄：「今復有何事當區處者？」贄以河中既平，慮必有希旨生事之人，請乘勝討淮西者。李希烈必誘諭其所部及新附諸帥曰：「奉天息兵之旨，（謂興元赦詔，見上。）乃因窘急而言，朝廷稍安，必復誅伐。」如此，則四方負罪者孰不自疑，建中之憂行將復起。（建中，德宗年號。）乃上奏曰：「陛下悔過降號，聞者涕泣，故諸將效死，叛夫請罪，逆泚、懷光相繼梟殄。曩以百萬之師而力殫，今以咫尺之詔而化洽。是則聖王之敷理道，（治道。）服暴人，任德而不任兵，明矣；羣帥之悖臣禮，拒天誅，圖活而不圖王，又明矣。今叛帥革面，（易革卦：「小人革面」，謂面順於王化也。）復脩臣禮，然其深言密議固亦未盡坦然，必當聚心而謀，傾耳而聽，觀陛下所行之事，考陛下所誓之言。若言與事符，則遷善之心漸固；儻事與言背，則慮禍之態復回。所宜布恤人之惠以濟威，乘滅賊之威以行惠，臣所未敢保者，惟希烈耳。陛下但敕諸鎮各守封疆，彼既氣奪算窮，不有人禍，則有鬼誅。古所謂不戰而屈人之兵者，斯之謂歟！」詔以「李懷光嘗有功，宥其一男，歸其尸使收葬。諸道與淮西連接者，非被侵軼，（軼音經，突也。）不須進討。李希烈若降，當待以不死；自餘一無所問。」

張延賞相

綱　以張延賞爲左僕射。

李晟以營妓惡張延賞

劉滋等同相

四夔

宰相分判六曹

陳僊奇殺李希烈

置十六衛上將軍

目 初，李晟戍成都，（今四川成都市，西川節度使治。）取其營妓以還。西川節度使張延賞怒，追而返之，晟遂與延賞有隙。至是，上召延賞入相，晟表陳其過惡；上重違其意，以延賞爲左僕射。

綱 丙寅，二年，（七八六）春正月，以劉滋、崔造、齊映同平章事。

目 造少與韓會、盧車美、張正則爲友，以王佐自許，時人謂之「四夔」。（夔，舜臣名。）上以造敢言，故不次用之。滋、映多讓事於造。造久在江外，疾錢穀諸使罔上之弊，奏罷水陸度支、轉運等使，諸道租賦悉委觀察使、刺史遣官送京師。令宰相分判六曹：（六曹，六部也。）映判兵部，李勉判刑部，滋判吏禮部，造判戶、工部；造與戶部侍郎元琇善，使判諸道鹽、鐵、榷酒，韓滉奏論其過失，罷之。

綱 夏四月，淮西將陳僊奇殺李希烈以降，以僊奇爲節度使。

目 希烈兵勢日蹙，會有疾，僊奇使醫毒殺之；因屠其家，舉衆來降。詔以爲淮西節度使。

綱 秋七月，陳僊奇爲其將吳少誠所殺，以少誠爲留後。（少誠素狡險，爲李希烈所寵任，故爲之報仇。）

綱 吐蕃入寇，詔渾瑊、駱元光屯咸陽。

綱 九月，置十六衛上將軍。（十六衛，見卷四十八開元十三年「分隸十二衛六番」注。）

李泌請復府兵

目　初，上與常侍李泌議復府兵，（府兵，見卷四十三貞觀十年「更命統軍別將爲折衝果毅都尉」目。）泌言：「府兵平日皆安居田畝，每府有折衝領之，（折衝見同府兵。）農隙教戰。有事徵發，則以符契下州府參驗發之，至所期處。將帥按閱，有不精者，罪其折衝，甚者罪及刺史。軍還，則賜勳加賞，行者近不踰時，遠不經歲。高宗以劉仁軌爲洮河鎮守，使以圖吐蕃，於是始有久戍之役。（事見卷四十五高宗儀鳳二年。）又牛仙客以積財得宰相，（事見卷四十九開元二十四年。）邊將效之，誘戍卒，使以所齎繒帛寄於府庫，而苦役之，利其死而沒入其財，故戍卒還者什無二三。然未嘗有外叛內侮者，誠以顧戀田園，恐累宗族故也。自開元之末，（開元，玄宗年號。）張說始募長征兵，（事見卷四十八開元十三年。）兵不土著，不自重惜，忘身徇利，禍亂遂生。曏使府兵之法不廢，安有如此下陵上替之患哉！」上以爲然，因有是命，然卒亦不能復也。

綱　李晟遣兵擊吐蕃於汧城，（汧音牽。）（汧城即陝西汧陽縣城，隴州治。）敗之。

目　尚結贊敗走，（尚結贊，吐蕃之相。吐蕃俗不言姓，其官族皆稱尚，結贊名也。）謂其人曰：「唐之良將，李晟、馬燧、渾瑊而已，當以計去之。」入鳳翔境，以兵直抵城下，曰：「李令公召我來，（李晟爲中書令，故稱令公。）何不出犒我！」經宿而退。

韓滉運米濟關中

綱　冬十一月，韓滉、劉玄佐、曲環俱入朝。

目　先是關中倉廩竭，禁軍或自脫巾呼於道曰：「拘吾於軍而不給糧，吾罪人也！」上憂之甚，會韓滉運米三萬斛至陝，李泌奏之。上喜，謂太子曰：「吾父子得生矣！」時禁中不

韓滉勸劉玄佐入朝

李晟入朝

李晟表薦張延賞

釀，醞酒爲釀。命於坊市取酒爲樂。又遣中使諭神策六軍，（神策六軍，左右羽林、左右龍武、左右神武。）軍士皆呼萬歲。時比歲饑饉，兵民率皆瘦黑，及麥熟，市有醉者，人以爲瑞。然人乍飽食，死者甚衆。數月，人膚色乃復故。

滉遂入朝，過汴，汴州即大梁，宣武節度使治也。時宣武節度使劉玄佐久未入朝。滉與約爲兄弟，請拜其母；其母喜，爲置酒。酒半，滉曰：「弟何時入朝？」玄佐曰：「久欲入朝，力未能辦耳！」滉曰：「滉力可及。」乃遣玄佐錢二十萬緡，備行裝。滉留大梁三日，大出金帛賞勞，一軍爲之傾動。玄佐驚服，遂與陳許節度使曲環俱入朝。（陳許節度使治許州城，即今河南許昌市。）

綱 十二月，以韓滉兼度支、鹽鐵、轉運等使。

綱 李晟入朝。

目 工部侍郎張彧，李晟之壻也。彧音郁。晟在鳳翔，以女嫁幕客崔樞，幕客，幕府之客。禮重之過於彧；彧怒，遂附於張延賞。上忌晟功名，會吐蕃有離閒之言，延賞等騰謗於朝，無所不至。晟聞之，晝夜泣，目爲之腫，悉遣子弟詣長安，表請爲僧，不許。入朝，稱疾，懇辭方鎮，亦不許。韓滉素與晟善，上命滉諭旨，使與延賞釋怨。引延賞詣晟第謝，因飲盡歡；晟表薦延賞爲相。

綱 丁卯，三年，（七八七）春正月，以張延賞同平章事。

目　李晟爲其子請婚於延賞，不許。晟謂人曰：「武夫性快，釋怨於杯酒閒，則不復貯胸中矣；非如文士難犯，外雖和解，內蓄憾如故，吾得無懼哉！」

柳渾相

綱　劉滋罷，以柳渾同平章事。

綱　二月，遣右庶子崔澣使吐蕃。澣音緩。

韓滉卒

綱　鎭海節度使、同平章事韓滉卒。（鎭海節度使初治京口，後移至杭州城，即今浙江杭州市。）

目　滉久在二浙，（大曆十二年韓滉爲兩浙觀察使，建中二年爲節度使。）所辟僚佐，辟音壁，舉也。各隨其長，無不得人。嘗有故人子謁之，滉考其能，一無所長，然與之宴，竟席，未嘗左右視。因使監庫門，其人終日危坐，吏卒無敢妄出入者。

李晟爲太尉

綱　三月，以李晟爲太尉。

目　初，吐蕃尙結贊屢遣使求和，上未之許。乃卑辭厚禮求和於馬燧。燧信其言，爲之請於朝。李晟曰：「戎狄無信，不如擊之。」張延賞與晟有隙，數言和親便。上亦素恨回紇，欲與吐蕃擊之，遂從燧、延賞計。

延賞又言：「晟不宜久典兵。」上乃謂晟曰：「朕以百姓之故，與吐蕃和親決矣。大臣既與吐蕃有怨，宜留輔朕，自擇代者。」晟薦都虞候邢君牙，遂以君牙爲鳳翔尹，加晟太尉，罷鎭。

李晟竊慕魏徵

晟在鳳翔，嘗謂僚佐曰：「魏徵好直諫，魏徵，太宗相。余竊慕之。」行軍司馬李叔度曰：「此儒者事，非勳德所宜也。」晟斂容曰：「司馬失言矣。晟任兼將相，知朝廷得失而不言，何以爲臣哉！」叔度慙而退。及在朝廷，上有所顧問，極言無隱；而性沉密，未嘗泄於人。

許吐蕃盟

綱 夏五月，以渾瑊爲會盟使。

目 崔澣見尙結贊，責以負約。尙結贊曰：「破朱泚，未獲賞，是以來耳。公欲脩好，固所願也。然渾侍中信厚聞於異域，請必使之主盟。」遂遣瑊與盟，許盟於平涼。（卽今甘肅平涼市。）

省州縣官

綱 閏月，省州縣官。收其祿以給戰士，張延賞之謀也。

吐蕃劫盟

綱 渾瑊與吐蕃盟于平涼，吐蕃劫盟。

目 渾瑊之發長安也，李晟深戒之，以盟所爲備不可不嚴。張延賞言於上曰：「晟不欲盟好之成，故戒瑊以嚴備。我有疑彼之形，則彼亦疑我矣，盟何由成！」上乃召瑊，切戒以推誠待虜，勿爲猜疑。瑊奏吐蕃決以辛未盟，延賞集百官，稱詔示之曰：「李太尉謂和好必不成，今盟日定矣。」晟聞之泣曰：「吾生長西陲，（陲音垂，邊也。）備諳虜情，（諳音庵，曉也。）所以論奏，但恥朝廷爲犬戎所侮耳！」上始命駱元光屯潘原，（在今甘肅平涼市東。）韓遊瓌屯洛口，（在今甘肅涇原縣西南。）以爲瑊援。將盟，吐蕃伏精騎數萬於壇西，瑊等入幕，易禮服，虜伐鼓三聲，大譟而至，瑊自幕後出，偶得他馬乘之，虜縱兵追擊，唐將卒死者數百人。元光成陳以待之，虜騎乃還。

柳渾料吐蕃

是日上視朝，謂諸將曰：「今日和戎息兵，社稷之福！」柳渾曰：「戎狄，豺狼也，非盟誓可結。今日之事，臣竊憂之！」李晟曰：「誠如渾言。」上變色曰：「柳渾書生，不知邊計；大臣亦爲此言邪！」皆頓首謝。是夕，韓遊瓌表言：「虜劫盟者，兵臨近鎮。」上大驚，謂渾曰：「卿書生，乃能料敵如此其審邪！」上欲出幸，大臣諫而止。

吐蕃閒馬燧

綱　六月，以馬燧爲司徒，兼侍中。

目　初，吐蕃尚結贊惡李晟、馬燧、渾瑊，曰：「去三人，則唐可圖也。」於是離閒李晟，因馬燧以求和，欲執渾瑊以賣燧，使幷獲罪，因縱兵直犯長安，會失渾瑊而止。獲馬燧之姪弇，弇音甘。謂曰：「胡以馬爲命。吾在河曲，（河曲謂黃河曲處，在今寧夏中衞縣東，西枕黃河。）春草未生，馬不能舉足。當是時侍中渡河掩之，吾全軍覆沒矣。今蒙侍中力，全軍得歸，奈何拘其子孫？」遣弇與宦官俱文珍等歸。上由是惡燧，罷其副元帥、節度使，以爲司徒、侍中。張延賞慙懼謝病。

李泌相

綱　以李泌同平章事。

李泌勸勿害功臣

目　泌初視事，與李晟等俱入見。上謂泌曰：「朕欲與卿有約，卿愼勿報讎，有恩者朕當爲卿報之。」對曰：「臣素奉道，不與人爲讎。李輔國、元載皆害臣者，今自斃矣。素有善者，率已顯達，或多零落，臣無可報也。臣今日亦願與陛下爲約，可乎？」上曰：「何不可！」泌曰：「願陛下勿害功臣。李晟、馬燧有大功於國，閒有讒之者，閒，近也。陛下萬一害之，則

復所省州縣官

屯田京西

柳渾罷相

宿衞之士，方鎭之臣，無不憤惋反仄，恐中外之變復生也！陛下誠不以二臣功大而忌之，二臣不以位高而自疑，則天下永無事矣。」上以爲然。晟、燧皆起，泣謝。上因謂泌曰：「自今凡軍旅糧儲事，卿主之；吏、禮委延賞；刑法委渾。」泌曰：「陛下不以臣不才，使待罪宰相。宰相之職，天下之事咸共平章，平，均也。章，明也。謂均愚智而昭示之也。不可分也。若各有所主，是乃有司，非宰相矣。」上笑曰：「朕適失辭，卿言是也。」

綱 以李自良爲河東節度使。（河東節度使治幷州城，在今山西太原市西南。）

目 自良從馬燧入朝，上欲使鎭太原。自良固辭曰：「臣事燧久，不欲代之。」上曰：「卿於馬燧，存軍中事分，事燧之分。誠爲得體，然北門之任，謂河東爲國家之北門。非卿不可。」卒以授之。

綱 復所省州縣官。從李泌之請也。

綱 秋七月，以李昇爲詹事。

綱 募戍卒屯田京西。

綱 張延賞卒。

綱 八月，柳渾罷爲左散騎常侍。

目 初，渾與張延賞議事，數異同，延賞使人謝曰：「相公節言，則重位可久矣。」渾曰：「爲吾謝張公，柳渾頭可斷，舌不可禁。」由是交惡。上好文雅縕藉，縕與醞、蘊通。而渾質直無威儀，時發俚語。上不悅，罷之。

綱　郜國大長公主，（郜，周故國，在今山東成武縣東南。）流李昇於嶺南。（指今廣東。）

李泌諫立舒王

目　公主，肅宗女也，適蕭升。女爲太子妃，恩禮甚厚，宗戚皆疾之。主素不謹，李昇等數人出入其第。或告主淫亂，且爲厭禱。厭，鎮也。上大怒，幽之禁中，流昇等嶺表，切責太子；太子懼，請與妃離昏。上召李泌告之，且曰：「舒王近已長立，（舒王名誼，德宗之姪。舒卽舒州，治懷寧縣，卽今安徽潛山縣。）孝友溫仁。」泌曰：「陛下惟有一子，奈何欲廢之而立姪！且陛下所生之子猶疑之，何有於姪！舒王雖孝，自今陛下宜努力，勿復望其孝矣！」上曰：「卿不愛家族乎？」對曰：「臣惟愛家族，故不敢不盡言。若畏陛下盛怒而爲曲從，陛下明日悔之，必尤臣云：『吾獨任汝爲相，不力諫，使至此；必復殺而子。』而，汝也。臣老矣，餘年不足惜，若寃殺臣子，使臣以姪爲嗣，臣未知得歆其祀乎！」因嗚咽流涕。上亦泣曰：「事已如此，奈何？」對曰：「此大事，願陛下審圖之。自古父子相疑未有不亡國者，且陛下不記建寧之事乎？」上曰：「建寧叔實寃，（建寧王倓，德宗之叔，故稱「建寧叔」，事見卷五十一肅宗至德元載。）肅宗性急故耳！」泌曰：「臣昔爲此，故辭歸，誓不近天子左右；不幸今日復爲陛下相，又覩茲事。且其時先帝常懷危懼，臣臨辭日，因誦黃臺瓜辭，肅宗乃悔而泣。」（事見卷五十二至德二載。）上意稍解，乃

李泌論貞觀開元易太子

曰：「貞觀、開元皆易太子，何故不亡？」對曰：「承乾謀反事覺，太宗使朝臣數十人鞫之，事狀顯白，然當時言者猶云：『願陛下不失爲慈父，使太子得終天年。』太宗從之，并廢魏王泰。

并廢舒王而立皇孫

吐蕃城故原州

（事見卷四十四貞觀十七年。）且陛下既知肅宗急而建寧寃，則願陛下深戒其失，從容三日，究其端緒，必釋然知太子之無他矣。若果有其迹，願陛下如貞觀之法，并廢舒王而立皇孫，則百代之後，有天下者，猶陛下子孫也。至於武惠妃譖太子瑛兄弟殺之，海內寃憤，乃百代所當戒，此又可法乎！幸賴陛下語臣，臣敢以家族保太子。曏使楊素、許敬宗、李林甫之徒承此旨，已就舒王圖定策之功矣！」上曰：「此朕家事，何預於卿，而力爭如此？」對曰：「天子以四海爲家。臣今獨任宰相之重，四海之內，一物失所，責歸於臣。況坐視太子寃橫而不言，臣罪大矣。」上曰：「爲卿遷延至明日思之。」泌抽笏叩頭而泣曰：「如此，臣知陛下父子慈孝如初矣！然陛下還宮，當自審思，勿露此意於左右；露之，則彼皆欲樹功於舒王，太子危矣！」上曰：「具曉卿意。」泌歸，太子遣人謝泌曰：「若必不可救，欲先自仰藥，（仰藥，謂服毒藥自殺。）如何？」泌曰：「必無此慮。願太子起敬起孝。苟泌身不存，則事不可知耳。」閒一日，（閒，越也。）上開延英殿獨召泌，流涕曰：「非卿切言，朕今日悔無及矣！太子仁孝，實無他也。自今軍國及朕家事，皆當謀於卿矣。」泌拜賀，因曰：「臣報國畢矣。驚悸亡魂，（悸音忌，心動也。）不可復用，願乞骸骨。」上慰喻，不許。

綱 九月，回紇求和親，許之。從李泌之謀也。

綱 冬十月，吐蕃城故原州而屯之。（屯原州，見卷五十二代宗大曆八年「元載請城原州」目及注。）

綱 十二月，大稔，詔和糴粟麥。

趙光奇言時弊

目　上畋於新店，入民趙光奇家，問：「百姓樂乎？」對曰：「不樂。」上曰：「今歲頗稔，何爲不樂？」對曰：「詔令不信。前云兩稅之外悉無他徭，今非稅而誅求者殆過於稅。又云和糴，而實强取之，曾不識一錢。如云所糴粟麥納於道次，今則遣致京西行營，動數百里，車摧牛斃，摧，折也。破產不能支。愁苦如此，何樂之有！」上命復其家。復，除也，除免光奇家徭賦。

綱鑑易知錄卷五五

唐紀

德宗皇帝

綱 戊辰，四年，（七八八）春二月，以諸道稅外錢帛輸大盈庫。

綱 夏四月，更命殿前射生曰神威軍。（肅宗至德中擇善騎射者千人爲射生手，宿衞宮中。）

目 左右羽林、龍武、神武、神策、神威凡十軍。

綱 六月，徵陽城爲諫議大夫。

目 城，夏縣人，（夏縣，在今山西聞喜縣南。）以學行著聞，隱居柳谷，李泌薦之。

綱 冬十月，回紇來迎公主，仍請改號回鶻。（鶻取回旋輕捷如鶻之義。）

綱 十一月，册回鶻長壽天親可汗，以咸安公主歸之。

綱 己巳，五年，（七八九）春二月，以董晉、竇參同平章事。

目 李泌自陳衰老，乞更除一相。上曰：「朕深知卿勞苦，但未得其人耳。」因從容論卽位以來宰相曰：「盧杞忠淸彊介，人言杞姦邪，朕殊不覺。」泌曰：「此乃杞之所以爲姦邪也。儻陛下覺之，豈有建中之亂乎！」（建中，德宗年號。）上曰：「建中之亂，術士豫請城奉天。（建中元年術士桑道茂請城奉天。（奉天，縣名，即今陝西乾縣。）此蓋天命，非杞所致也。」泌曰：「天命，他人皆可以言之，惟君相不可言。蓋君相所以造命也。若言命，則禮、樂、政、刑皆無所用矣。紂曰：『我生不有命在天！』此商之所以亡也。」既而泌薦竇參通敏，可兼度支鹽鐵；董晉方正，可處門下。上皆以爲不可。泌疾甚，復薦二人，上遂相之。

參爲人剛果峭直，無學術，多權數，每奏事，諸相出，參獨居後，以奏度支事爲辭，實專大政，多引親黨置要地，使爲耳目；董晉充位而已。然晉爲人重慎，所言於上前者未嘗泄於人，子弟或問之，晉曰：「欲知宰相能否，視天下安危。所謀議於上前者，不足道也。」

綱　三月，中書侍郎、同平章事、鄴侯李泌卒。（鄴，在今河北磁縣西。）

目　泌有謀略而好談神僊詭誕，故爲世所輕。

綱　辛未，七年，（七九一）秋八月，以陸贄爲兵部侍郎，解內職。

目　竇參惡之也。

貶竇參

綱　壬申，八年，（七九二）夏四月，賜諫議大夫吳通玄死，貶竇參爲柳州別駕。（柳州治馬平縣，即今廣西柳州市。柳州，通鑑作郴州。）

喜鵲

目　竇參每遷除，多與族子給事中申議之。申招權受賂，時人謂之「喜鵲」。上頗聞之。申恐陸贄進用，陽與諫議大夫吳通玄作謗書以傾贄。上察知之，貶參，賜通玄死。

趙憬陸贄同相

綱　以趙憬、陸贄同平章事。

陸贄論臺省長官舉屬吏

李納卒

陸贄諫用裴延齡

四十餘州大水

目 陸贄請令臺省長官各舉其屬，著其名於詔書，異日考其殿最，并以升黜舉者。詔行之。未幾，或言於上曰：「諸司所舉皆有情故，不得實才。」上密諭贄：「自今除改，卿宜自擇，勿任諸司。」贄上奏曰：「今之宰相則往日之臺省長官，今之臺省長官乃將來之宰相，豈有爲長官之時則不能舉一二屬吏，居宰相之位則可擇千百具僚；物議悠悠，其惑甚矣。蓋尊者領其要，卑者任其詳，是以人主擇輔臣，輔臣擇庶長，庶長擇佐僚，將務得人，無易於此。夫求才貴廣，考課貴精，往者則天欲收人心，（則天，武后。）進用不次，然而課責既嚴，進退皆速，是以當代誦知人之明，累朝賴多士之用。然則則天舉用之法，雖傷易而得人，而陛下慎簡之規，則太精而失士矣。」上竟追前詔不行。

綱 平盧節度使李納卒。（平盧節度使治營州城，即今遼寧朝陽縣。）

目 軍中推其子師古知留後。

綱 秋七月，以司農少卿裴延齡判度支事。

目 陸贄請以李巽權判度支，上許之。既而復欲用延齡，贄言：「度支準平萬貨，刻吝則生患，寬假則容姦。延齡誕妄小人，用之恐傷聖鑒。」上不從。

綱 天下四十餘州大水。

目 溺死者三萬餘人。

綱 八月，遣使宣撫諸道。

目　陸贄以大水請遣使賑撫。上曰：「聞所損殊少，卽議優恤，恐生姦欺。」贄奏曰：「流俗之弊，多徇謟諛，揣所悅意則侈其言，度所惡聞則小其事，制備失所，恆病於斯。且今遣使巡撫，所費者財用，所收者人心，苟不失人，何憂乏用乎！」上曰：「淮西貢賦既闕，（淮西節度使治蔡州城，即今河南汝南縣。）不必遣也。」贄曰：「陛下息師含垢，宥彼渠魁，惟茲下人，所宜矜恤。昔秦、晉仇敵，穆公猶救其饑，左傳僖公十三年，晉饑，惠公使乞糴于秦。穆公謂百里奚：「與諸乎？」對曰：「天災流行，國家代有。救災恤鄰，道也，行道有福。」秦於是乎輸粟于晉。而況帝王懷柔萬邦，惟德與義。寧人負我，無我負人。」乃遣中書舍人奚陟等宣撫諸道。

綱　九月，減江、淮運米，令京兆邊鎭和糴。時關、輔屢豐，江、淮水潦。陸贄請糴運米以濟江、淮，和糴以足邊儲。詔行其策，邊備浸充。

貶姜公輔

綱　冬十一月，貶姜公輔爲吉州別駕。（吉州治吉安縣，即今江西吉安縣。）

目　姜公輔久不遷官，詣陸贄求遷。贄密語之曰：「聞竇相奏擬，竇相，竇參。上有怒公之言。」公輔懼，請爲道士。上問其故，公輔不敢泄贄語，以聞參言爲對。上怒，貶公輔，遣中使責參。

初稅茶

綱　癸酉，九年，（七九三）春正月，初稅茶。

目　凡州、縣產茶及茶山外要路，皆估其值，什稅一，從鹽鐵使張滂之請也。滂又奏：「稅錢別貯，俟有水旱，代民田稅。」自是歲收錢四十萬緡，緡音民。未嘗以救水、旱也。

賜竇參死　陸贄諫殺竇參　趙賈盧相　宰相迭秉筆　置欠負耗賸染練庫　李晟卒　李抱眞卒　陸贄罷相

綱 三月，貶竇參爲驩州司馬，(驩州治九德縣，在今越南民主共和國北境。)尋賜死。

目 初，竇參惡李巽，出爲常州刺史。(常州治晉陵縣，即今江蘇常州市。)及參貶汴州，(治浚儀縣，在今河南開封市北。)節度使劉士寧遺參絹五十匹，巽奏參交結藩鎭。上大怒，欲殺參，陸贄曰：「劉晏之死，(劉晏事見卷五十三建中元年。)罪不明白，至使叛臣得以爲辭。參之貪縱，天下共知；至於潛懷異圖，事跡曖昧。(曖音愛。)若遽加重辟，駭動不細。」乃更貶參驩州司馬。時宦官恨參尤深，謗毀不已，竟賜死於路。竇申杖殺。

綱 夏五月，以趙憬爲門下侍郎，與賈耽、盧邁同平章事。

綱 秋七月，詔宰相迭秉筆以處政事。

目 賈耽、陸贄、趙憬、盧邁爲相，百官白事，更讓不言，乃奏請依至德故事，宰相迭秉筆，旬日一易，(肅宗至德元年，令宰相分直政事，秉筆承旨，旬日而更。)詔從之，其後日一易之。

綱 置欠負耗賸染練庫。(秏即耗，賸同剩。從戶部侍郎裴延齡之謀也。)

綱 八月，太尉、中書令、西平忠武王李晟卒。(西平即鄯州，隴右節度使治，即今青海樂都縣。晟爲節度，封西平王。)

綱 甲戌，十年，(七九四)夏六月，昭義節度使李抱眞卒。(昭義節度使治相州城，即今河南安陽市。)以都虞候王延貴爲節度使，賜名虔休。

綱 冬十二月，陸贄罷爲太子賓客。

陸贄奏論備邊六失

目　陸贄爲相，奏論備邊六失，以爲：「措置乖方，課責虧度，財匱於兵衆，力分於將多，怨生於不均，機失於遙制。」上雖不能盡從，心甚重之。

論赦恩

贄又以「郊赦已近半年，而竄謫者尚未霑恩」，乃爲三狀擬進。上以所擬超越，不從。贄曰：「王者待人以誠，有責怒而無猜嫌，有懲沮而無怨忌。斥遠以儆其不恪，甄恕以勉其自新；甄音眞，明也。行法而暫使左遷，念材而漸加進敍。人知復用，誰不增脩！如其貶黜，便謂姦兇，恆處防閑，長從擯棄，則悔過者無由自補，蘊才者終不見伸。凡人之情，窮則思變，含悽念亂，或起於茲矣。」

論選用

上性猜忌，不委任臣下，官無大小，必自選用；一經譴責，終身不收；好以辯給取人，不得敦實之士。贄又諫曰：「登進以懋庸，黜退以懲過，二者迭用，理如循環。故能使黜退者克勵以求復，登進者警飭以恪居，上無滯疑，下無蓄怨。」又曰：「明王不以辭盡人，不以意選士，如或好善而不擇所用，悅言而不驗所行，進退隨愛憎之情，離合繫異同之趣，是由捨繩墨而意裁曲直，棄權衡而手揣重輕，雖甚精微，不能無謬。」上不聽。

上欲脩神龍寺，裴延齡奏：「同州有木數千株，（同州治馮翊縣，即今陝西大荔縣。）皆可八十尺。」上曰：「開元、天寶閒求美材於近畿，開元、天寶，俱玄宗年號。猶不可得，今安得有之？」對曰：「天生珍材，固待聖君乃出，開元、天寶何從得之！」又奏：「簡閱左藏，於糞土中得銀十三萬兩，雜貨百萬有餘。請入雜庫以供別支。」太府少卿韋少華抗表稱：「皆月申見在之物，請加推驗。」上不許。延齡由是恣爲詭譎，處之不疑。上亦頗知其誕妄，但以其好詆毀人，冀聞外事，故親厚之。羣臣畏之，莫敢言，惟鹽鐵使張滂、京兆尹李充、司農卿李銛以職事相關，時證其妄，而贄獨以身當之，日陳其不可用。上不悅，待延齡益厚。

親厚裴延齡

贄以上知待之厚，事有不可，常力爭之。所親或規其太銳，贄曰：「吾上不負天子，下不負所學，他無所恤。」

趙憬附裴延齡

延齡日短贄於上。趙憬密以贄所譏彈延齡事告之，故延齡益得以爲言，上由是信延齡而不直贄。贄與憬約至上前極論延齡姦邪，上怒形於色，憬默而無言。遂罷贄爲太子賓客。

貶陸贄

綱 乙亥，十一年，（七九五）夏四月，貶陸贄爲忠州別駕。（忠州治臨江縣，即今四川忠縣。）

目 裴延齡譖李充、張滂、李銛黨於陸贄。會旱，延齡奏言：「贄等失勢怨望，言：『天旱，民流，度支多欠諸軍芻糧。』動搖衆心，其意非止欲中傷臣而已。」後數日，上獵苑中，適有軍士訴「度支不給馬芻」。上意延齡言爲信，遽還宮，貶贄爲忠州別駕，充、滂、銛皆爲諸州長史。

韓愈爭臣論

初，陽城自處士徵爲諫議大夫，拜官不辭。人皆想望風采，曰：「城必諫諍，死職下。」及至，諸諫官紛紛言事細碎，天子益厭之。而城方與客日夜痛飲，人莫能窺其際，皆以爲虛得名耳。前進士韓愈作爭臣論以譏之，城亦不以屑意。及陸贄等坐貶，上怒未解，中外惴恐，

陽城等守延英門上疏　張萬福名重天下　馬燧卒　鄭絪諫宦官降麻　稅外方圓

以爲罪且不測，無敢救者。城即帥拾遺王仲舒、補闕熊執易、崔邠等守延英門，（延英殿門。）上疏論延齡姦佞，贄等無罪。上大怒，欲罪之。太子爲營救，乃解，令宰相諭遣之。金吾將軍張萬福聞諫官伏閤，趣往大言賀曰：「朝廷有直臣，天下必太平矣！」遂徧拜城等。萬福，武人，年八十餘，自此名重天下。時朝夕相延齡，城曰：「脫以延齡爲相，當取白麻壞之，（唐制，封王、拜相，用白麻紙寫制。）慟哭於廷。」李繁者，泌之子也，城盡數延齡過惡，欲密論之，使繁繕寫，繁徑以告延齡。延齡先詣上，一一自解。疏入，上以爲妄，不之省。

綱　秋七月，以陽城爲國子司業。

目　坐言裴延齡故也。

綱　八月，司徒、侍中、北平莊武王馬燧卒。（北平即平州，治盧龍縣，在今河北昌黎縣西北。）

綱　丙子，十二年，（七九六）夏六月，以竇文瑒、霍僊鳴爲護軍中尉。瑒音唱。

目　初，上置六統軍，視六尚書，（視，比也。）以處罷鎮者，相承用麻紙寫制。至是，文瑒諷宰相比統軍降麻。翰林學士鄭絪奏：「故事惟封王、命相用白麻，今不識陛下特以寵文瑒邪，遂爲著令也？」上乃謂文瑒曰：「朕今用爾，不謂無私。若復降麻，天下必謂爾脅我爲之矣。」文瑒叩頭謝。遂焚之，謂絪曰：「宰相不能違拒中人，（中人，宦官也。）朕得卿言方寤耳。」

綱　以嚴綬爲刑部員外郎。

目　初，上以奉天窘乏，故還宮以來，專意聚斂。藩鎮多以進奉市恩，皆云「稅外方

月進日進

圓」，謂於常稅之外，或方或圓，宛轉設法所致。亦云「用度羨餘」，其實或增斂百姓，或減刻吏祿，或販鬻蔬果，往往自入，所進纔什一二。李兼在江西有月進，（李兼爲江西節度使，時治洪州城，在今江西進賢縣西北。）韋皋在西川有日進。（韋皋爲西川節度使，治益州城，即今四川成都市。）其後常州刺史裴肅以進奉遷浙東觀察使，刺史進奉自肅始。宣歙判官嚴綬掌留務，（宣歙節度使治宣州城，即今安徽宣城縣。）竭府庫以進奉，徵爲刑部員外郎，幕僚進奉自綬始。

綱　秋八月，趙憬卒。

綱　九月，裴延齡卒。

目　中外相賀，上獨悼惜之。

崔損趙宗儒相

綱　冬十月，以崔損、趙宗儒同平章事。

目　損嘗爲裴延齡所薦，故用之。

綱　十一月，以韋渠牟爲諫議大夫。

不任宰相

目　上自陸贄貶官，尤不任宰相，自縣令以上皆自選用，中書行文書而已。然深居禁中，所取信者裴延齡、禮部尚書李齊運、司農卿李賀、翰林學士韋執誼及渠牟，皆權傾宰相，趨附盈門。

綱　丁丑，十三年，（七九七）冬十二月，以宦者爲宮市使。

目　先是，宮中市外閒物，令官吏主之，隨給其直。比歲以宦者爲使，（比歲，連年也。）謂之

宮市

宮市，置白望數百人，（白晝衒市之中以左右望，故稱。）抑買人物。以紅紫染故衣、敗繒，尺寸裂而給之，仍索進奉門戶及脚價錢。名爲宮市，其實奪之。徐州節度使張建封入朝，（徐州節度使治徐州城，即今江蘇徐州市。）具奏之；上以問判度支蘇弁，弁希宦者意，對曰：「京師遊手萬家，無土著生業，（土著謂定居一地者。生業即職業。）仰宮市取給。」上信之，故凡言宮市者皆不聽。

綱 以姚南仲爲義成節度使。（義成即滑濮節度使，治滑州城，在今河南滑縣東。）

鄭餘慶相

綱 戊寅，十四年，（七九八）秋七月，趙宗儒罷，以鄭餘慶同平章事。

綱 九月，以于頔爲山南東道節度使。頔音狄。（山南東道節度使治襄州城，即今湖北襄樊市。）

綱 吳少誠叛，（吳少誠時爲彰義節度使，治申州城，在今河南信陽縣南。）侵壽州。（治壽春縣，即今安徽壽縣。）

綱 貶陽城爲道州刺史。（道州治營道縣，即今湖南道縣。）

陽城治民如治家

目 太學生薛約師事司業陽城，坐言事，徙連州，（治桂陽縣，即今廣東連縣。）城送之郊外；貶道州刺史。（以陽城黨罪人，故貶之。）城治民如治家，賦税不登，觀察使數加誚讓，城自署其考曰：「撫字心勞，徵科政拙，考下下。」觀察使遣判官督其賦，城自繫獄。判官大驚，馳謁之，城不復歸。判官辭去，遣他判官往案之，判官乃載妻子行，中道逸去。

討吳少誠

綱 己卯，十五年，（七九九）秋八月，詔削奪吳少誠官爵，令諸道進兵討之。

渾瑊卒

綱 冬十二月，中書令、咸寧王渾瑊卒。諡忠武。（咸寧縣，在今陝西宜川縣東。）

綱 庚辰，十六年，（八〇〇）春二月，以韓全義爲蔡州招討使。統諸軍討吳少誠，十七道兵皆受節度。

綱 夏四月，姚南仲入朝。

目 義成監軍薛盈珍有寵，欲奪節度使姚南仲軍政，南仲不從，由是有隙。屢毀南仲於上，上疑之。徵盈珍入朝，南仲亦請入朝待罪。上召見，問曰：「盈珍擾卿邪？」對曰：「盈珍不擾臣，但亂陛下法耳。且天下如盈珍輩，何可勝數！雖使羊、杜復生，（羊，羊祜。杜，杜預。事見卷二十九晉武帝咸寧五年。）亦不能行愷悌之政，成攻取之功也。」上默然，竟不罪盈珍，仍使掌機密。

綱 五月，于頔奏貶元洪爲吉州長史。

目 山南東道節度使于頔因討淮西，大募戰士，繕甲厲兵，聚斂貨財，有據漢南之志。誣鄧州刺史元洪贓罪，（鄧州治穰縣，在今河南鄧縣東南。）上爲之流端州，（治高要縣，即今廣東肇慶市。）頔復奏洪責太重，上復以洪爲吉州長史。又怒判官薛正倫，奏貶之；比敕下，頔怒已解，復奏留爲判官。上一一從之。

綱 徐泗濠節度使張建封卒。（徐泗濠節度使，即上徐州節度使。）

綱 以張愔爲徐州團練使。張愔，建封子。

目 張愔表求旄節，朝廷不許；加淮南節度使杜佑兼徐泗濠節度使，（淮南節度使治揚州城，（即今江蘇揚州市。）使討之。前鋒濟淮而敗，佑不敢進。朝廷不得已，除愔團練使，後名其軍曰武寧，以愔爲節度使。

綱　以李藩爲祕書郎。

目　初，張建封之疾病也，濠州刺史杜兼陰圖代之，（濠州治鍾離縣，在今安徽鳳陽縣東北。）疾驅至府。幕僚李藩曰：「僕射疾危如此，公宜在州防遏，來欲何爲！不速去，當奏之。」兼錯愕，徑歸。及是，兼誣奏藩搖動軍情，上大怒，密詔杜佑殺之。佑素重藩，出詔示之；藩神色不變。佑曰：「吾已密論，用百口保君矣。」上猶疑之，召藩詣長安，望見其儀度安雅，乃曰：「此豈爲惡者邪！」即除祕書郎。

綱　秋七月，吳少誠襲韓全義於五樓，（五樓，地未詳。）全義大敗，走保陳州。（治宛丘，在今河南淮陽縣東南。）

綱　九月，貶鄭餘慶爲郴州司馬。（郴州治郴縣，即今湖南郴縣。）

目　餘慶與戶部侍郎于頔素善，頔音丕。頔所奏事，餘慶多勸上從之。上以爲朋比，貶之。

綱　以齊抗同平章事。（齊抗相）

綱　冬十月，赦吳少誠，復其官爵。

綱　癸未，十九年，（八〇三）春三月，以杜佑同平章事。（杜佑相）

綱 自正月不雨至于秋七月。

綱 齊抗罷。

綱 冬十月，崔損卒。

綱 十二月，以高郢、鄭珣瑜同平章事。

高郢鄭珣瑜相

綱 貶韓愈爲陽山令。（陽山縣，即今廣東陽山縣。）

韓愈諫徵稅坐貶

目 京兆尹李實務徵求以給進奉，言於上曰：「今歲雖旱而禾苗甚美。」由是租稅皆不免，人窮至壞屋賣瓦木、麥苗以輸官。監察御史韓愈言：「京畿百姓窮困，今年稅物徵未得者，請俟來年。」遂坐貶。

綱 甲申，二十年，（八〇四）秋九月，太子有疾。

王伾王叔文

目 初，翰林待詔王伾善書，未有正官者曰待詔。伾音丕。王叔文善棊，俱出入東宮，娛侍太子。叔文詭譎多詐，自言讀書知治道，太子嘗與諸侍讀論及宮市事，曰：「寡人方欲極言之。」衆皆稱贊，獨叔文無言。既退，太子自留叔文謂曰：「向者君獨無言，豈有意邪？」叔文曰：「太子職當視膳問安，不宜言外事。陛下在位久，如疑太子收人心，何以自解！」太子泣曰：「非先生，寡人無以知此。」遂大愛幸，與伾相依附。因言：「某可爲相，某可爲將，幸異日用之。」密結翰林學士韋執誼及朝士有名而求速進者陸淳、呂溫、李景儉、韓曄、韓泰、陳諫、柳宗元、劉禹錫等，定爲死友。曄音葉。而凌準、程异等又因其黨以進，异音異。日與遊處，蹤跡詭祕，莫有知其端者。

順宗皇帝 名誦，德宗太子，在位八月，傳位太子，自稱太上皇，未幾崩，壽四十六歲。帝不幸瘖疾，奸邪肆志，而能委政冢嗣，以安社稷，亦足爲賢矣。

綱 乙酉，二十一年，（八〇五）順宗皇帝永貞元年。春正月，帝崩，太子卽位。

目 正月朔，諸王親戚入賀，太子獨以疾不能來，上涕泣悲歎，由是得疾。帝崩，倉猝召翰林學士鄭絪、衛次公等草遺詔。宦官或曰：「禁中議所立尙未定。」次公遽言曰：「太子雖有疾，地居冢嫡，中外屬心。必不得已，猶應立廣陵王；（廣陵王純，順宗子。廣陵卽揚州。）不然，必大亂。」絪等從而和之，議始定。太子知人心憂疑，力疾出九仙門，召見諸軍使，京師粗安。明日，卽位。時順宗以風疾失音，宦官李忠言、昭容牛氏侍左右；昭容，婦官名，九嬪之一。百官奏事，自帷中可其奏。王伾召叔文，坐翰林中使決事。伾入言於忠言，稱詔行下，外初無知者。

韋執誼相

綱 以韋執誼同平章事。

目 王叔文專國政，首引執誼爲相，己用事於中，與相唱和。

王叔文用事

綱 以王伾爲左散騎常侍，王叔文爲翰林學士。

目 伾寢陋、吳語，寢陋，貌醜也。伾錢唐人，故吳語。上所褻狎；而叔文自許，微知文義，好言事，上以故稍敬之。以伾爲散騎常侍，仍待詔翰林；叔文爲學士。每事先下翰林，使叔

禁宮市五坊小兒

量移

陸李深交

文可否，然後宣於中書，韋執誼承而行之。韓泰、柳宗元、劉禹錫等采聽謀議，汲汲如狂，互相推奬，僩然自得，僩音顯。僩然，寬大貌。以爲伊、周、管、葛復出也，伊、周、管、葛，伊尹、周公、管仲、諸葛亮。榮辱進退，生於造次，惟其所欲，不拘程式。其門晝夜車馬如市。

綱　大赦，罷進奉、宮市、五坊小兒。五坊，鵰坊、鶻坊、鷂坊、鷹坊、狗坊。

目　先是，鹽鐵月進羨餘經入益少；五坊小兒張捕鳥雀於閭里者，皆爲暴横以取人錢物，至有張羅網於門，或張井上，近之，輒曰：「汝驚供奉鳥雀！」卽痛毆之，出錢物求謝，乃去。上在東宮知其弊，故卽位首禁之。

綱　以王伾爲翰林學士。

綱　追陸贄、陽城赴京師，未至，卒。

目　德宗之末，十年無赦，羣臣以微譴逐者不復敍用，至是始得量移。移，徙也。謂得罪遠斥者，遇赦則量徙近地。追陸贄、陽城赴京師。二人皆未聞追詔而卒。

贄之秉政也，貶李吉甫爲明州長史，（明州治鄮縣，卽今浙江寧波市。）及贄貶，吉甫徙刺忠州。贄門人以爲憂，而吉甫忻然以宰相禮事之。忻同欣。贄遂與深交。吉甫，栖筠之子也。西川節度使韋皋屢表請以贄自代，不從。

綱　以杜佑爲度支等使，王叔文爲副使。

目　先是叔文與其黨謀，得國賦在手，則可以結諸用事人，取軍士心，以固其權，又懼

王叔文獨有憂色

杜黃裳怒韋執誼

賈鄭病不視事

韋皐上太子箋

人心不服，藉杜佑雅有會計之名，位重而務自全，易可制，故先令佑主其名，而自除爲副以專之。叔文不以簿書爲意，日夜與其黨屛人竊語，人莫測其所爲。

綱　立廣陵王純爲皇太子。

目　初，上疾久不愈，中外危懼，思早立太子，而王叔文之黨欲專大權，惡聞之。宦官俱文珍、劉光琦、薛盈珍等疾叔文等，乃啓上召學士鄭絪等入草制。時牛昭容輩以廣陵王淳英睿，惡之；絪不復請，書紙爲「立嫡以長」字呈上；上頷之。頷音撼。頷之，點頭以應也。乃立淳爲太子，更名純。百官覩太子儀表，大喜，相賀，有感泣者，而叔文獨有憂色。

先是杜黃裳爲裴延齡所惡，留滯臺閣，十年不遷，及其壻韋執誼爲相，始遷太常卿。黃裳勸執誼帥羣臣請太子監國，執誼驚曰：「丈人甫得一官，奈何啓口議禁中事！」黃裳勃然曰：「黃裳受恩三朝，豈得以一官相買乎！」拂衣起出。至是執誼恐太子不悅，故以陸質爲侍讀，使潛伺太子意，且解之。太子怒曰：「陛下令先生爲寡人講經義耳，何爲預他事！」質懼而出。質卽淳也，避太子名改之。

綱　賈耽、鄭珣瑜病，不視事。惡王叔文也。

綱　夏六月，韋皐表請太子監國。

目　韋皐上表曰：「陛下哀毁成疾，請權令太子親監庶政，俟皇躬痊愈，復歸春宮。」卽東宮。又上太子牋曰：「聖上亮陰不言，陰音庵。亮陰，天子居喪之次。委政臣下，而所付非人。王叔

杜袁相
順宗傳位太子
憲宗却獻
韋皐卒
袁滋爲西川節度

文、王伾、李忠言之徒，輒當重任，隳紊紀綱。樹置心腹，恐危家邦，願殿下即日奏聞，斥逐羣小，使政出人主，則四方獲安。」俄而荆南裴均、河東嚴綬牋表繼至，（貞元十六年，綬爲河東行軍司馬。（荆南節度使治荆州城，即今湖北江陵縣。河東節度使治幷州城，在今山西太原市西南。）意與皐同，中外皆倚以爲援，而邪黨震懼。

綱 秋七月，太子監國。以杜黄裳、袁滋同平章事，鄭珣瑜、高郢罷。

綱 八月，帝傳位于太子，自號太上皇。貶王伾爲開州司馬，（開州治盛山縣，即今四川開江縣。）叔文爲渝州司戶。（渝州治巴縣，即今四川重慶市內舊巴縣城。）

目 伾尋病死，明年賜叔文死。

綱 太子即位。

目 憲宗初即位，昇平公主獻女口。上曰：「上皇不受獻，朕何敢違！」遂却之。荆南獻毛龜，上曰：「朕所寶惟賢。嘉禾、神芝，皆虛美耳，所以春秋不書祥瑞。自今勿復以聞。珍禽奇獸，亦毋得獻。」

綱 南康忠武王韋皐卒。（南康縣，即今江西南康縣。）

綱 以袁滋爲西川節度使。

目 西川節度副使劉闢自爲留後，表求節鉞，朝廷不許。以滋爲節度使，徵闢爲給事中。

鄭餘慶相
撰日曆

貶袁滋吉州

劉闢節度
西川韋丹
節度東川

綱　朗州江漲。漲，水泛溢也。（朗州治武陵縣，即今湖南常德市。）

目　流萬餘家。

綱　以鄭餘慶同平章事。

綱　始令史官撰日曆。日曆之名始此。

目　從監脩國史韋執誼之請也。

綱　貶韓泰、韓曄、柳宗元、劉禹錫爲諸州刺史。

綱　冬十月，賈耽卒。

綱　葬崇陵。（在今陝西三原縣西嵯峨山。）

綱　貶韋執誼爲崖州司戶。（崖州治舍城縣，在今廣東瓊山縣東南。）

綱　貶袁滋爲吉州刺史。

目　劉闢不受徵，阻兵自守；滋畏其強，不敢進。上怒，貶之。

綱　以武元衡爲御史中丞。

綱　再貶韓泰等及陳諫、凌準、程异爲諸州司馬。

綱　十二月，以劉闢爲西川節度副使，韋丹爲東川節度使。（東川節度使治梓州城，即今四川三台縣。）

目　上以初即位，力未能討劉闢，故因而授之。諫議大夫韋丹上疏曰：「今釋闢不誅，則朝廷可以指臂而使者，惟兩京耳。此外誰不爲叛！」上善其言。以丹鎭東川。

鄭絪相

綱 以鄭絪同平章事。

憲宗皇帝 初名淳，更名純，順宗太子，在位十五年，爲宦者陳弘志所弒，壽四十三歲。帝剛明果斷，志平僭叛，能用忠謀，不惑羣議，卒收成功，唐之威令，幾於復振，足爲中興之主。及其晚節，信用非人，不終其業，惜哉！

綱 丙戌，憲宗皇帝元和元年，（八〇六）春正月，太上皇崩。

劉闢反

綱 劉闢反，命神策行營節度使高崇文將兵討之。

目 闢既得旌節，志益驕，求兼領三川，（西川、東川、漢川。）上不許。闢遂發兵圍梓州，（卽東川，見上。）推官林蘊力諫闢，闢怒，將斬之，陰戒行刑者使不殺，但數礪刃於其頸，欲使屈服而赦之。蘊叱之曰：「豎子，當斬卽斬，我頸豈汝砥石邪！」砥音紙。闢曰：「忠烈士也！」乃黜之。

杜黃裳薦高崇文討劉闢

上欲討闢而重於用兵，公卿議者亦以爲蜀險固難取，（蜀謂西川。）杜黃裳獨曰：「闢狂戇書生，戇音撞，愚也。取之如拾芥耳！臣知神策軍使高崇文勇略可用，願陛下專以軍事委之，勿置監軍，闢必可擒。」上從之。翰林學士李吉甫亦勸上討蜀，上由是器之。乃削闢官爵，詔崇文與兵馬使李元奕、山南西道嚴礪討之。（山南西道節度使治梁州城，在今陝西漢中市東。）

高崇文軍法

時崇文屯長武城，練卒五千，常如寇至，受詔卽行，器械糗糧一無所闕。軍士有食於逆旅，逆旅，客舍也。折人匙筯者，匙音時，筯音住。崇文斬以徇。劉闢陷梓州，執東川節度使李康。

崇文引兵趣梓州，闢歸康以求自雪，崇文以康敗軍失守，斬之。

杜黃裳請裁制藩鎮

初，上與杜黃裳論及藩鎮，黃裳曰：「德宗自經憂患，服爲姑息，苟安也。不生除節帥；有物故者，遣中使察軍情所與則授之，未嘗出朝廷之意。陛下必欲振舉綱紀，宜稍以法度裁制藩鎮，然後天下可得而理也。」上深以爲然，於是始用兵討蜀，以至威行兩河，河南、河北。皆黃裳啓之也。

衡石程書

上嘗與宰相論「自古帝王，或勤勞庶政，或垂拱無爲，何爲而可？」黃裳對曰：「王者上承天地宗廟，下撫百姓四夷，夙夜憂勤，固不可自暇逸。然上下有分，紀綱有敍；苟慎選賢才而委任之，有功則賞，有罪則刑，則誰不盡力！明主勞於求人而逸於任人，此虞舜所以無爲而治者也。至於簿書獄市煩細之事，各有司存，非人主所宜親也。昔秦始皇以衡石程書，（史記）秦始皇本紀：「以衡石量書，日夜有程。」注：「衡，稱衡也。石，百二十斤。言表箋奏請，稱取一石，日夜有程，期不滿不得休息。」魏明帝自按行尚書事，隋文帝衞士傳餐，（事見卷四十三太宗貞觀四年。）皆無補當時，取譏後世，所務非其道也。夫人主患不推誠，人臣患不竭忠。苟上疑其下，下欺其上，將以求理，不亦難乎！」上深然之。

綱　夏四月，以高崇文爲東川節度副使。

目　韋丹至漢中，表言：「高崇文客軍遠鬬，無所資，若與梓州，綴其士心，綴音拙，聯也。必能有功。」故有是命。

綱 策試制舉之士。

目 於是元稹、獨孤郁、白居易、蕭俛、沈傳師出焉。稹音軫。俛音勉。

綱 以李巽爲度支、鹽鐵、轉運使。

目 杜佑請解鹽鐵，舉巽自代。自劉晏之後，居職者莫能繼之。巽掌使一年，征課所入，類晏之多，明年過之，又一年加一百八十萬緡。

綱 以元稹、獨孤郁、蕭俛爲拾遺。

目 稹上疏曰：「自古人主卽位之初，必有敢言之士，苟受而賞之，則君子樂行其道，競爲忠讜；讜音黨。小人亦貪得其利，不爲回邪。如是，則上下之志通，幽遠之情達，欲無理得乎！苟拒而罪之，則君子括囊以保身，括囊，言結囊口而不出也。易坤卦四爻：「括囊，无咎无譽。」小人迎合以竊位；十步之事，皆可欺也，欲無亂得乎！昔太宗初卽位，孫伏伽以小事諫，太宗厚賞之。（事見卷四十四太宗貞觀十二年。）故當時言事者惟患不深切，未嘗以觸忌諱爲憂也。陛下踐祚，今已周歲，未聞有受伏伽之賞者。臣等備位諫列，猶且彌年不得召見，而況疏遠之臣乎！」因條奏請次對百官，百官以次進對。復正牙奏事，牙同衙。正牙，正殿也。禁非時貢獻等十事。又勸上以伾、文爲戒，王伾、王叔文。早擇脩正之士，輔導諸子。上頗嘉納其言，時召見之。

綱 鄭餘慶罷。

綱 尊太上皇后爲皇太后。

李師古卒

高崇文平蜀

高崇文不獻二妾

綱　六月，高崇文破鹿頭關，（在今四川德陽縣北。）連戰皆捷。

綱　秋七月，葬豐陵。（在今陝西銅川市南金甕山。）

綱　八月，平盧節度使李師古卒。

目　師古薨，判官高沐、李公度奉師古異母弟師道以爲帥，奉表京師。杜黃裳請乘其未服而分之；上以劉闢未平，以師道爲留後。

綱　九月，高崇文克成都，擒劉闢，送京師，斬之。

目　高崇文又敗劉闢之衆於鹿頭關。河東將阿跌光顏將兵會崇文於行營，愆期一日，懼誅，欲深入自贖，軍於鹿頭之西，斷其糧道，於是綿江、鹿頭諸將皆以城降。（綿江即今綿陽河，在今四川德陽縣城東。劉闢於綿江立柵。）崇文遂長驅直指成都，克之。闢奔吐蕃，崇文使高霞寓追擒之。遂入成都，屯於通衢，市肆不驚，秋毫無犯。檻闢送京師，（檻同轞，載囚車也。）斬其大將邢泚，餘無所問。命軍府事，一遵韋南康故事，（前西川節度使韋皋封南康王，故稱韋南康。）從容指撝，（撝同揮。）一境皆平。

闢有二妾，皆殊色，監軍請獻之，崇文曰：「天子命我討平凶豎，當以撫百姓爲先，遽獻婦人以求媚，豈天子之意邪！崇文義不爲此。」乃以配將吏之無妻者。

杜黃裳建議征蜀，指授方略，皆懸合事宜。及蜀平，宰相入賀，上目黃裳曰：「卿之功也！」

高崇文節度西川柳晟節度山南西道

武元衡李吉甫相

李吉甫以進賢報德

闕至長安，幷族黨悉誅之。

綱　徵少室山人李渤爲左拾遺。少室，山名，在嵩山中。嵩山卽中嶽，其山三尖峰，東曰太室，西曰少室，嵩其總名。謂之室者，以其下各有石室也。（少室山在今河南登封縣北嵩山上。）

目　渤辭疾不至，然朝政有得失，輒附奏陳論。

綱　冬十月，以高崇文爲西川節度使，柳晟爲山南西道節度使。

綱　十一月，以吐突承璀爲左神策中尉。璀音催。吐突承璀，宦官。

綱　回鶻入貢。

目　始以摩尼偕來，浮屠道人之稱，回鶻臣也。置寺處之。

綱　丁亥，二年，（八〇七）春正月，杜黃裳罷爲河中節度使。（河中節度使治蒲州城，在今山西芮城縣西北。）

目　黃裳有經濟大略而不脩小節，故不得久在相位。

綱　以武元衡、李吉甫同平章事。

目　吉甫謂中書舍人裴垍曰：垍音忌。「吉甫流落江、淮，踰十五年，（德宗貞元七年貶明州長史，至是年入相，凡十六年。）一旦蒙恩至此，思所以報德，惟在進賢，而朝廷後進，罕所接識，君有精鑒，願悉爲我言之。」垍取筆疏三十餘人；數月之閒，選用略盡。當時翕然稱吉甫爲得人。

李錡反

武元衡節度西川高崇文徙邠寧

白居易作樂府規諷

綱　夏四月，李錡反，制削官爵屬籍，發諸道兵討之。

目　夏、蜀既平，夏謂夏綏，去年三月夏綏留後楊惠琳拒命，討斬之。蜀謂劉闢。（夏綏節度使治夏州城，在今陝西橫山縣西。）藩鎭惕息。鎭海節度使李錡不自安，（鎭海節度使治京口，在今江蘇鎭江市東南。）求入朝；上許之。錡實無行意，屢遷行期；稱疾，請至歲暮。武元衡曰：「錡求朝得朝，求止得止，將何以令四海！」上以爲然，下詔徵之。錡計窮，遂謀反。殺留後王澹、大將趙琦，使人殺所部五州刺史。制削錡官爵屬籍。遣淮南節度使王鍔統諸道兵以討之。

綱　以武元衡爲西川節度使，高崇文爲邠寧節度使。（邠寧節度使治寧州城，在今甘肅寧縣東南。）

目　高崇文在蜀朞年，謂監軍曰：「西川乃宰相回翔之地，崇文豈敢自安！」屢上表稱「蜀中安逸，無所陳力，願效死邊陲」，故有是命。

綱　鎭海兵馬使張子良執李錡，送京師，斬之。

目　有司籍其家財輸京師。翰林學士裴垍、李絳言：「錡割剝六州以富其家，今以輸上京，恐遠近失望。願以賜浙西百姓，（浙西節度使治杭州城，即今浙江杭州市。）代今年租賦。」上嘉歎，從之。

綱　以白居易爲翰林學士。

目　居易作樂府百餘篇，規諷時事，流聞禁中；上悅之，故有是命。

【綱】李吉甫上元和國計簿。稅戶比天寶四分減三，兵給比天寶三分增一，大率二戶資一兵，其水旱所傷，非時調發，不在此數。

【綱】戊子，三年，(八〇八)夏四月，策試賢良、方正、直言極諫舉人。

【目】牛僧孺、皇甫湜、李宗閔皆指陳時政之失，湜音殖。無所避；考官楊於陵、韋貫之署爲上第，上亦嘉之。李吉甫惡其言直，泣訴於上，且言「湜，翰林學士王涯之甥也，涯與裴垍覆策而不自言。」上不得已，罷垍，貶貫之巴州刺史，(巴州治化城縣，即今四川巴中縣。)涯虢州司馬，(虢州治弘農縣，在今河南靈寶縣南。)於陵嶺南節度使。(嶺南節度使治廣州城，即今廣東廣州市。)僧孺等久之不調，各從辟於藩府。唐末黨禍起於此。

【綱】以裴均爲右僕射，盧坦爲庶子。

【目】均素附宦官。嘗入朝，踰位而立；御史中丞盧坦揖而退之，均不從。坦曰：「昔姚南仲爲僕射，肅宗朝爲右僕射。位在此。」均曰：「南仲何人？」坦曰：「是守正不交權幸者。」坦尋改右庶子。

【綱】秋七月，以盧坦爲宣歙觀察使。(宣歙觀察使置在宣州城，即今安徽宣城縣。)

【目】坦到官，値歲饑，穀價日增。或請抑之，坦曰：「宣歙穀少，仰食四方；若價賤，則商船不來，益困矣。」既而米斗二百，商旅輻輳，民賴以生。

【綱】以裴垍同平章事。

裴垍不私故人

李藩相

裴垍薦李藩

河北三鎮各以子嗣

目　上雖以李吉甫故罷垍學士，然寵信彌厚，故未幾復擢爲相。嘗謂之曰：「以太宗、玄宗猶藉輔佐以成其理，況如朕不及先聖萬倍者乎！」垍亦竭誠輔佐。上嘗問垍：「爲理之要何先？」對曰：「先正其心。」

垍器局峻整，人不敢干以私。嘗有故人自遠詣之，垍厚遇之。其人乘閒求京兆判司，閒音閑。乘閒，乘空閒處。垍曰：「公才不稱此官，垍不敢以私害公。」先朝執政，多惡諫官言時政得失，垍獨賞之。

綱　己丑，四年，（八〇九）春正月，南方旱饑，遣使宣慰賑恤。

目　宣慰使鄭敬等將行，上戒之曰：「朕宮中用帛一匹，皆籍其數，惟賙救百姓，則不計費，卿等宜識此意。」

綱　鄭絪罷，以李藩同平章事。

目　藩給事中制敕有不可者，卽於黃紙後批之。吏請更連素紙，藩曰：「如此，乃狀也，何名批敕！」裴垍薦藩有宰相器。上以絪循默，罷之，擢藩爲相。藩知無不言，上甚重之。

綱　三月，成德節度使王士眞卒。士眞，武俊子。（成德節度使治恆州城，卽今河北正定縣。）

目　子承宗自爲留後。河北三鎮，（河北三鎮謂成德、魏博及盧龍。）相承各置副大使，以嫡長爲之，父沒則代領軍務。

綱　閏月，立鄧王寧爲皇太子。

綱 夏四月，起復盧從史爲金吾大將軍。

目 上欲乘王士眞死，除人代之；不從則興師討之，以革河北諸鎭世襲之弊。李絳曰：「武俊父子相承，四十餘年，今承宗又已總軍務，一旦易之，恐未卽奉詔。又河北諸鎭事體正同，必不自安，陰相黨助。且今江、淮大水，公私困竭，軍旅之事，恐未可輕議也。」中尉吐突承璀自請將兵討之。時昭義節度使盧從史遭父喪，（昭義軍節度使治相州城，卽今河南安陽市。）朝廷久未起復；從史懼，因承璀進說，請以本軍討承宗。詔起復金吾大將軍。

綱 秋七月，貶楊憑爲臨賀尉。（臨賀，卽今廣西賀縣。）

目 中丞李夷簡彈京兆尹楊憑貪汙僭侈，貶臨賀尉。憑親友無敢送者，櫟陽尉徐晦獨至藍田與別。（櫟陽縣，在今陝西臨潼縣北。藍田縣，卽今陝西藍田縣。）權德輿謂之曰：「君送楊臨賀，誠爲厚矣，無乃爲累乎！」對曰：「晦自布衣蒙楊公知獎，今日遠謫，豈得不與之別！借如明公他日爲讒人所逐，晦敢自同路人乎！」德輿嗟歎，稱之於朝。後數日，李夷簡奏爲監察御史，謂之曰：「君不負楊臨賀，肯負國乎！」

綱 九月，王承宗表獻德、棣二州，（德州治安德縣，卽今山東德州市。棣州治厭次縣，在今山東惠民縣南。）詔以承宗爲成德節度使。德州刺史薛昌朝爲保信節度使，領德、棣二州。承宗襲昌朝，執之以歸。

綱 冬十月，削奪王承宗官爵，發兵討之。以吐突承璀爲招討、處置等使。

綱　十一月，彰義節度使吳少誠卒。（彰義即淮西。）

目　初，吳少誠寵其大將吳少陽，名以從弟，出入如至親。少誠病，少陽殺其子自攝副使、知軍事。少誠死，少陽遂自爲留後。

綱鑑易知錄卷五六

唐紀

憲宗皇帝

綱　庚寅，五年，（八一〇）春正月，盧龍節度使劉濟將兵討王承宗，（盧龍節度使即范陽節度使，治幽州城，即今河北薊縣。）拔饒陽、束鹿。（饒陽，在今河北獻縣西北。束鹿，在今河北束鹿縣東。）

綱　吐突承璀討王承宗，戰不利。

綱　貶元稹爲江陵士曹。（江陵即今湖北江陵縣。）

目　河南尹房式有不法事，（河南卽洛州，亦卽東京，治河南縣，卽今河南洛陽市。）東臺監察御史元稹奏攝之，擅令停務；朝廷以爲不可，罰俸，召還。至敷水驛，（卽今陝西渭南縣東敷水鎭。）有內侍後至，破驛門入，擊稹傷面；上復引稹前過，貶之。李絳、崔羣言稹無罪。白居易言：「中使陵辱朝士，中使不問而稹先貶，恐自今中使出外益暴横，人無敢言者。」上不聽。

綱　三月，以吳少陽爲淮西留後。（淮西節度使治蔡州城，卽今河南汝南縣。）

綱　吐突承璀誘盧從史執送京師，以烏重胤爲河陽節度使。（河陽節度使治懷州城，卽今河南沁陽縣。）

吐突承璀誘執盧從史

權德輿相

目　盧從史陰與王承宗通謀，上甚患之。會從史遣牙將王翊元入奏事，裴垍引與語，爲言君臣之義，微動其心，翊元遂輸誠，言從史陰謀及可取之狀。垍令翊元還本軍經營，遂得其都知兵馬使烏重胤款要。垍言於上曰：「從史必爲亂，今與承璀對營而不設備，失今不取，後雖興大兵，未可以歲月平也。」上許之。承璀乃召從史入營與博，博，局戲，卽雙陸。伏壯士擒縛之，馳詣京師。昭義士卒聞之，（昭義節度使治相州城，卽今河南安陽市。）皆甲以出，烏重胤當軍門叱之曰：「天子有詔，從者賞，違者斬！」遂皆散。上嘉重胤功，欲卽以爲昭義帥；李絳以爲不可，請授重胤河陽。上乃以重胤鎭河陽，而徙河陽節度使孟元陽鎭昭義。貶從史爲驩州司馬。（驩州治九德縣，在今越南民主共和國北境。）

綱　秋七月，制雪王承宗，復其官爵，加劉濟中書令。

綱　九月，罷吐突承璀爲軍器使。承璀討承宗無功，裴垍、李絳奏罷之，中外相賀。

綱　以權德輿同平章事。

目　上問：「宰相爲政，寬猛何先？」權德輿對曰：「秦以慘刻而亡，漢以寬大而興，先後可見矣。」上善其言。

綱　冬十一月，裴垍罷爲兵部尙書。垍得風疾，上甚悼惜之。

綱　十二月，以呂元膺爲鄂岳觀察使。（鄂岳觀察使置在鄂州城，卽今湖北武漢市武昌城。）

目　元膺嘗欲夜登城，門已鎖，守者不爲開，左右曰：「中丞也。」對曰：「夜中誰辨眞僞，

李絳諫出白居易

德宗爲李絳罷獵

李吉甫相

雖中丞亦不可。」元膺乃還。明日，擢爲重職。

綱　以李絳爲中書舍人。

目　上每有軍國大事，必與諸學士謀之。白居易因論事，言「陛下錯」，上色莊而罷，密召絳謂曰：「居易小臣不遜，須令出院。」絳曰：「陛下容納直言，故羣臣敢竭誠無隱。居易言雖少思，志在納忠。陛下今日罪之，臣恐天下各思箝口，箝音鉗。非所以廣聰明，昭聖德也。」上悅，待居易如初。

上嘗欲近獵苑中，至蓬萊池西，（蓬萊池，在今陝西西安市東南唐故苑中。）謂左右曰：「李絳必諫，不如且止。」

絳嘗面陳吐突承璀專橫，語極懇切。上作色曰：「卿言太過！」絳泣曰：「陛下置臣於腹心耳目之地，若臣畏避左右，愛身不言，是臣負陛下；言之而陛下惡聞，乃陛下負臣也。」上怒解，曰：「卿所言皆人所不能言，眞忠臣也。」遂以爲中書舍人、學士如故。

綱　辛卯，六年，（八一一）春正月，以李吉甫同平章事。

綱　二月，李藩罷爲太子詹事。

目　上嘗與宰相語及神仙，李藩對曰：「秦始皇、漢武帝學仙之效，具載前史，太宗服天竺僧長年藥致疾，此古今之明戒也。陛下春秋鼎盛，鼎，方也。勵志太平，宜拒絕方士之說。苟道盛德充，人安國理，何憂無堯、舜之壽乎！」

李絳不進羨餘

【綱】以李絳爲戶部侍郎。

【目】宦官惡李絳在翰林，以爲戶部侍郎，判本司。上問絳：「故事，戶部皆進羨餘，卿獨無進，何也？」對曰：「守土之官，厚斂於人以市私恩，天下猶共非之；況戶部所掌，皆陛下府庫之物，給納有籍，安得羨餘！若自左藏輸之內藏以爲進奉，是猶東庫移之西庫，臣不敢踵此弊也。」上喜其直，益重之。

【綱】夏四月，以盧坦判度支。

梁悅報父仇

【綱】秋九月，梁悅報仇殺人，杖而流之。

韓愈復讎議

【目】富平人梁悅報父仇，（富平縣，在今陝西銅川市東南。）殺秦杲，自詣縣請罪。敕：「復讎，據禮經則義不同天，（曲禮：「父之讎，弗與共戴天。」檀弓子夏問於孔子曰：「居父母之仇如之何？」夫子曰：「寢苫枕干不仕，弗與共天下也。」）徵法令則殺人者死。宜令都省集議聞奏。」職方員外郎韓愈議曰：「律無復讎之條，非闕文也。蓋不許，則傷孝子之心，而乖先王之訓；許之，則人將倚法專殺，而無以禁止其端。故聖人丁寧其義於經，而深沒其文於律，其意將使法吏一斷於法，而經術之士得引經而議也。宜定其制曰：『凡復父讎者，事發，具事申尚書省集議奏聞，酌其宜而處之。』則經律無失其指矣。」於是杖悅一百，流循州。（治歸善縣，在今廣東惠陽縣東北。）

李絳相

【綱】冬十二月，以李絳同平章事。

【目】李吉甫爲相，多脩舊怨，上頗知之，故擢絳爲相。吉甫善逢迎上意，而絳鯁直，數爭論於上前；上多直絳而從其言，由是二人有隙。

上御延英，殿名。吉甫言：「天下已太平，陛下宜爲樂。」絳曰：「漢文帝時，兵木無刃，謂兵器如木而無刃，言不大治兵也。家給人足，賈誼猶以爲厝火積薪之下，不可謂安。（見卷十一漢文帝五年賈誼上疏。）今法令所不能制者，河南、北五十餘州，犬戎腥羶，近接涇、隴，（涇州治安定縣，在今甘肅涇川縣北。隴州治汧源縣，即今陝西隴縣。謂吐蕃爲寇。）烽火屢驚，（烽火，見卷四十四太宗貞觀十六年「有烽燧之警」注。）加之水旱時作，倉庫空虛，此正陛下宵衣旰食之時，旰音幹，日晚也。豈得謂之太平，遽爲樂哉！」上欣然曰：「卿言正合朕意。」退謂左右曰：「吉甫專爲悅媚；如李絳眞宰相也。」

吉甫嘗言：「人臣不當彊諫，使君悅臣安，不亦美乎！」李絳曰：「人臣當犯顏苦口，指陳得失，若陷君於惡，豈得爲忠！」上曰：「絳言是也。」

吉甫又嘗言於上曰：「賞罰，人主之二柄，不可偏廢。今惠澤已深，而威刑未振，中外懈惰，願加嚴以振之。」上顧李絳曰：「何如？」對曰：「王者之政，尚德不尚刑，豈可捨成、康、文、景而效秦始皇父子乎！」上曰：「然。」後旬餘，于頔入對，亦勸上峻刑。上謂宰相曰：「于頔大是姦臣，勸朕峻刑，卿知其意乎？」皆對曰：「不知也。」上曰：「此欲使朕失人心耳。」吉甫失色，退而抑首不言笑竟日。

綱 太子寧卒。

綱 大稔。

目　是歲天下大稔，米斗有直二錢者。

綱　壬辰，七年，（八一二）春正月，以元義方爲鄜坊觀察使。（鄜坊觀察使置在鄜州城，在今陝西洛川縣西北。）

目　義方媚事吐突承璀。李吉甫欲自託於承璀，擢義方爲京兆尹。李絳惡而出之，義方入謝，因言：「絳私其同年許季同，以爲京兆少尹，故出臣鄜坊，專作威福。」明日，上以詰絳，曰：「人於同年固有情乎！」對曰：「同年乃四海九州之人，偶同科第，情於何有！且陛下不以臣愚備位宰相，宰相職在量才授任，若其人果才，雖在兄弟子姪之中，猶將用之，況同年乎！避嫌而棄才，是乃便身，非徇公也。」上曰：「善。」遂趣義方之官。趣同促。

李絳不私同年

綱　夏四月，以崔羣爲中書舍人。

目　上嘉翰林學士崔羣讜直，命學士：「自今奏事必取羣連署，然後進之。」羣曰：「翰林舉動，皆爲故事。必如是，後來萬一有阿媚之人爲之長，則下位直言，無從而進矣。」遂不奉詔。

綱　五月，詔蠲淮、浙租賦。以淮、浙去歲水旱爲災故也。

目　上嘗與宰相論治道於延英殿，日旰，暑甚，汗透御服。宰相求退，上留之，曰：「朕入禁中，所與處者獨宮人、宦官耳，故樂與卿等且共談爲理之要，殊不知倦也。」

綱　秋七月，立遂王恆爲皇太子。（遂即遂州，治方義縣，即今四川遂寧縣。）

田興爲魏博節度使

李絳揣魏博若符契

綱 八月，魏博節度使田季安卒。（季安，田緒子。）（魏博節度使治魏州城，在今河北大名縣東。）

目 魏博牙內兵馬使田興，有勇力，頗讀書，性恭遜。季安病，軍政廢亂，夫人元氏立其子懷諫爲副大使，知軍務，時年十一；召興爲都知兵馬使。上與宰相議魏博事，李吉甫請興兵討之。李絳曰：「魏博不必用兵，當自歸朝廷。」上意以吉甫議爲然。絳曰：「今懷諫乳臭子，不能自聽斷，軍府大權必有所歸。諸將不服，怨怒必起，田氏不爲屠肆，（謂田氏舉家被殺，如屠肆之宰豬羊。）則悉爲俘囚，何足煩天兵哉！」上曰：「善。」

綱 冬十月，魏博兵馬使田興請吏奉貢，詔以興爲節度使。

目 田懷諫幼弱，軍政皆決於家僮蔣士則，衆皆憤怒。田興晨入府，士卒大譟，環拜請爲留後。興謂衆曰：「汝肯聽吾言乎？」皆曰：「惟命！」興曰：「勿犯副大使，守朝廷法令，申版籍，請官吏，然後可。」皆曰：「諾。」興乃殺蔣士則等十餘人，遷懷諫於外，監軍以聞。上亟召絳曰：「卿揣魏博若符契。」吉甫請遣中使宣慰以觀其變，絳曰：「今田興奉其土地兵衆，坐待詔命，不乘此際推心撫納，必待敕使至彼，持將士表來，然後與之，則是恩出於下，而其感戴之心非今日比矣。」

吉甫素與樞密使梁守謙相結，守謙亦爲之言，上竟遣中使張忠順如魏。絳復上言：「朝廷恩威得失，在此一舉，時機可惜，奈何棄之！計忠順之行，甫應過陝，（即今河南陝縣。）乞明日即降白麻除興節度使，（唐制，封王、拜相及除節度使，用白麻紙寫制。）猶可及也。」上欲且除留後，絳曰：「田興恭順如此，自非恩出不次，無以深慰其心。」上從之。忠順未還，制命已至，興感恩流涕，士衆鼓舞。

綱　十一月，遣知制誥裴度宣慰魏博。

裴度宣慰魏博

目　李絳言：「魏博五十餘年不霑皇化，（魏博自田承嗣拒命，於今四十九年。）一旦來歸，不有重賞過其所望，則無以慰士卒之心，使四鄰勸慕。請發內庫錢百五十萬緡以賜之。」（緡音民，錢貫也。）宦官以爲太多，上以語絳，絳曰：「田興不貪專地之利，不顧四鄰之患，歸命聖朝，陛下奈何愛小費而遺大計，不以收一道人心！錢用盡更來，機事一失不可復追。借使國家發十五萬兵以取六州，（魏博有魏、博、相、衞、磁、洺六州。）期年而克之，其費豈止如此而已乎！」上悅，曰：「朕所以惡衣菲食，蓄聚貨財，正爲欲平定四方；不然，徒貯之府庫何爲！」十一月，遣知制誥裴度宣慰魏博，頒賞軍士，六州百姓給復一年。給復，除其傜賦也。軍士受賜，歡聲如雷。成德、兗鄆使者數輩見之，（成德軍節度使治恒州城，即今河北正定縣。兗鄆即謂淄青節度使，治鄆州城，即今山東東平縣。）相顧失色，歎曰：「倔彊者果何益乎！」倔彊猶彊梁，梗戾不柔服也。度爲興陳君臣上下之義，興聽之，終夕不倦。

綱　癸巳，八年，（八一三）春正月，權德輿罷。

綱　賜田興名弘正。

綱　徵西川節度使武元衡入知政事。（西川節度使治益州城，即今四川成都市。）

召還吐突承璀
張弘靖相
吳少陽卒

綱 甲午，九年，(八一四)春正月，李絳罷爲禮部尙書。

目 上嘗謂宰相曰：「卿輩當爲朕惜官，勿用之私親故。」李吉甫、權德輿皆謝不敢，李絳曰：「崔祐甫有言，非親非故不諳其才，(崔祐甫，代宗時宰相。諳，曉也。)諳者尙不與官，不諳者何敢復與！但問其才器與官相稱否耳；若避親故之嫌，使聖朝虧多士之美，此乃偸安之臣，非至公之道也。苟所用非其人，則朝廷自有典刑，誰敢逃之！」上以爲然。

又嘗問絳：「人言外閒朋黨太盛，何也？」李絳對曰：「自古人君所甚惡者，莫若朋黨，故小人譖君子者必曰朋黨。蓋言之則可惡，尋之則無跡。以此目之，則天下之賢人君子無能免者，此東漢之所以亡也。(東漢黨人之禍，見桓帝延熹九年至靈帝建寧二年。)願陛下深察之。夫君子固與君子合，豈可必使之與小人合然後謂之非黨邪？」絳屢以疾辭位，至是遂罷。

綱 以吐突承璀爲神策中尉。

目 初，上欲相絳，先出吐突承璀爲淮南監軍。(淮南節度使治揚州城，卽今江蘇揚州市。)至是，召還承璀，復以爲左神策中尉。

綱 夏六月，以張弘靖同平章事。

綱 秋閏七月，彰義節度使吳少陽卒。(彰義卽淮西。)

目 少陽死，其子元濟匿喪，自領軍務。

綱 以烏重胤爲汝州刺史。(汝州治梁縣，卽今河南臨汝縣。)

韋貫之相

【綱】冬十月，李吉甫卒。十二月，以韋貫之同平章事。

吳元濟反

【綱】乙未，十年，(八一五)春正月，吳元濟反。制削其官爵，發兵討之。

【目】吳元濟縱兵侵掠，及東畿。東京洛陽。制削其官爵，發十六道兵討之。(詔宣武、鄂岳等十六道討之。)

柳宗元欲以柳易播

【綱】三月，以柳宗元爲柳州刺史，(柳州治馬平縣，即今廣西柳州市。)劉禹錫爲連州刺史。(連州治桂陽縣，即今廣東連縣。)

【目】王叔文之黨，(貶王叔文黨，見卷五十五順宗永貞元年。)十年不量移，移，徙也。謂得罪遠斥者，遇赦則量徙近地。執政有憐其才欲漸進之者，悉召至京師；諫官爭言其不可，上亦惡之，皆以爲遠州刺史。宗元得柳州，禹錫得播州，(治遵義縣，即今貴州遵義市。)宗元曰：「播州非人所居，而夢得親在堂，禹錫字夢得。萬無母子俱往理。」欲請於朝，以柳易播。中丞裴度亦以禹錫母老爲上言。上曰：「爲人子不自謹，貽親憂，此則重可責也。」度曰：「陛下方侍太后，恐禹錫在所宜矜。」上良久乃曰：「朕所言，以責爲子者耳；然不欲傷其親心。」退，謂左右曰：「裴度愛我忠切。」禹錫得改連州。

柳宗元梓人傳

宗元善爲文，嘗作梓人傳曰：「梓人不執斧斤刀鋸之技，專以尋引、規矩、繩墨度材視制，指麾衆工，各趨其事，不勝任者退之。大廈既成，則獨名其功。猶相天下者，立綱紀、整法度，擇天下之士使稱其職，能者進之，不能者退之，萬國既理，而談者獨稱伊、傅、周、召，其百官執事之勤勞不得紀焉。或者不知體要，衒能矜名，親小勞，侵衆官，听听於府庭，（听同齗，音銀。听听，爭辯也。）而遺其大者、遠者，是不知相道者也。」

種樹郭橐駝傳

又作種樹郭橐駝傳曰：「橐駝善種樹，其言曰：『凡木之性，其根欲舒，其土欲固，既植之，勿動勿慮，去不復顧，則其天全而性得矣。他人不然，根拳而土易，（拳，曲也。易，更也。）愛之太恩，憂之太勤，旦視而暮撫之，甚者爪其膚以驗其生枯，搖其本以觀其疏密，而木之性日以離矣。雖曰愛之，其實害之，故不我若也！長人者，好煩其令，若甚憐焉，而卒以禍之，亦猶是已。』」

綱 田弘正遣其子布將兵助討淮西。

盜焚河陰轉運院

綱 盜焚河陰轉運院。（河陰縣，在今河南滎陽縣東北，唐時置漕運於此。）

目 李師道數上表請赦吳元濟，上不從。師道使大將將二千人趨壽春，（即今安徽壽縣。）聲言助官軍，實以援元濟也。師道素養刺客姦人數十人，說師道曰：「用兵所急，莫先糧儲。今河陰院積江、淮租賦，請潛往焚之。因劫東都，（即東畿洛陽。）焚宮闕，亦救蔡一奇也。」師道從之。遣攻河陰轉運院，燒錢帛三十餘萬緡匹，穀二萬餘斛。人情恇懼，（恇音匡，恐也。）多請罷兵，上不許。

裴度宣慰淮西行營

綱 夏五月，遣御史中丞裴度宣慰淮西行營。

目 諸軍討淮西，久未有功，上遣裴度詣行營宣慰，察用兵形勢。度還言淮西必可取

李光顔勇而知義

之狀，且曰：「觀諸將，惟李光顔勇而知義，李光顔即阿跌光顔，其兄光進賜姓李氏。必能立功。」既而光顔數敗賊軍，上以度爲知人。知制誥韓愈亦言：「淮西三小州，申、光、蔡也。殘弊困劇之餘，而當天下之全力，其破敗可立而待。然所未可知者，在陛下斷與不斷耳。」

盜殺武元衡擊裴度

綱　六月，盜殺中書侍郎同平章事武元衡，擊裴度，傷首。

目　上悉以兵事委武元衡。師道客曰：「天子所以銳意誅蔡者，元衡贊之也，請密往刺之。元衡死，則他相不敢主其謀，爭勸天子罷兵矣。」師道資給遣之。王承宗亦遣牙將尹少卿奏事，且詣中書爲元濟遊說。元衡叱出之；承宗又上書詆元衡。至是，元衡入朝，有賊自暗中射殺之，取其顱骨而去。又擊裴度，傷首，墜溝中。京城大駭，於是詔宰相出入，加金吾騎士，（玄宗開元十三年置十二衞，有金吾衞，掌宮中京城警。）張弦露刃以衞之。王士則告承宗遣卒張晏所爲，士則，王承宗叔父，元和四年自歸京師，拜神策大將軍。捕得，鞫之，晏等具服。張弘靖以爲疑，上竟誅之，而師道客潛遁去。

裴度相

綱　以裴度同平章事。

目　或請罷度官，以安恆、鄆之心，恆謂成德王承宗，鄆謂平盧李師道。上怒曰：「若罷度官，是姦謀得成，朝廷無復綱紀。吾用度一人，足破二賊。」遂以度爲相。度言：「淮西，心腹之疾，不得不除；且朝廷業已討之，兩河跋扈者，兩河，河南、河北。將視此爲高下，不可中止。」上以爲然，悉以用兵事委度，討賊愈急。

李光進卒

綱　秋七月，靈武節度使李光進卒。（靈武即朔方節度使，治靈州城，即今寧夏靈武縣。）

李光進兄弟友善

目　光進與弟光顏友善，光顏先娶，其母委以家事。母卒後，光進乃娶，光顏使其妻奉管鑰，奉同捧。籍財物，歸於其姒。昆弟之妻，相謂爲姒。光進反之曰：「新婦逮事先姑，先姑命主家事，不可易也。」因相持而泣。

綱　八月，李師道遣兵襲東都。捕得，伏誅。

山棚

目　李師道置留後院於東都，潛內兵數百人，內音納。謀焚宮闕，縱兵殺掠。其小卒詣留守呂元膺告變，元膺發兵圍之；賊衆突出，望山而遁。東都西南，皆高山深林，民不耕種，專以射獵爲生，人皆趫勇，趫音橋，捷也，善走也。謂之「山棚」。元膺設重購以捕賊。購，以財求也。數日，有山棚遇賊，走召其儕，引官軍共圍獲之。按驗，得其魁，乃中嶽寺僧圓淨。中嶽，嵩山也。中嶽寺，在嵩山神蓋峰下。（嵩山，在今河南登封縣北。）捕獲，伏誅。元膺鞫圓淨黨與，始知殺武元衡者乃師道也，元膺密以聞；上業已討王承宗，不復窮治。

綱　九月，以韓弘爲淮西諸軍都統。

李光顏不受美妓

目　弘欲倚賊自重，不願淮西速平。時李光顏戰最力，弘欲結之，舉大梁城索得一美婦人，（大梁城即汴州城，即今河南開封市。）容色絕世，遣使遺之。光顏乃大饗將士，謂使者曰：「戰士數萬，皆棄家遠來，冒犯白刃，光顏何忍獨以聲色自娛悅乎！」因流涕，坐者皆泣；乃即席厚贈使者，并妓返之，曰：「爲光顏多謝相公，光顏以身許國，誓不與逆賊同戴日月，死無

討王承宗
李逢吉相
皇甫鎛聚斂
高霞寓鐵城之敗

貳矣！」

【綱】丙申，十一年，（八一六）春正月，張弘靖罷爲河東節度使。

【目】王承宗縱兵四掠，幽、滄、定三鎭皆苦之，爭上表請討承宗。上欲許之，弘靖以爲「兩役並興，恐國力不支，請併力平淮西，乃征恆冀。」恆冀謂王承宗。上不爲之止，弘靖乃求罷，從之。

【綱】制削王承宗官爵，發兵討之。

【綱】二月，以李逢吉同平章事。三月，皇太后崩。

【綱】夏四月，以司農卿皇甫鎛判度支。鎛音博。

【目】鎛始以聚斂得幸。

【綱】五月，李光顏、烏重胤敗淮西兵于淩雲栅。

【綱】六月，唐鄧節度使高霞寓大敗于鐵城。（唐鄧節度使治唐州城，即今河南沁陽縣。鐵城，在今河南遂平縣東北。）

【綱】秋七月，貶高霞寓，以袁滋爲唐鄧節度使。

【綱】八月，韋貫之罷爲吏部侍郎。貫之數請先取吳元濟，罷討王承宗，故罷。

【綱】葬莊憲皇后。

【綱】九月，饒州大水。（饒州治鄱陽縣，即今江西鄱陽縣。）

京兆爲輦轂師表

王涯相

李愬釋丁士良

目 漂失四千七百戶。

綱 冬十一月，以柳公綽爲京兆尹。

目 公綽初赴府，有神策小將躍馬衝其前導，公綽駐馬，杖殺之。明日，入對，上怒詰之，對曰：「京兆爲輦轂師表，（輦轂者，天子之車輿也。京師乃天子輦轂之下，故京兆尹爲輦轂之師表。）今視事之初，而小將敢爾唐突，（唐突，不遜也。）此乃輕陛下詔命，非獨慢臣也。臣知杖無禮之人，不知其爲神策軍將也。」上曰：「何不奏？」對曰：「臣職當杖之，不當奏。」上退謂左右曰：「汝曹須作意，（作意，猶言當著心。）此人朕亦畏之。」

綱 十二月，義成節度使渾鎬與王承宗戰，（義成節度使治滑州城，在今河南滑縣東。）大敗。

綱 以王涯同平章事。

綱 貶袁滋，以李愬爲唐鄧節度使。

目 袁滋至唐州，元濟圍其新興柵，（在今河南遂平縣西南。）滋卑辭以請之，元濟由是不復以滋爲意。朝廷知之，貶滋撫州刺史，（撫州治臨川縣，即今江西撫州市。）以李愬代之。

綱 丁酉，十二年，（八一七）春三月，淮西文城柵降。（在今河南遂平縣南駐馬店附近。）

目 李愬謀襲蔡州，（即淮西治。）表請益兵；詔以步騎二千給之。愬遣大將馬少良將十餘騎巡邏，遇吳元濟捉生虞候丁士良，與戰，擒之。士良，元濟驍將，常爲東邊患；衆請刳其心，（刳，剖也。）愬許之。士良無懼色，愬命釋其縛。士良請盡死以報德。愬署爲捉生將。士良言於愬曰：「吳秀琳據文城柵，爲賊左臂，官軍不敢近者，有陳光洽爲之謀主也。光洽勇而輕，輕，不持重也。好自出戰，請爲公擒之，則秀琳降矣。」遂擒光洽以歸。秀琳果以柵降。愬引兵入據其城。其將李憲有才勇，愬更其名曰忠義而用之。於是軍氣復振。

董母

綱　夏四月，淮西郾城降。（郾城，即今河南郾城縣。）

目　官軍逼郾城。李光顏敗其兵三萬，殺士卒什二三。李愬分兵攻下數柵。元濟以董昌齡爲郾城令，而質其母。其母謂昌齡曰：「順死賢於逆生。汝去逆而吾死，乃孝子也；從逆而吾生，是戮吾也。」會官軍絕郾城歸路，昌齡乃舉城降，光顏入據之。元濟聞之，甚懼。時董重質守洄曲，董重質，元濟謀主。元濟悉發親近及守城卒詣重質以拒官軍。

綱　五月，罷河北行營。

目　李逢吉及朝士多言「宜併力先取淮西，俟淮西平，乘勝取恆冀，如拾芥耳！」上從之。罷河北行營。

李愬得李祐

綱　李愬擒淮西將李祐。

目　愬厚待吳秀琳，與謀取蔡。秀琳曰：「非得李祐不可，秀琳無能爲也。」祐有勇略，守興橋柵，時帥士卒刈麥於張柴村，愬召廂虞候史用誠，以三百騎伏林中，誘而擒之以歸。將士爭請殺之；愬釋縛，待以客禮。時時召祐及李忠義屏人語，或至夜分，他人莫敢預聞。諸將恐祐爲變，多諫愬；愬待祐益厚。士卒亦不悅，諸軍日牒愬，牒，移文也。稱得賊諜者，（諜

孔戣爲嶺南節度使

裴度請自往督戰

崔羣相

往亡日

音牒，今謂間諜。）言祐爲賊內應。愬恐謗先達於上，已不及救，乃持祐泣曰：「豈天不欲平此賊邪，何吾二人相知之深而不能勝衆口也！」乃械祐送京師，先密奏曰：「若殺祐，則無以成功。」詔以還愬。愬見之喜，執其手曰：「爾之得全，社稷之靈也！」除散兵馬使。

綱 秋七月，以孔戣爲嶺南節度使。戣音逵。

目 先是，明州歲貢蚶、蛤，蚶音酣，蚌屬。蛤，似蚌而圓。水陸遞夫勞費，華州刺史孔戣奏罷之。至是，嶺南擇帥，宰相奏擬數人，上皆不用，曰：「頃有諫進蚶、蛤者，可與也。」乃以戣爲嶺南節度使。

綱 以裴度兼彰義節度使，充淮西宣慰招討使。

目 諸軍討淮西，四年不克，饋運疲弊，民至有以驢耕者，上亦病之。宰相李逢吉等競言師老財竭，意欲罷兵，度獨無言。上問之，度曰：「臣誓不與此賊俱生，今請自往督戰。且元濟勢實窘迫，但諸將心不一，不併力迫之，故未降耳。若臣自詣行營，諸將恐臣奪其功，必爭進破賊矣。」上悅，從之。度奏刑部侍郎馬總爲宣慰副使，右庶子韓愈爲行軍司馬。將行，言於上曰：「臣若滅賊，則朝天有期；賊在，則歸闕無日。」上爲之流涕，御通化門送之。

綱 九月，以崔羣同平章事，李逢吉罷。

綱 李愬攻吳房，（即今河南遂平縣。）入其外城。

目 李愬將攻吳房，諸將曰：「今日往亡。」立春後七日，驚蟄後十四日，清明後二十一日，立夏後八日，芒種後十六日，小暑後二十四日，立秋後九日，白露後十八日，寒露後二十七日，立冬後十日，大雪後二十日，小寒後三十日，是謂往亡日。愬曰：「吾兵少，不足戰，宜出其不意。彼以往亡，不吾虞，正可擊也。」遂往，克其外城而還。

李愬平淮西

【綱】冬十月，李愬夜襲蔡州，擒吳元濟，檻送京師。檻同轞。

兵非出奇不勝

【目】李祐言於李愬曰：「蔡之精兵皆在洄曲，守州城者皆羸卒，可以乘虛直抵其城。比賊將聞之，元濟已成擒矣。」愬然之。十月，遣掌書記鄭澥白裴度。澥音蟹。度曰：「兵非出奇不勝，常侍良圖也。」愬乃命祐及李忠義帥突將三千爲前鋒，自與監軍將三千人爲中軍，李進誠將三千人殿其後。軍出，不知所之；愬曰：「但東行！」行六十里，夜，至張柴村，盡殺其戍卒，據其柵。命士卒少休，復夜引兵出；諸將請所之，愬曰：「入蔡州取吳元濟！」諸將皆失色。時大風雪，人馬凍死者相望。人人自以爲必死，然畏愬，莫敢違。夜半，雪愈甚，

李愬夜襲蔡州

行七十里，至州城。自吳少誠拒命，官軍不至蔡州城下三十餘年，故蔡人不爲備。四鼓，愬至，無一人知者。祐、忠義钁其城以先登，钁，大鉏也。壯士從之；殺守門卒，而留擊柝者，使擊柝如故。遂開門納衆。雞鳴，雪止，愬入居元濟外宅。或告元濟曰：「官軍至矣！」元濟不信，起，聽於庭，聞愬軍號令，曰「常侍傳語」，應者近萬人。始怯曰：「何等常侍，能至於此！」乃帥左右登牙城拒戰。牙城，內城也。

時董重質擁精兵萬餘人據洄曲。愬曰：「元濟所望者，重質之救耳！」乃訪重質家，厚

李愬論用兵

知賢不疑見可能斷

李鄘相

李愬迎裴度

撫之，遣其子傳道持書諭重質；重質遂單騎詣愬降。愬攻牙城，燒其南門，門壞，執元濟，檻送京師，（檻，載囚車也。）且告於裴度。申、光二州，及諸鎭兵相繼來降。自元濟就擒，愬不戮一人，自官吏、帳下、廚廏之卒，皆復其職，使之不疑，然後屯於鞠場以待裴度。（鞠場，蹋鞠之場。）

諸將請曰：「始公敗於朗山而不憂，（初愬遣兵攻朗山不利，衆皆悵恨，愬獨喜。）（朗山即今河南確山縣。）勝於吳房而不取，冒大風甚雪而不止，孤軍深入而不怯，然卒以成功，皆衆人所不諭也，敢問其故。」愬曰：「朗山不利，則賊輕我不爲備矣。取吳房，則其衆奔蔡，併力固守，故存之以分其兵。風雪陰晦，則烽火不接，不知吾至。孤軍深入，則人皆致死，戰自倍矣。夫視遠者不顧近，慮大者不計細，若矜小務，恤小敗，先自撓矣，何暇立功乎！」衆皆服。愬儉於奉己而豐於待士，知賢不疑，見可能斷，此其所以成功也。

綱 以李鄘同平章事。

綱 裴度入蔡州。

目 裴度建彰義節，將降卒萬餘人入城，李愬具櫜鞬出迎，（櫜音高，鞬音肩。此軍禮也，以示尊敬。左傳僖公二十三年：「右屬櫜鞬。」注：「櫜以受箭，鞬以受弓。」）拜於路左。度將避之，愬曰：「蔡人頑悖，不識上下之分，數十年矣，願公因而示之，使知朝廷之尊。」度乃受之。愬還軍文城。

度以蔡卒爲牙兵，或諫曰：「蔡人反仄者尚多，不可不備。」度笑曰：「吾爲彰義節度使，元惡既擒，蔡人則吾人也，又何疑焉！」蔡人聞之感泣。先是，吳氏父子阻兵，禁人偶語，然燭，有以酒食相過從者罪死。度除其禁，蔡人始知有生民之樂。

【綱】十一月，上御門受俘，（軍所虜囚曰俘。）斬吳元濟。

賜李愬爵涼國公

【綱】賜李愬爵涼國公，（涼即涼州，即今甘肅武威縣。）韓弘等遷官有差。

【目】愬奏請判官、大將以下官凡百五十員；上不悅，曰：「愬誠有奇功，然奏請過多。使如李晟、渾瑊，（晟，愬之父，與渾瑊俱德宗朝良將。）又何如哉！」遂留中不下。

【綱】以李祐爲神武將軍。

賜裴度爵晉國公

【綱】十二月，賜裴度爵晉國公，（晉即晉州，即今山西臨汾縣。）復入知政事。

李師道獻三州自贖

【綱】戊戌，十三年，（八一八）春正月，李師道奉表納質，并獻三州。

【目】淮西既平，李師道憂懼。幕僚李公度說之，使遣子入侍，并獻沂、海、密三州以自贖。（沂州治臨沂縣，即今山東臨沂縣。海州治朐山縣，即今江蘇新海連市。密州治諸城縣，即今山東諸城縣。）師道從之。上遣左散騎常侍李遜詣鄆州宣慰。

【綱】二月，脩麟德殿，浚龍首池，（故址在今陝西西安市東北唐故東內苑。）起承暉殿。

【目】上命六軍脩麟德殿。龍武統軍張奉國、大將軍李文悅以外寇初平，（龍武軍，屬宿衞禁軍，玄宗開元時置。）營繕太多，白宰相，冀有論諫；裴度言之。上怒，貶奉國等。於是浚龍首池，起承暉殿，土木浸興矣。

李鄘恥由宦官進
李夷簡相
柏耆以策干韓愈
承宗獻二州
譚忠説劉總
李光顏爲義成節度

綱 李鄘罷爲戶部尚書。

目 初，吐突承璀爲淮南監軍，鄘爲節度使，性剛嚴，與承璀互相敬憚，故未嘗相失。承璀歸，引鄘爲相。鄘恥由宦官進。至京師，辭疾不入見，不視事；固辭相位，至是罷。

綱 以李夷簡同平章事。

綱 夏四月，王承宗納質請吏，復獻二州。詔復其官爵。

目 裴度之在淮西也，布衣柏耆以策干韓愈曰：「元濟就擒，承宗破膽矣，願得奉丞相書往説之，可不煩兵而服。」愈白度，爲書遣之。承宗懼，求哀於田弘正，請以二子爲質，及獻德、棣二州，（德州治安德縣，即今山東德州市。棣州治厭次縣，在今山東惠民縣南。）輸租稅，請官吏。弘正爲之請，上許之。弘正遣使送其二子知感、知信及二州圖印至京師。

幽州大將譚忠亦説劉總曰：（劉總，盧龍節度使劉濟子，元和五年弒父濟及兄緄，遂領軍務。（幽州即盧龍，見上。）「自元和以來，劉闢、李錡、田季安、盧從史、吳元濟，阻兵馮險，（阻，恃也。馮同憑，依也。）自以爲深根固蔕，天下莫能爲也。然顧盼之閒，身死家覆，此非人力所能及，殆天誅也。況今天子神聖威武，苦身焦思，縮衣節食，以養戰士，此志豈須臾忘天下哉！今國兵駸駸北來，駸音侵。駸駸，漸進也。趙人已獻城十二，（趙謂王承宗。）忠深爲公憂之。」總泣曰：「聞先生言，吾心定矣。」遂專意歸朝廷。

綱 五月，以李光顏爲義成節度使。

目　李遜察師道非實誠，歸言於上曰：「師道頑愚反復，恐必須用兵。」既而師道表言「軍情不聽納質割地。」上怒，決意討之。五月，以光顏鎮滑州（滑州，義成節度使治也。）謀討師道也。

綱　秋七月，以李愬爲武寧節度使。（武寧節度使治徐州城，即今江蘇徐州市。）

綱　詔諸道發兵討李師道。

綱　李夷簡罷爲淮西節度使。

李夷簡自屈於裴度

目　上方委裴度以用兵，夷簡自謂才不及度，求出鎮，故有是命。

綱　八月，王涯罷。

綱　以皇甫鎛、程异同平章事。

皇甫鎛程异相

目　淮西既平，上浸驕侈。判度支皇甫鎛、鹽鐵使程异曉其意，數進羨餘，由是有寵。又以厚賂結吐突承璀，上遂以爲相。制下，朝野駭愕，至於市道負販者亦嗤之。（嗤音鴟，笑也。）裴度恥與小人同列，求退，不許。乃上疏曰：「鎛、异皆錢穀俗吏，佞巧小人，陛下一旦寘之相位，（寘同置。）中外駭笑。臣若不退，天下謂臣無恥。所可惜者，淮西盪定，（盪同蕩。）河北底寧，承宗斂手削地，韓弘輿疾討賊，豈朝廷之力能制其命哉？直以處置得宜，能服其心耳。陛下建升平之業，十已八九，何忍還自墮壞，使四方解體乎！」上以度爲朋黨，不之省。由是鎛益無所憚。

裴度恥與小人同列

程昇不敢知印秉筆

方士爲刺史

迎佛骨

韓愈諫迎佛骨表

程昇亦自知不合衆心，能廉謹謙遜，爲相月餘，不敢知印秉筆，故終免於過。

其後上語宰相曰：「人臣當力爲善，何乃好立朋黨？」度對曰：「方以類聚，物以羣分，此易繫辭首章之辭。方，謂事情所向。君子、小人志趣同者，勢必相合。君子爲徒，謂之同德；小人爲徒，謂之朋黨；外雖相似，內實懸殊，在聖主辨其所爲邪正耳。」

綱　冬十一月，以柳泌爲台州刺史。（台州治臨海縣，即今浙江臨海縣。）

目　上好神仙，詔天下求方士。方士，方外之士。宗正卿李道古因皇甫鎛薦山人柳泌，云能合長生藥。泌言：「天台多靈草，（天台山，在今浙江天台縣北。）誠得爲彼長吏，庶幾可求。」上以泌權知台州刺史。諫官爭論奏，以爲「人主喜方士，未有使之臨民者。」上曰：「煩一州之力而能爲人主致長生，臣子亦何愛焉！」由是羣臣莫敢言。

綱　己亥，十四年，（八一九）春正月，遣中使迎佛骨至京師，貶韓愈爲潮州刺史。（潮州治海陽縣，即今廣東潮州市。）

目　先是，功德使上言：「鳳翔法門寺塔有佛指骨，（法門寺，在今陝西興平縣崇正鎮。）相傳三十年一開，開則歲豐人安。來年應開，請迎之。」上從其言。至是，佛骨至京師，留禁中三日，歷送諸寺，王公士民瞻奉捨施，惟恐弗及。刑部侍郎韓愈上表諫曰：「佛者，夷狄之一法耳。自黃帝以至禹、湯、文、武，皆享壽考，百姓安樂，當是時，未有佛也。漢明帝始有佛法，其後亂亡相繼，運祚不長。宋、齊、梁、陳、元魏已下，南北朝。事佛漸謹，年代尤促。惟梁武帝在

事佛求福得禍

位四十八年，前後三捨身爲寺家奴，竟爲侯景所逼，餓死臺城。事佛求福，乃更得禍。由此觀之，佛不足信亦可知矣！佛本夷狄之人，不知君臣之義、父子之恩。假如其身尚在，來朝京師，陛下容而接之，不過宣政一見，（宣政，殿名。）禮賓一設，賜衣一襲，（上下皆具曰襲。）衞而出之於境，不令惑衆也。況其身死已久，枯朽之骨，豈宜以入宮禁！乞付有司，投諸水火，永絕根本，斷天下之疑，絕後代之惑。佛如有靈，能作禍福，凡有殃咎，宜加臣身。」上得表，大怒，將加愈極刑。裴度、崔羣言：「愈雖狂，發於忠懇，宜寬容以開言路。」乃貶潮州刺史。

韓愈作原道篇

自戰國之世，老、莊與儒者爭衡，更相是非。至漢末，益之以佛，然好者尚寡。晉、宋以來，日益繁熾，自帝王至士民，莫不尊信。下者畏慕罪福，高者論難空有。獨愈惡其蠹財惑衆，力排之，嘗作原道篇行於世云。

劉悟斬李師道

綱　二月，平盧都將劉悟執李師道，（平盧節度使治營州城，即今遼寧朝陽縣。）斬之。

目　田弘正、李愬屢敗平盧兵。李師道發民治城塹，（塹，遶城水也。）役及婦人，民懼且怨。都知兵馬使劉悟將兵萬餘人屯陽穀以拒官軍，（陽穀縣，在今山東壽張縣北。）務爲寬惠，使士卒人人自便，軍中號曰劉父。或謂師道曰：「悟專收衆心，恐有他志。」師道潛遣二使齎帖授行營副使張暹，令斬悟。暹素與悟善，懷帖示之。悟召諸將謂曰：「悟與公等不顧死亡以抗官軍，誠無負於司空。今司空信讒，來取悟首。悟死，諸公其次矣。且天子所欲誅者獨司空一人，今軍勢日蹙，吾曹何爲隨之族滅？欲與諸公還入鄆州，奉行天子之命，豈徒免危亡

劉悟諭諸將

露布

河南北盡遵朝廷約束

劉悟爲義成節度使

刺史領兵馬

惟橫海最爲順命

富貴可圖也。」有後應者，皆立斬之。衆懼，皆曰：「惟都頭命！」乃令士卒皆飽食執兵，夜半，聽鼓，三聲絶，卽行。天未明，至城下，子城門已洞開，悟勒兵捕師道與二子，斬之。慰諭軍民。函師道父子三首送田弘正營。弘正大喜，露布以聞。淄、青等十二州皆平。自廣德以來，廣德，代宗年號。垂六十年，藩鎭跋扈河南、北三十餘州，自除官吏，不供貢賦，至是盡遵朝廷約束矣。裴度纂述蔡、鄆用兵以來帝之憂勤機略，因侍宴獻之，請內印出付史官。帝曰：「如此，似出朕志，非所欲也。」弗許。

綱　以劉悟爲義成節度使。

綱　夏四月，詔諸道支郡兵馬，並令刺史領之。

目　橫海節度使烏重胤奏曰：（橫海節度使治滄州城，在今河北滄縣東南。）「河朔藩鎭所以能旅拒朝命者，河朔，河北也。旅，衆也，謂帥衆以相拒也。由諸州縣各置鎭將領事，收刺史、縣令之權也。屬使刺史各得行其職，則雖有姦雄如安、史，安祿山、史思明。必不能以一州獨反也。臣所領德、棣、景三州，（景州卽觀州，治弓高縣，在今河北吳橋縣東北。）已舉牒各還刺史職事，牒，移文也。應在州兵並令刺史領之。」故有是詔。其後河北諸鎭，惟橫海最爲順命，由重胤處之得宜故也。

綱　程异卒。

綱　裴度罷爲河東節度使。

目　度在相位，知無不言，皇甫鎛之黨擠之，詔度以平章事鎭河東。

武儒衡敢言

鎛專以掊克取媚，人無敢言者，獨諫議大夫武儒衡上疏言之。鎛自訴於上，上曰：「卿欲報怨邪！」鎛乃不敢言。

史館脩撰李翺上疏曰：「定禍亂者，武功也；興太平者，文德也。今陛下既以武功定海內，若遂革弊事，復舊制；用忠正而不疑，屏邪佞而不邇；改稅法，不督錢而納布帛；絕進獻，寬百姓租賦；厚邊兵，以制戎狄；數訪問待制官，以通壅蔽；此六者，政之根本，太平所以興也。陛下既已能行其難，若何不爲其易乎！臣恐大功之後，逸欲易生。進言者必曰『天下既平，陛下可以高枕自逸』，則太平未可期也。」

綱　秋七月，宣武節度使韓弘入朝。（宣武節度使治汴州城，即今河南開封市。）

令狐楚相

綱　以令狐楚同平章事。

目　楚與皇甫鎛同年進士，故鎛引以爲相。

綱　八月，以韓弘爲司徒兼中書令，張弘靖爲宣武節度使。

綱　魏博節度使田弘正入朝。

綱　以田弘正兼侍中，遣還鎮。

綱　冬十月，貶裴潾爲江陵令。

裴潾諫服金丹

目　柳泌至台州，驅吏民采藥，歲餘，無所得而懼，逃入山中。浙東觀察使捕送京師，皇甫鎛、李道古保護之，上復使待詔翰林。服其藥，日加燥渴。起居舍人裴潾上言曰：「除

崔羣論玄宗理亂之由

天下之害者受天下之利，同天下之樂者饗天下之福，自黃帝至於文、武，享國壽考，皆用此道也。自去歲以來，所在多薦方士。借令眞有神仙，彼必深潛巖壑，惟畏人知。凡候伺權貴之門，以大言自衒奇技驚衆者，皆不軌徇利之人，豈可信其說而餌其藥邪！夫藥以愈疾，非朝夕常餌之物；況金石酷烈有毒，又益以火氣，殆非五藏所能勝也。藏同臟。古者君飲藥，臣先嘗之，曲禮：「君有疾飲藥，臣先嘗之。親有疾飲藥，子先嘗之。」乞令獻藥者先餌一年，則眞僞可辨矣。」上怒，貶潾。

綱 崔羣罷爲湖南觀察使。（湖南觀察使置在衡州城，即今湖南衡陽市。）

目 初，帝問宰相：「玄宗之政，先理而後亂，何也？」崔羣對曰：「玄宗用姚崇、宋璟、盧懷愼、蘇頲、韓休、張九齡則理，用宇文融、李林甫、楊國忠則亂。故用人得失，所繫非輕。人皆以天寶十四年安祿山反爲亂之始，臣獨以爲開元二十四年罷張九齡相，專任李林甫，此理、亂之所分也。（理即「治」字。）願陛下以開元初爲法，以天寶末爲戒，乃社稷無疆之福。」皇甫鎛深恨之，上尋罷羣。

綱 庚子，十五年，（八二〇）春正月，上暴崩于中和殿。閏月，太子即位。宦官弒立始此。

目 初，左軍中尉吐突承璀謀立澧王惲爲太子，惲音藴。（澧即澧州，治澧陽縣，即今湖南澧陽縣。）上不許。太子憂之，密問計於其舅司農卿郭釗，釗音昭。釗曰：「殿下但盡孝謹以俟之，勿恤其他。」上服金丹，多躁怒，左右宦官往往獲罪，有死者，人人自危。至是暴崩於中和殿，時人皆言內常侍陳弘志弑逆；其黨類諱之，不敢討賊，但云藥發，外人莫能明也。中尉梁守謙與宦官王守澄等共立穆宗，殺瓘及惲。

蕭俛段文昌相

綱 貶皇甫鎛爲崖州司戶，以蕭俛、段文昌同平章事。

綱 柳泌伏誅，貶李道古爲循州司馬。

憲宗不立后

綱 尊貴妃郭氏爲皇太后。

目 后，郭曖之女也，爲廣陵王妃。憲宗即位，羣臣累表請立爲后；憲宗以妃宗門彊盛，恐正位之後，後宮莫得進，託以歲時禁忌不許。至是，乃尊爲皇太后。

綱 二月，赦天下。

心正則筆正

綱 以柳公權爲翰林侍書學士。

目 上見公權書跡，愛之，問之曰：「卿書何能如是之善？」對曰：「用筆在心，心正則筆正。」上默然改容，知其以筆諫也。

以元稹知制誥

綱 夏五月，以元稹爲祠部郎中、知制誥。

目 江陵士曹元稹，（憲宗元和五年，元稹貶江陵士曹。）與監軍崔潭峻善，上在東宮，聞宮人誦稹詞詩而善之。詞同歌。及即位，潭峻歸朝，薦之，上以爲知制誥；朝論鄙之。會同僚食瓜於閣下，有青蠅集其上，武儒衡以扇揮之曰：「適從何來，遽集於此！」（以蠅喻元稹。）同僚皆失色，儒衡意氣自若。

崔植相

綱 六月，葬景陵。（在今陝西蒲城縣西北金幟山。）

綱 以崔羣爲吏部侍郎。

綱 秋七月，令狐楚罷。

綱 八月，浚魚藻池。（在魚藻宮，在今陝西西安市東北唐禁苑中。）

綱 以崔植同平章事。

綱 九月，大宴。

綱 冬十月，成德節度使王承宗卒，詔以田弘正代之。田弘正爲魏博節度使。王承元爲義成節度使。

綱 幸華清宮。（在今陝西臨潼縣南。）

綱鑑易知錄卷五七

唐紀

穆宗皇帝

名恒，憲宗太子，在位四年，因服金丹而崩，壽三十歲。蒙已成之業而不能保，由是再失河朔，迄於唐亡，不能復取。

綱　辛丑，穆宗皇帝長慶元年，（八二一）春正月，詔河北諸道各均定兩稅。（河北謂魏博、恒、幽三鎮。兩稅，見卷五十三建中元年「始作兩稅法」目。）

綱　蕭俛罷。

綱　段文昌罷，以杜元穎同平章事。元穎，如晦五世孫。

綱　以王播爲鹽鐵使。

綱　盧龍節度使劉總棄官爲僧，卒於定州。（盧龍節度使治幽州城，即今河北薊縣。）以張弘靖代之。

綱　夏四月，貶錢徽、李宗閔爲遠州刺史，楊汝士爲開江令。（開江縣，即今四川開縣。）

目　翰林學士李德裕，吉甫之子也，以中書舍人李宗閔嘗對策，譏切其父，恨之。宗閔又與翰林學士元稹爭進取有隙。右補闕楊汝士與禮部侍郎錢徽掌貢舉，西川節度使段文昌、翰林學士李紳，（西川節度使治益州城，即今四川成都市。）各以書屬所善進士；及榜出，二人所屬皆不預，而鄭覃弟朗、裴度子譔、宗閔壻蘇巢、汝士弟殷士及第。文昌言於上曰：「今歲禮部殊不公，所取皆以關節得之。」上以問諸學士，德裕、稹、紳皆以爲然。上乃命覆試，黜朗等十人而貶徽等。或勸徽奏二人屬書，上必寤，徽曰：「苟無愧心，得喪一致，奈何奏人私書，豈士君子所爲邪！」取而焚之，時人多之。自是德裕、宗閔各分朋黨，更相傾軋，傾，陷也。軋音晏，入聲。傾軋，以勢相傾陷也。垂四十年。

二李各分朋黨

綱　秋七月，盧龍軍亂，囚節度使張弘靖，推朱克融爲留後。

盧龍軍亂

目　幕僚韋雍出，逢小將策馬衝其前導，雍命杖之，不服。雍白弘靖，繫治之。是夕，士卒連營呼譟作亂，囚弘靖，殺雍等，迎朱克融爲留後。融，朱滔之孫，劉總舊將。衆以判官張徹長者，不殺。徹駡曰：「汝何敢反？行且族滅！」衆共殺之。

綱　貶張弘靖爲吉州刺史。（吉州治廬陵縣，即今江西吉安縣。）

綱　成德兵馬使王庭湊殺節度使田弘正，（成德節度使治恆州城，即今河北正定縣。）起復田布爲魏博節度使，討之。田布，弘正子。

成德軍變

目　初，田弘正自魏博徙鎮成德，（魏博節度使治魏州城，在今河北大名縣東。）自以久與鎮人戰，（鎮州卽恆州異名，成德節度使治。）有父兄之仇，乃以魏兵二千自衞，請度支供其糧賜。戶部侍郎崔倰，剛褊無遠慮，恐開事例，不肯給。弘正不得已，遣魏兵歸。（魏卽魏州，魏博治。）都知兵馬使王庭湊，果悍陰狡，潛謀作亂，以魏兵故，不敢發。及魏兵去，夜結牙兵殺弘正，自稱留後。

李愬聞變流涕

魏博節度使李愬聞變，素服流涕，令將士曰：「魏人所以得通聖化，安寧富樂者，田公之力也。今鎭人不道，輒敢害之，是輕魏以爲無人也。諸君受田公恩，宜如何報之？」衆皆慟哭。深州刺史牛元翼，（深州治饒陽縣，在今河北獻縣西北，後爲深冀節度使治。）成德良將也，愬使以寶劍、玉帶遺之，曰：「昔吾先人以此劍立大勳，先人謂愬父李晟。吾又以之平蔡州，（蔡州謂淮西，即今河南汝南縣。李愬平淮西在憲宗元和十二年。）今以授公，努力翦庭湊。」元翼以劍、帶徇於軍，徇，行示也。報曰：「願盡死！」會愬疾作，不果出兵。乃起復田布爲魏博節度使，討之。

綱 詔諸道討王庭湊，以牛元翼爲深冀節度使。庭湊圍深州。

兩稅皆輸布絲纊

綱 九月，詔兩稅皆輸布、絲、纊。纊音曠，綿也。

目 自定兩稅法以來，錢日重，物日輕，民所輸三倍其初。戶部尚書楊於陵言：「錢者，所以權百貨，貿遷有無，所宜流散，不應蓄聚。今稅百姓錢藏之公府。又開元中天下鑄錢七十餘爐，開元，玄宗年號。歲入百萬，今纔十餘爐，歲入十五萬，又積於富家，流入四夷。如此，則錢焉得不重，物焉得不輕！今宜使天下輸稅課者皆用穀、帛，廣鑄錢而禁滯積及出塞者，則錢日滋矣。」從之。

王播相

綱 冬十月，以王播同平章事。

裴度請黜元稹魏弘簡

魏博將殺田布

韓愈宣慰成德軍

目　播爲相，專以承迎爲事，未嘗言國家安危。

綱　以裴度爲鎭州行營都招討使。

綱　以魏弘簡爲弓箭庫使，元稹爲工部侍郎。

目　翰林學士元稹與知樞密魏弘簡相結，求爲宰相，由是有寵。稹無怨於裴度，但以度先達重望，恐其復有功大用，妨己進取，故度所奏軍事，多與弘簡從中沮之。度上表曰：「河朔逆賊，（河朔，謂河北也。）祇亂山東；禁闈奸臣，必亂天下。是則河朔患小，禁闈患大。小者臣與諸將必能翦滅，大者非陛下覺寤制斷無以驅除。臣蒙陛下委付之意不輕，遭姦臣抑損之事不少。但欲令臣失所，而於天下理亂，山東勝負，悉不之顧。若朝中姦臣盡去，則河朔逆賊不討自平；若姦臣尚存，則逆賊縱平無益。」表三上，上雖不悅，以度大臣，不得已，罷弘簡樞密，解稹翰林，而恩遇如故。

綱　十二月，深州行營節度使杜叔良討王庭湊，大敗。詔以李光顏代之。

綱　以朱克融爲平盧節度使。執政請赦克融專討庭湊，上從之。（平盧節度使治營州城，即今遼寧朝陽縣。）

綱　壬寅，二年，（八二二）春正月，魏博將史憲誠殺其節度使田布，詔以憲誠爲節度使。

綱　二月，以王庭湊爲成德節度使，遣兵部侍郎韓愈宣慰其軍。

目　庭湊圍牛元翼於深州，官軍三面救之，皆以乏糧不能進，雖李光顏亦閉壁自守。

以王庭湊節度成德

韓愈責王庭湊

韓愈諭成德甲士

朝廷不得已，以庭湊爲成德節度使，而遣韓愈宣慰其軍。詔愈至境，更觀事勢，勿遽入。愈曰：「止，君之仁；死，臣之義。」遂往。至鎭，庭湊拔刃弦弓以逆之。逆，迎也。及館，甲士羅於庭。庭湊言曰：「所以紛紛者，乃此曹所爲，曹，輩也。非庭湊心。」愈厲聲曰：「天子以尙書有將帥材，故賜之節鉞，不知尙書乃不能與健兒語邪！」甲士前曰：「先太師爲國擊走朱滔，先太師謂王武俊。庭湊，武俊養子。（王武俊德宗興元元年擊走朱滔，贈太師。）血衣猶在，此軍何負朝廷，此軍指成德軍。乃以爲賊乎！」愈曰：「汝曹尙能記先太師則善矣。夫逆順之爲禍福豈遠邪！自祿山、思明以來，安祿山、史思明。至元濟、師道，吳元濟、李師道。其子孫有今尙存者乎！田令公以魏博歸朝廷，田令公卽田弘正。子孫孩提，皆爲美官；元和十四年田弘正入朝，憲宗以弘正兼侍中，遣還鎭。弘正恐一旦物故，魏人猶以故事繼襲，故兄弟子姪皆仕諸朝，上皆擢居顯列，朱紫盈庭。王承元以此軍歸朝廷，弱冠建節；元和十五年王承宗卒，其下欲立承元。承元時年二十，不許，表請除帥；詔以田弘正爲成德帥，承元移鎭義成。劉悟、李祐，皆爲節度使；汝曹亦聞之乎！」庭湊恐衆心動，麾之使出，謂愈曰：「侍郎來，欲何爲？」愈曰：「神策諸將如牛元翼者不少，（神策，本宿衞十二衞之一，後改爲神策軍。）但朝廷顧大體，不可棄之耳！尙書何爲圍之不置？」庭湊曰：「卽當出之。」因與愈宴禮而歸之。未幾，元翼將十騎突圍出深州。

元稹相

綱　崔植罷，以元稹同平章事。

綱　以裴度爲司空、東都留守。（東都卽洛陽。）

目　元稹怨裴度，欲解其兵柄，故勸上雪王庭湊而罷兵。以度爲司空、平章事、東都留守。諫官爭上言：「時未偃兵，度有將相全才，不宜置之散地。」上乃命度入朝。

李聽爲河東節度使

綱　以李聽爲河東節度使。

目　初，聽爲羽林將軍，（羽林，宿衞十二衞之一。）有良馬，上爲太子，遣左右諷求之，聽以職總親軍，不敢獻。及河東缺帥，上曰：「李聽不與朕馬，是必可任。」遂用之。

綱　三月，詔留裴度輔政。

綱　王播罷。

綱　夏四月，詔免江州逃戶欠錢。從江州刺史李勃之請也。（江州治潯陽縣，即今江西九江市。）

綱　六月，裴度罷爲右僕射，元稹罷爲同州刺史。有李賞者告于方爲元稹結客刺裴度，事皆無驗；度及稹皆罷相。（同州治馮翊縣，即今陝西大荔縣。）

李逢吉相

綱　以李逢吉同平章事。

綱　冬十一月，太后幸華清宮，上畋于驪山。

綱　十二月，立景王湛爲皇太子。（景即景州，治弓高縣，在今河北吳橋縣東北。）

牛僧孺相

綱　癸卯，三年，（八二三）春三月，以牛僧孺同平章事。

目　戶部侍郎牛僧孺素爲上所厚。至是，遂以爲相。時僧孺與李德裕皆有入相之望；德裕出爲浙西觀察使，（浙西觀察使置在杭州城，即今浙江杭州市。）八年不遷，以爲李逢吉排己而引

牛李之怨愈深

鄭注巧謟

柳公綽節度山南東道

柳公綽誅舞文吏

僧孺，由是怨愈深。

綱　夏四月，以鄭權爲嶺南節度使。（嶺南節度使治廣州城，即今廣東廣州市。）

目　翼城人鄭注，（翼城縣，即今山西翼城縣。）巧謟傾諂，善揣人意，以醫遊四方。李愬餌其藥頗驗，署爲牙推，牙推，官名。浸預軍政，妄作威福，軍府患之。監軍王守澄請去之，愬曰：「注奇才也，將軍試與之語，苟無可取，去之未晚。」乃使注見守澄，守澄不得已見之，坐語未久，大喜，促膝恨相見之晚。守澄入知樞密，挈注以西；薦於上，上亦厚遇之。自上有疾，守澄專制國事，勢傾中外；注日夜出入其家，與之謀議，人莫能窺其迹。始則微賤巧宦之士，或因以進，數年之後，達官車馬滿其門矣。工部尚書鄭權，家多姬妾，祿薄不能贍，因注通於守澄以求節鎮；遂得嶺南。

綱　五月，以柳公綽爲山南東道節度使。（山南東道治襄州城，即今湖北襄樊市。）

目　公綽過鄧縣，（即鄧城縣，屬襄州，在今湖北襄樊市北。）有二吏，一犯贓，一舞文，舞弄文法也。衆謂公綽必殺犯贓者。公綽判曰：「贓吏犯法，法在；姦吏亂法，法亡。」竟誅舞文者。

綱　六月，以韓愈爲京兆尹。

目　愈爲京兆，六軍不敢犯法，（六軍謂神策六軍：左、右羽林，左、右龍武，左、右神武。）私相謂曰：「是尚欲燒佛骨，何可犯也！」

綱　秋八月，以裴度爲司空、山南西道節度使。（山南西道治梁州城，即今陝西漢中市。）

李逢吉欲出李紳

目 李逢吉惡度，出之山南，不兼平章事。

綱 九月，復以韓愈爲吏部侍郎，李紳爲戶部侍郎。

目 李逢吉結王守澄，勢傾朝野，惟翰林學士李紳常排抑之。逢吉患之，而上遇紳厚，不能遠也。會御史中丞缺，逢吉薦紳清直，宜居風憲之地；上以中丞亦次對官，可之。會紳與京兆尹韓愈爭臺參，文移往來，辭語不遜；逢吉奏二人不協，以愈爲兵部侍郎，紳爲江西觀察使。（江南西道觀察使置在洪州城，在今江西進賢縣西北。紳未就任即改戶部侍郎。）愈、紳入謝，上問其故，乃寤，故有是命。

張皐諫餌金丹

綱 甲辰，四年，（八二四）春正月，帝崩，太子即位。

目 上餌金石之藥，處士張皐上疏曰：「神慮澹則血氣和，嗜慾勝則疾疹作。藥以攻疾，無疾不可餌也。先帝信方士妄言，餌藥致疾，豈得復循其覆轍乎！」上善其言，而求之不獲。既而疾作，命太子監國。是夕上崩，敬宗即位。

貶李紳

綱 二月，貶李紳爲端州司馬。李逢吉等譖之也。（端州治高要縣，即今廣東肇慶市。）

綱 尊皇太后爲太皇太后，上母王妃爲皇太后。

綱 幸中和殿擊毬。

目 自是，數遊宴、擊毬、奏樂，賞賜宦官、樂人，不可悉紀。

綱 三月，以劉栖楚爲起居舍人；栖音西。不拜。

劉栖楚進言

目　上視朝每晏，左拾遺劉栖楚進言曰：「陛下富於春秋，嗣位之初，當宵衣求理，而嗜寢樂色，日晏方起。梓宮在殯，（天子棺以梓木爲之，故曰梓宮。）鼓吹日喧。令聞未彰，惡聲遐布，臣恐福祚之不長。請碎首玉階以謝諫職之曠。」遂以額叩龍墀，（墀音池。墀，階上地也。）見血不已，響聞閤外。上命中使宣慰令歸。尋擢栖楚爲起居舍人，栖楚辭疾不拜。

八關十六子

綱　夏四月，以李虞爲拾遺。

目　李逢吉用事，所親厚者張又新、李仲言、李虞、劉栖楚等八人，又有從而附麗之者，時人目之爲「八關、十六子」。（李逢吉遣從子訓賂鄭注，結王守澄，其黨有張又新、李仲言、李虞、劉栖楚、李續、張權輿、程昔範、姜治八人，而附會者又八人，皆任要劇，故號八關、十六子。）

李程竇易直相

綱　五月，以李程、竇易直同平章事。

綱　六月，加裴度同平章事。

綱　夏綏節度使李祐進馬百五十四，（夏綏節度使治夏州城，在今陝西橫山縣西。）却之。

瞻落於溫御史

目　侍御史溫造彈祐違敕進奉，（三月，詔諸道常貢之外無得進奉。）請論如法，（論，議罪也。）詔釋之。祐謂人曰：「吾夜半入蔡州城取吳元濟，（李祐擒吳元濟，見卷五十六元和十二年。）未嘗心動，今日膽落於溫御史矣！」

綱　冬十月，賜韋處厚錦綵銀器。

目　翰林學士韋處厚諫上宴遊曰：「先帝以酒色致疾損壽，臣時不死諫者，以陛下年已

崔發擒曳中使
金雞
李渤等救崔發

十五故也。今皇子纔一歲，臣安敢畏死而不諫乎！」上感其言，故有是賜。

綱 十一月，葬光陵。（在今陝西蒲城縣北堯山。）

綱 十二月，以劉栖楚爲諫議大夫。

敬宗皇帝

名湛，穆宗太子，在位二年爲宦官所弑，壽十八歲。帝昏童失德，自殞其身，宜哉。

綱 乙巳，敬宗皇帝寶曆元年，（八二五）春正月，赦。

目 先是鄠令崔發聞五坊人毆百姓，鄠音戶。（鄠縣，即今陝西鄠縣。五坊謂鵰、鶻、鷂、鷹、狗五坊。）命擒以入，曳之於庭。曳音葉，拖也。詰之，乃中使也。上怒，收發，繫臺獄。是日，與諸囚立金雞下，唐書百官志：「赦日，植金雞於仗內，竿長七尺，上有雞高四尺，黃金飾首，銜幡長七尺，盛以絳繩。集百官、父老、囚徒於闕下，令衛尉樹金雞宣制，訖，乃釋之。」忽有品官數十人執梃亂捶發，梃，杖也。氣絕；數刻始蘇，詔復繫之。給事中李渤上言：「縣令曳中人，中人毆御囚，其罪一也。然縣令所犯在赦前，中人所犯在赦後。中人橫暴，若不早正刑書，臣恐四夷藩鎮聞之，則慢易之心生矣。」諫議大夫張仲方亦上言曰：「鴻恩將布於天下而不行御前，霈澤徧被於昆蟲而獨遺崔發。」上皆不聽。李逢吉從容言於上曰：「崔發輒曳中人，誠大不敬，然其母年垂八十，自發下獄，積憂成疾。陛下方以孝理天下，所宜矜念。」上乃愍然曰：「比諫官但言發冤，未嘗言其不敬，亦不言有老母。如卿所言，朕何爲不赦之！」即命中使釋其罪，送歸家，仍慰勞其母。母對中使杖發四十。

綱　牛僧孺罷爲武昌節度使。（武昌即鄂岳改名，治鄂州城，即今湖北武漢市武昌城。）

目　牛僧孺以上荒淫，嬖幸用事，又畏罪不敢言，但累表求出。乃升鄂岳爲武昌軍，以僧孺爲節度使。僧孺過襄陽，（即山南東道治。）節度使柳公綽服櫜鞬候於館舍。（櫜鞬，見卷五十六元和十二年「李愬具櫜鞬出迎」注。）將佐曰：「襄陽地望高於夏口，（地望，地位、名望。（夏口即今武昌城，指武昌軍。）此禮太過！」公綽曰：「奇章公甫離台席，（牛僧孺祖先牛弘相隋，封奇章公，唐人亦以稱之。宰相之位取象三台，故稱台席。）方鎭重宰相，所以尊朝廷也。」竟行之。

綱　二月，浙西觀察使李德裕獻丹扆六箴。扆，畫斧屏風，以絳爲質，故曰丹扆，天子南嚮而立於其中。箴，諫誨之辭，古者君有過，臣子作箴以諫之。

目　上遊幸無常，昵比羣小，昵比，親密也。視朝月不再三，大臣罕得進見。德裕獻丹扆六箴：一曰宵衣，以諷視朝稀晚；二曰正服，以諷服御乖異；三曰罷獻，以諷徵求玩好；四曰納誨，以諷侮棄讜言；五曰辨邪，以諷信任羣小；六曰防微，以諷輕出遊幸。上優詔答之。

綱　秋七月，鹽鐵使王播進羨餘絹百萬匹。

綱　造競渡船。

目　詔王播造競渡船二十艘，計用轉運半年之費。張仲方等力諫，乃減其半。

綱　八月，昭義節度使劉悟卒。（昭義節度使治潞州城，即今山西長治市。）

牛僧孺罷爲武昌節度使　柳公綽服櫜鞬候牛僧孺　李德裕獻丹扆六箴　王播進羨餘

張權輿諫幸驪山溫湯

綱 冬十一月，幸驪山溫湯。（華淸池一名溫湯，在今陝西臨潼縣驪山下。）

目 上欲幸驪山溫湯，左僕射李絳、諫議大夫張仲方等屢諫不聽，拾遺張權輿伏紫宸殿下，叩頭諫曰：「昔周幽王幸驪山而爲犬戎所殺；（周幽王十一年，犬戎弒幽王於驪山下。）秦始皇幸驪山而國亡；（秦始皇崩葬驪山。）玄宗幸驪山而祿山亂；（玄宗天寶十四年十月幸驪山淸華宮，十一月安祿山反。）先帝幸驪山而享年不長。」（穆宗長慶二年畋于驪山，踰年崩。）上曰：「驪山若此之凶邪？我宜一往以驗彼言。」幸溫湯，還，謂左右曰：「彼叩頭者之言，安足信哉！」

綱 十二月，以劉從諫爲昭義留後。（從諫，劉悟子。）

綱 以李絳爲太子少師分司。

目 僕射李絳好直諫，李逢吉惡之。至是，以絳有足疾，出之東都。

裴度相

綱 丙午，二年，（八二六）春二月，以裴度爲司空、同平章事。

張權輿誣謗

目 言事者多稱裴度賢，不宜棄之藩鎭，上數遣使勞問，度因求入朝；逢吉之黨大懼，百計毀之。先是民閒謠云：「緋衣小兒坦其腹，（蓋「裴度」二字也。）天上有口被驅逐。」（謂擒吳元濟也。）又長安城中有橫亙六岡，如乾象，度宅偶居第五岡。張權輿上言：「度名應圖讖，宅占岡原，不召而來，其旨可見。」上雖年少，悉察其誣謗，待度益厚。

裴度識量

度至京師，復知政事。左右忽白失中書印，聞者失色。度飲酒自如；頃，復白已得之，度亦不應。或問其故，度曰：「此必吏人盜之以印書券耳，急之則投諸水火，緩之則復還故處。」人服其識量。

綱　三月，罷脩東都。

目　上欲幸東都，諫者甚衆，上皆不聽，已使按脩宮闕。裴度從容言曰：「國家本設兩都以備巡幸，然自多難以來，宮闕、營壘、百司廨舍率已荒弛，廨音介。廨舍，官舍也。陛下儻欲行幸，宜命有司徐加完葺，然後可往。」上曰：「從來言事者皆云不當往，如卿所言，不往亦可。」乃敕罷之。

裴度諫幸東都

綱　秋九月，李程罷爲河東節度使。

綱　冬十一月，李逢吉罷。

綱　十二月，宦官劉克明等弑帝于室內，立絳王悟。（絳王悟，憲宗子。絳卽絳州，在今山西侯馬市西北。）王守澄等討克明，殺悟，立江王涵。（江卽江州，卽今江西九江市。）

目　上遊戲無度，狎暱羣小，（暱同昵。）善擊毬，好手搏，又好深夜自捕狐狸。性復褊急，宦官小過，動遭捶撻，皆怨且懼。夜獵還宮，與宦官劉克明、擊毬軍將蘇佐明等二十八人飲酒。上酒酣，入室更衣，殿上燭滅，克明等弑帝於室內。克明矯稱上旨，命學士路隋草遺制，以絳王悟權句當軍國事。句音構。又欲易置內侍之執權者。於是樞密使王守澄、楊承和、中尉魏從簡、梁守謙定議，以衙兵迎江王涵入宮，發左右神策、飛龍兵進討賊黨，盡斬之。絳王爲亂兵所害。明日，江王卽位，更名昂，是爲文

韋處厚相

王播相

宗。

綱　尊母蕭氏爲皇太后。以韋處厚同平章事。

綱　出宮人，放鷹、犬，省冗食，罷别貯、宣索。

目　上自爲諸王，深知兩朝之弊，及卽位，勵精求治，去奢從儉。詔宮女非有職事者，出三千餘人。放五坊鷹、犬。省教坊、總監冗食千二百餘員。近歲别貯錢穀，悉歸之有司。宣索組繡、彫鏤之物，悉罷之。敬宗之世，每月視朝不過一二，上始復舊制，每奇日視朝，（奇日卽單日。唐制，天子每逢單日視朝。）對宰相羣臣延訪政事，久之方罷。待制官舊雖設之，未嘗召對，至是屢蒙延問。中外翕然相賀，以爲太平可冀。

文宗皇帝

初名涵，更名昂，穆宗第二子，初封江王，爲宦者所立，在位十三年，壽三十二歲而崩。帝優游不斷，受制家奴，雖有好賢之心，文雅之美，皆不足稱也。

綱　丁未，文宗皇帝太和元年，（八二七）夏四月，韋處厚請避位，不許。

目　上雖虛懷聽納而不能堅決，與宰相議事已定，尋復中變。韋處厚於延英極論之，延英，殿名。因請避位；上再三慰勞之。

綱　六月，以王播同平章事。

綱　秋七月，葬莊陵。（在今陝西三原縣西北。）

綱　戊申，二年，（八二八）春三月，親策制舉人。

劉蕡對策

目　自元和之末，（元和，憲宗年號。）宦官益橫，建置天子在其掌握，威權出人主之右，人莫敢言。賢良方正劉蕡對策，極言其禍，（蕡音焚。）其略曰：「陛下宜先憂者，宮闈將變，社稷將危，天下將傾，海內將亂。」又曰：「陛下將杜篡弒之漸，則居正位而近正人，遠刀鋸之賤，（刀鋸謂宦官、刑餘之人。）親骨鯁之直，輔相得以專其任，庶職得以守其官，奈何以褻近五、六人總天下大政！禍稔蕭牆，姦生帷幄，臣恐曹節、侯覽復生於今日。」（曹節事見卷二十四漢靈帝建寧元年，侯覽事見卷二十四漢桓帝延熹九年。）又曰：「忠賢無腹心之寄，閹寺恃廢立之權，（閹寺，宦官也。）陷先君不得正其終，致陛下不得正其始。」又曰：「陛下何不塞陰邪之路，屛褻狎之臣，制侵陵迫脅之心，復門戶掃除之役，（唐初定制，內侍省不置三品官，不任以事，惟門閤守衞、庭內掃除而已。）戒其所宜戒，憂其所宜憂！」又曰：「陛下誠能揭國權以歸相，持兵柄以歸將，則心無不達，行無不孚矣。」

劉蕡不第

考官散騎常侍馮宿等見蕡策，皆歎服，而畏宦官，不敢取。裴休、李郃、杜牧、崔愼由等二十二人中第，皆除官，物論囂然稱屈。李郃曰：「劉蕡下第，我輩登科，能無厚顏！」乃上疏曰：「蕡所對策，漢、魏以來無與爲比。今有司以蕡指切左右，不敢以聞，恐忠良道窮，綱紀遂絕。況臣所對不及蕡遠甚，乞回臣所授，以旌蕡直。」不報。

綱　冬十二月，中書侍郎、同平章事韋處厚卒。

路隋相

綱　以路隋同平章事。

李宗閔相

綱　己酉，三年，（八二九）秋八月，以李宗閔同平章事。

文宗戒著夾羅巾

牛僧孺相

以裴度平章軍國事

宋申錫相

目　徵李德裕爲兵部侍郎，（李德裕時爲浙西觀察使。）裴度薦以爲相。會宗閔有宦官之助，遂以宗閔同平章事。宗閔惡德裕逼己，出之滑州。（治白馬城，在今河南滑縣東。）

綱　九月，命宦官毋得衣紗縠綾羅。縠音斛。

目　上性儉素，聽朝之暇，惟以書史自娛，聲樂遊畋未嘗留意。駙馬韋處仁著夾羅巾，上謂曰：「朕慕卿門地清素，故有選尚。選擇而尚公主。（處仁尚穆宗女新豐公主。）如此巾服，聽其他貴戚爲之，卿不須爾。」

綱　冬十一月，禁獻奇巧及織纖麗布帛。

綱　庚戌，四年，（八三〇）春正月，以牛僧孺同平章事。

目　李宗閔引僧孺爲相，相與排擯李德裕之黨，稍稍逐之。

綱　夏六月，以裴度爲司徒、平章軍國重事。

目　度以老疾辭位，故有是命。仍詔三五日一入中書。

綱　秋七月，以宋申錫同平章事。

目　上患宦官彊盛，元和、寶曆逆黨猶在；元和，憲宗年號。寶曆，敬宗年號。而中尉王守澄尤專橫。嘗密與申錫言之，申錫請漸除其偪。上以申錫沉厚忠謹，可倚以事，擢爲宰相。

綱　九月，以裴度爲山南東道節度使。

目　初，裴度往淮西，討吳元濟。奏李宗閔爲判官，由是漸獲進用。至是，怨度薦李德裕，

李德裕爲西川節度

德裕益怨僧孺

因其謝病，出之。

綱　冬十月，以李德裕爲西川節度使。

目　蜀自南詔入寇，（南詔，西南國名，治羊苴咩城，即今雲南大理縣。）一方殘弊。去年十一月南詔寇成都，陷其外郭，遂大掠子女、百工數萬人及珍貨而去。德裕至鎮，作籌邊樓，（在今四川成都市內。）圖蜀地形，南入南詔，西達吐蕃。（吐蕃即今西藏。）日召老於軍旅、習邊事者，訪以山川、城邑，道路險易，廣狹遠近，未踰月，皆若身嘗涉歷。乃練士卒，葺堡鄣，積糧儲以備邊，蜀人粗安。

綱　辛亥，五年，（八三一）春三月，貶漳王湊爲巢縣公，（漳王湊，文宗弟。漳即漳州，即今福建龍溪縣。巢縣，即今安徽巢縣。）宋申錫爲開州司馬。（開州治盛山縣，即今四川開江縣。）

目　上與申錫謀誅宦官，申錫引王璠爲京兆尹，以密旨諭之。璠泄其謀，王守澄、鄭注知之，使人誣告申錫謀立漳王。上怒，漳王、申錫皆坐貶，申錫竟卒於貶所。

綱　夏五月，李德裕索南詔所掠百姓，得四千人。

綱　秋九月，吐蕃將悉怛謀以維州來降，（維州治薛城縣，即今四川理縣薛城鎮。）不受。

目　吐蕃維州副使悉怛謀請降，盡帥其衆奔成都；李德裕遣兵據其城。具奏其狀，事下尚書省，集百官議，皆請如德裕策。牛僧孺以爲不可，上詔德裕以其城及悉怛謀等悉歸之吐蕃。吐蕃誅之於境上，極其慘酷。德裕由是怨僧孺益深。

綱　壬子，六年，（八三二）冬十月，立魯王永爲太子。

綱　十二月，牛僧孺罷爲淮南節度使。（淮南節度使治揚州城，即今江蘇揚州市。）

目　西川監軍王踐言入知樞密，數爲上言：「縛送悉怛謀以快虜心，絕降者，非計也。」上亦悔之，尤僧孺失策。僧孺內不自安。會上謂宰相曰：「天下何時當太平，卿等亦有意於此乎？」僧孺對曰：「太平無象。今四夷不至交侵，百姓不至流散，雖非至理，亦謂小康。陛下若別求太平，非臣所及。」因累表請罷。乃出鎮淮南。

綱　以李德裕爲兵部尚書。

目　初，李宗閔與德裕有隙，及德裕還自西川，上注意甚厚，朝夕且爲相。宗閔百方沮之不能，深以爲憂。京兆尹杜悰謂曰：「德裕有文學而不由科第，常用此爲慊慊，（慊音歉，恨也。）若使之知舉，則可以平宿憾矣！」宗閔曰：「更思其次。」悰曰：「不則用爲御史大夫。」宗閔曰：「可矣。」悰乃詣德裕，告之。德裕驚喜泣下，寄謝重沓。宗閔復與給事中楊虞卿謀之，事遂中止。

綱　癸丑，七年，（八三三）春二月，以李德裕同平章事。

目　德裕入謝，上與之論朋黨事。時給事中楊虞卿與從兄中書舍人汝士等善交結，依附權要，上聞而惡之，故與德裕言首及之，德裕因得以排其所不悅者。他日，上復言及朋黨，李宗閔曰：「臣素知之，故虞卿輩，臣皆不與美官。」李德裕曰：「給、舍，（給事中及中書舍人。）非美官而何？」宗閔失色。

王涯相

停進士試詩賦

綱　夏六月，以鄭覃爲御史大夫。

目　初，李宗閔惡覃在禁中數言事，奏罷其侍講。上從容謂宰相曰：「殷侑經術，頗似鄭覃。」宗閔對曰：「覃、侑經術誠可尚，然論議不足聽。」李德裕曰：「覃、侑議論，他人不欲聞，惟陛下欲聞之，幸甚。」後旬日，宣出，除覃御史大夫。宗閔謂樞密使崔潭峻曰：「事皆宣出，安用中書！」潭峻曰：「八年天子，聽其自行事亦可矣！」宗閔愀然而止。愀音悄。

綱　李宗閔罷。

綱　秋七月，以王涯同平章事，兼度支、鹽鐵、轉運使。

綱　八月，詔諸王出閤，停進士試詩賦。

目　上患近世文士不通經術，李德裕請依楊綰議，（楊綰議，見卷五十二代宗廣德元年。）罷詩賦。又言：「昔玄宗以臨淄王定內難，（事見卷四十七睿宗景雲元年。）疑忌宗室，不令出閤；議者以爲幽閉骨肉，虧傷人倫。天寶之末、建中之初，天寶，玄宗年號。建中，德宗年號。所以悉爲安祿山、朱泚所魚肉者，由聚於一宮故也。陛下誠能聽其年高屬疎者出閤，又除諸州上佐，使攜其男女出外昏嫁，此則百年弊法，一旦去之，海內孰不欣悅！」上曰：「茲事朕久知其不可，今諸王豈無賢才，無所施耳！」於是下詔并停詩賦。然諸王出閤，竟以議所除官不決而罷。

綱　加盧龍節度使楊志誠右僕射。

目　初，以志誠爲吏部尚書，志誠怒不得僕射，留官告使。齎授除官告身之使。朝廷不得已，加志誠僕射，別遣使慰諭之。

杜牧憤河朔三鎭之桀驁，而朝廷議者專事姑息，（姑息，苟安也。）乃作罪言，（作書名曰罪言，謂不當位而言，實有罪也。）曰：「上策莫如先自治；中策莫如取魏；（魏博也。太和三年六月，魏州軍亂，殺其節度使史憲誠，奉兵馬使何進滔知留後以拒命；遂以進滔爲魏博節度使。）最下策爲浪戰，不計地勢，不審攻守是也。」

杜牧原十六衞

又傷府兵廢壞，（府兵，見卷四十三太宗貞觀十年「更命統軍別將爲折衝果毅都尉」目。玄宗開元十一年置長從宿衞而府兵壞。）作原十六衞，（德宗貞元十二年置十六衞上將軍。）曰：「貞觀中，（貞觀，太宗年號。）內以十六衞蓄養戎臣，外開折衝果毅府五百七十四以儲兵伍，有事則戎臣提兵居外，無事則放兵居內。其居內也，富貴恩澤以奉養之，所部之兵散舍諸府，三時耕稼，一時治武，籍藏將府，伍散田畝，力解勢破，人人自愛，雖有蚩尤爲帥，亦不可使爲亂耳。及其居外也，緣部之兵，被檄乃來，（檄，徵兵之書。）斧鉞在前，爵賞在後，飄暴交捽，（飄音票，捽音卒。）豈暇異略，雖有蚩尤爲帥，亦無能爲叛也。自貞觀至於開元，百三十年閒，戎臣兵伍，未始逆篡，此大聖人所以柄統輕重，制鄣表裏，聖算神術也。至於開元末，愚儒請罷府兵，武夫請搏四夷，於是府兵內剷，（剷音產，削也。）邊兵外作，尾大中乾，（左傳昭公十一年：「末大必折，尾大不掉。」掉，搖動也。乾音干。左傳僖公十五年：「外彊中乾。」言外雖有彊形，而內實乾竭。）成燕偏重，（燕范陽節度治也。謂安祿山鎭范陽，成其偏重之勢也。）而天下掀然，根萌燼燃矣！（掀音軒。燼音盡，火餘木也。）蓋兵居外則叛，居內則篡。使外不叛，内不寞，其置府立衞乎！嗚呼！文皇帝十六衞之旨，文皇帝，太宗。其誰原而復之乎！」

又作戰論，曰：「河北視天下，猶珠璣也；璣音雞，珠不圓者。天下視河北，猶四支也。河北氣俗渾厚，果於戰耕，加以土息健馬，土息，風土孳息。便於馳敵，是以出則勝，處則饒，不窺天下之産，自可封殖，亦猶大農之家，不待珠璣然後以爲富也。國家無河北，則精甲、鋭卒、良弓、健馬無有也。河東、盟津、滑臺、大梁、彭城、東平，（河東謂太原軍，盟津謂河陽軍，滑臺謂義成軍，大梁謂宣武軍，彭城謂武寧軍，東平謂天平軍。）盡宿厚兵，不可他使。六鎭之師，低首仰給。咸陽西北，戎夷大屯，赤地盡取，始能應費，四支盡解，頭腹兀然，其能以是久爲安乎！誠能治其五敗，則一戰可定，四支可生。戰士離落，兵甲鈍弊，是不蒐練之過，蒐同搜。其敗一也；百人荷戈，千夫仰食，此不責實之過，其敗二也；小勝則張皇邀賞，貴極富溢則不肯搜奇出死以勤於我！此厚賞之過，其敗三也；多喪兵士，跳身而來，輕身而遁也。回視刀鋸，氣色甚安，此輕罰之過，其敗四也；大將兵柄不得自專，恩臣、敕使迭來揮之，此不專任之過，其敗五也。今誠欲調持干戈，灑掃垢汙，以爲萬世安，而乃踵前非是，不可爲也。」

綱　九月，以鄭注爲右神策判官。

綱　冬十二月，上有疾。

目　上始得風疾，不能言。王守澄薦鄭注，上飲其藥，頗有驗，遂有寵。然上自是神識耗減，不能復故。

李宗閔相李德裕罷

李德裕不肯用李仲言

令進士復試詩賦

王庭湊卒

二李各有朋黨

綱 甲寅，八年，(八三四)冬十月，以李宗閔同平章事，李德裕罷爲山南西道節度使，以李仲言爲翰林侍讀學士。

目 初，李仲言流象州，(治陽壽縣，卽今廣西象縣。)遇赦，還東都。會留守李逢吉思復入相，仲言自言與鄭注善，逢吉使仲言厚賂之。注引仲言見王守澄，守澄薦於上。上見之，大悅，欲以爲諫官，寘之翰林。寘同置。李德裕以爲不可，上曰：「逢吉薦之，朕不欲食言。」對曰：「逢吉身爲宰相，乃薦姦邪以誤國，亦罪人也。」上曰：「然則別除一官。」對曰：「亦不可。」上顧王涯，涯對曰：「可。」德裕揮手止之，上回顧適見，不懌而罷。仲言及注皆惡德裕，以宗閔與德裕不相悅，引宗閔以敵之。上遂相宗閔，而出德裕於興元。(興元元年昇梁州爲興元府，卽山南西道節度使治。)是日，以仲言爲侍讀，尋改名訓。

綱 令進士復試詩賦。

綱 以李德裕爲兵部尚書。

目 德裕見上，請留京師故也。

綱 十一月，成德節度使王庭湊卒，子元逵自知留後。

目 元逵改父所爲，事朝廷甚謹。

綱 以李德裕爲鎭海節度使。(鎭海軍節度使時治杭州，卽浙江西道節度使。)

目 李宗閔言德裕制命已行，不宜自便。詔復以德裕鎭浙西。時德裕、宗閔各有朋黨，

浚曲江及昆明池

賈餗相

訓注以誅宦官爲己任

互相擠援，上患之，每歎曰：「去河北賊易，去朝中朋黨難。」

綱 以王璠爲尚書左丞。鄭注深德璠，李訓亦與之善，共薦之。

綱 乙卯，九年，（八三五）春正月，以王元逵爲成德節度使。

綱 浚曲江及昆明池。（曲江，在今陝西西安市東南。昆明池，在今西安市西南。）

目 鄭注言秦地有災，宜興役以禳之也。

綱 夏四月，以李德裕爲賓客分司。

綱 以鄭注守太僕卿，兼御史大夫。

目 注舉李款自代曰：「加臣之罪，雖於理而無辜；在款之誠，乃事君而盡節。」人皆哂之。

綱 路隋罷爲鎮海節度使。

綱 以賈餗同平章事。餗音速。

目 餗性褊躁輕率，與李德裕有隙，而善於宗閔、鄭注，故上用之。

綱 貶李德裕爲袁州長史。（袁州治宜春縣，即今江西宜春縣。）

綱 五月，以仇士良爲神策中尉。仇士良，宦者。

目 初，宋申錫獲罪，宦官益橫，上不能堪。李訓、鄭注揣知上意，數以微言動上。上意其可與謀大事，遂密以誠告之。訓、注遂以誅宦官爲己任，二人言無不從，聲勢烜赫。上

訓注請擢仇士良

李固言相

訓注畫太平之策

貶李珏

之立也，仇士良有功，王守澄抑之，由是有隙。訓、注爲上謀，進擢士良以分守澄之權。

綱 六月，貶李宗閔爲明州刺史。（明州治鄮縣，在今浙江寧波市東。）秋七月，以李固言同平章事。

目 京城訛言鄭注爲上合金丹，須小兒心肝，民間驚懼。鄭注素惡京兆尹楊虞卿，與李訓共構之，云此語出於虞卿家人。上怒，下虞卿獄。注求爲兩省官，李宗閔不許，注毁之於上。會宗閔救虞卿，上怒，叱出，貶之。虞卿亦貶虔州司馬，（虔州治贛縣，即今江西贛州市。）而以李固言爲相。訓、注爲上畫太平之策，以爲當先除宦官，次復河、湟，（謂河西，安、史之亂陷於吐蕃。）次清河北，（謂河朔三鎮。）開陳方略，如指諸掌。上以爲信，寵任日隆。連逐三相，（三相，謂李德裕、路隋、李宗閔。）威震天下，於是平生絲恩髮怨無不報者。

綱 以鄭注爲翰林侍讀學士，貶李珏江州刺史。珏音覺。

目 注之初得幸，上嘗問翰林學士李珏曰：「卿知有鄭注乎？」對曰：「臣豈不知。其人姦邪，陛下寵之，恐無益聖德。臣忝在近密，安敢與此人交通！」至是以注爲工部尚書、翰林侍讀學士，珏貶江州。時注、訓所惡，皆目爲二李之黨，（二李，李德裕、李宗閔。）貶逐無虛日，班列殆空。

綱 陳弘志伏誅。（陳弘志，宦者，憲宗崩，人皆言弘志所爲，時爲山南東道監軍，李訓杖殺之。）

綱 李固言罷爲山南西道節度使，以鄭注爲鳳翔節度使。（鳳翔節度使治岐州城，在今陝西鳳

舒元輿李訓相

殺王守澄

李訓取重望以順人心

謀誅宦官不克鄭覃李石相

翔縣南。）

目　初，注求鎮鳳翔，固言不可。乃出固言鎮興元，而以注爲鳳翔帥。李訓雖因注得進，及勢位俱盛，心頗忌注，託以中外協勢以誅宦官，故出注於鳳翔，其實俟既誅宦官，并圖注也。

綱　以舒元輿、李訓同平章事。

綱　冬十月，殺王守澄。

目　訓、注請除守澄，遣中使就第賜酖殺之。訓、注本因守澄以進，卒謀而殺之，人皆快守澄之受佞，而疾訓、注之陰狡，於是元和之逆黨略盡矣。弑逆之黨。

綱　加裴度兼中書令。

目　李訓所奬拔，率皆狂險之士，然亦時取天下重望以順人心，如裴度、令狐楚、鄭覃皆累朝耆俊，久在散地，訓皆引居崇秩。由是士大夫亦有望其眞能致太平者，不惟天子惑之也。

綱　十一月，李訓、舒元輿、鄭注等謀誅宦官，不克。以鄭覃、李石同平章事，仇士良殺訓、注、元輿及王涯、覃餗等。

目　始鄭注與李訓謀，至鎮，選壯士數百爲親兵。奏請入護王守澄葬，仍請令內臣盡集送之，因令親兵殺之，使無遺類。約既定，訓與其黨謀：「如此事成，則注專有其功。」乃以郭行餘鎮邠寧，王璠鎮河東，使多募壯士爲部曲，以羅立言知京兆府事，韓約爲金吾衛大將軍，及與御史中丞李孝本謀，幷注去之。宰相惟舒元輿與其謀，他人莫知也。

及是日，上御紫宸殿。百官班定，韓約奏：「左金吾聽事後石榴夜有甘露。」聽事，中庭也。因蹈舞再拜，宰相亦帥百官稱賀。訓、元輿勸上往觀，以承天貺，上許之。先命宰相視之，訓還奏：「非眞，未可宣布。」上顧仇士良帥諸宦者往視之。宦者既去，訓召行餘、璠受敕。時二人部曲數百，皆執兵立丹鳳門外，訓召之入。士良等至，韓約變色流汗，士良怪之，俄風吹幕起，執兵者甚衆。士良等驚走，詣上告變。訓呼金吾衛士上殿，宦者即舉軟輿迎上，決殿後罘罳，罘罳，即今之亮隔，蓋宮殿簷戶間也。罘，浮也。罳，絲也。謂絲織之文，輕疎浮虛貌。疾趨北出。羅立言帥京兆邏卒三百，李孝本帥御史臺從人二百，皆登殿縱擊，宦官死傷者十餘人。訓知事不濟，走馬而出。王涯、賈餗、舒元輿還中書，士良等命左、右神策兵五百人露刃出討賊。殺金吾吏卒千六百餘人，擒舒元輿、王涯、王璠、羅立言等，皆繫兩軍。

明日，百官入朝，上御紫宸殿，問：「宰相何爲不來？」仇士良曰：「王涯等謀反繫獄。」命左右僕射令狐楚、鄭覃參決機務。使楚草制宣告中外；楚敍涯等反事浮汎，仇士良等不悅，由是不得爲相，而以鄭覃、李石同平章事。擒獲賈餗、李孝本。李訓爲人所殺，傳其首，左、右神策出兵以訓首引涯、璠、立言、餗、元輿、孝本徇於兩市，徇，行示也。兩市，東西街也。腰斬於獨柳之下，親屬皆死。數日之間，殺生除拜皆決於中尉，上不豫知也。

天下事決於宦官

李石鎭定訛言

鄭注將兵至扶風，（在今陝西興平縣西北。）知訓已敗，復還鳳翔。監軍伏甲斬之，滅其家，僚屬皆死。右軍獲韓約，斬之。士良等進階遷官有差。自是天下事皆決於北司，（唐分宦寺爲北司，宰相爲南司。）宰相行文書而已。宦官自是氣益盛，迫脅天子，下視宰相，陵暴朝士如草芥。每延英議事，（延英，殿名。）士良等動引訓、注折宰相。鄭覃、李石曰：「訓、注誠爲亂首，但不知訓、注始因何人得進？」宦者稍屈，搢紳賴之。

綱　十二月，詔六道巡邊使還京師。

目　初，王守澄惡宦者田全操等六人，李訓、鄭注因遣分詣鹽、靈等道巡邊，（鹽州治五原縣，在今寧夏鹽池縣北。靈州治迴樂縣，在今寧夏靈武縣西南）詔六道使殺之。會訓敗，六道得詔，皆廢不行。至是，召之，全操等追忿訓、注之謀，在道揚言：「我入城，凡儒服者，盡殺之！」乘驛疾驅而入。京城訛言寇至，民驚走，諸司奔散，鄭覃、李石在中書，覃謂石曰：「耳目頗異，宜出避之！」石曰：「宰相位尊望重，人心所屬，不可輕也！今事虛實未可知，堅坐鎭之，庶幾可定。若宰相亦走，則中外亂矣。且果有禍亂，避亦不免！」覃然之。石坐視文案，沛然自若。

綱　以薛元賞爲京兆尹。

目　時禁軍暴橫，（禁軍即神策軍。）京兆尹張仲方不敢詰，以薛元賞代之。元賞嘗詣李石第，聞石方坐聽事與一人爭辨甚喧，元賞使覘之，（覘，窺視也。）云有神策軍將訴事。元賞趨入，

薛元賞杖殺神策軍將

責石曰：「相公紀綱四海，不能制一軍將，使無禮如此，何以鎮服四夷！」即命左右擒出。士良召之，元賞曰：「屬有公事，行當至矣。」乃杖殺之，而白服以見士良，曰：「中尉、宰相，（中尉謂仇士良。）皆大臣也，宰相之人若無禮於中尉，如之何？中尉之人無禮於宰相，庸可恕乎！中尉與國同體，爲國惜法，元賞已囚服而來，惟中尉死生之！」士良無可如何，乃呼酒與元賞歡飲而罷。

劉從諫表請王涯等罪名

綱　丙辰，開成元年，（八三六）春二月，加劉從諫檢校司徒。

目　昭義節度使劉從諫上表請王涯等罪名，且言：「涯等荷國榮寵，安肯構逆！訓等實欲討除內臣，兩中尉遂誣以反逆，橫被殺傷。臣欲身詣闕庭，面陳臧否，（否音鄙。）恐幷陷孥戮，事亦無成。謹當脩飭封疆，訓練士卒，如姦臣難制，誓以死淸君側！」士良等懼，乃加從諫檢校司徒。從諫復表讓曰：「臣之所陳，繫國大體。可聽則涯等宜蒙湔洗，（湔音箋。湔洗，謂洗滌其冤也。）不可聽則賞典不宜妄加，安有死冤不申而生者荷祿！」因暴揚仇士良等罪惡，（暴音僕。）士良等憚之。由是鄭覃、李石粗能秉政，天子倚之亦差以自彊。

李固言相

綱　夏四月，以李固言同平章事。

目　固言薦崔球爲起居舍人，鄭覃以爲不可，上曰：「公事莫相違！」覃曰：「若宰相盡同，則事必有欺陛下者矣！」上與宰相語，患四方表奏華而不典。李石對曰：「古人因事爲文，今人以文害事。」上與宰相論詩，覃曰：「詩之工者無若三百篇，皆國人作之以刺美時政，

李聽爲河中節度使

魏謩諫納李孝本二女

魏謩諫觀史

王者采之以觀風俗耳，不聞王者爲詩也。陳後主、隋煬帝皆工於詩，不免亡國，陛下何取焉。」覃篤於經術，上甚重之。上嘗欲置詩學士，李珏曰：「詩人浮薄，無益於理。」乃止。上謂宰相曰：「薦人勿問親疏。朕聞竇易直爲相，未嘗用親故，若親故果才，避嫌而棄之，是亦不爲至公也。」

綱　閏月，以李聽爲河中節度使。（河中節度使治蒲州城，在今山西芮城縣西北。）

目　上嘗歎曰：「付之兵不疑，置之散地不怨，惟聽爲可以然。」

綱　秋七月，以魏謩爲補闕。謩同謨。謩，魏徵五世孫。

目　李孝本二女配沒右軍，上取之入宮。拾遺魏謩上疏曰：「竊聞數月以來，教坊選試以百數，莊宅收市猶未已；又召李孝本女不避宗姓，大興物論，臣竊惜之。」上卽出之。擢謩爲補闕，謂曰：「朕選市女子，以賜諸王耳。憐孝本女孤露，孤而暴露於外。故收養宮中。謩於疑似之閒皆能盡言，可謂愛我，不忝厥祖矣！」

後謩爲起居舍人，上就取記注觀之，謩不可，曰：「記注兼書善惡，所以儆戒人君，陛下但力爲善，不必觀史。」上曰：「朕曩嘗觀之。」對曰：「此曩日史官之罪也。若陛下自觀史，則史官必有所諱避，何以取信於後！」上乃止。又嘗命謩獻其祖文貞公笏，魏徵謚文貞。鄭覃曰：「在人不在笏。」上曰：「亦甘棠之比也。」（周人思召公而愛其甘棠，今以魏徵正直，亦寶愛其笏也。）

綱鑑易知錄卷五八

唐紀

文宗皇帝

綱 丁巳，二年，（八三七）春三月，彗星出。

綱 夏四月，以柳公權爲諫議大夫。

目 上對中書舍人柳公權等於便殿，上舉衫袖示之曰：「此衣已三澣矣！」澣音緩，濯也。時衆皆美上之儉德，公權獨無言。上問其故，對曰：「陛下貴爲天子，富有四海，當進賢退不肖，納諫諍，明賞罰，乃可以致雍熙。服澣濯之衣，乃末節耳。」上曰：「朕知舍人不應復爲諫議，以卿有諍臣風采，須屈卿爲之。」故有是命。

綱 以陳夷行同平章事。

綱 秋七月，太子侍讀韋溫罷。

目 溫晨詣東宮，日中乃得見，因諫曰：「太子當雞鳴而起，問安視膳，不宜專事宴安！」太子不能用其言，溫乃辭侍讀。

綱 冬十月，國子監石經成。（時鄭覃以宰相判國子祭酒，校正蔡邕石經訛謬。）

柳公權有諍臣風采

陳夷行相

石經成

楊嗣復李珏相

李石忘身殉國

禁諸道言祥瑞

杜悰不奏白兔

綱　李固言罷。（李固言罷相，充西川節度使。）

綱　戊午，三年，（八三八）春正月，盜射傷李石。

綱　以楊嗣復、李珏同平章事，李石罷爲荆南節度使。（荆南節度使治荆州城，即今湖北江陵縣。）

目　李石承甘露之亂，（甘露之亂，見卷五十七文宗太和九年。）人情危懼，宦官恣横，忘身殉國，故紀綱粗立。仇士良深惡之，潛遣盜殺之，不果。石懼，辭位；上深知其故而無如之何，從之。

綱　以李宗閔爲杭州刺史。（杭州治錢塘縣，即今浙江杭州市。）

綱　夏五月，禁諸道言祥瑞。

目　太和之末，杜悰鎭鳳翔時，（鳳翔節度使治岐州城，在今陝西鳳翔縣南。）有詔沙汰僧尼。會有五色雲見於岐山，（在今陝西鳳翔縣東北。）近法門寺，（在今陝西興平縣崇正鎭，憲宗迎佛骨於此。）民閒訛言佛骨降祥，以僧尼不安之故。監軍欲奏之，悰曰：「雲物變色，何常之有！」未幾，獲白兔，監軍又欲奏之，悰曰：「野獸未馴，（馴音旬。）且宜畜之。」旬日而斃；監軍不悅，畫圖獻之。及鄭注代悰，奏紫雲見，又獻白雉。是歲，遂有甘露之變。及悰判度支，河中奏騶虞見，（騶虞，仁獸，白虎黑文，尾長於身，足不履生草，食自死之肉。（河中府即蒲州，治河東縣，在今山西芮城縣西北。時爲河中節度治。）百官稱賀。上謂悰曰：「李訓、鄭注皆因瑞以售其亂，乃知瑞物非國之慶。卿在鳳翔，不奏白兔，眞先覺也。」對曰：「昔河出圖，伏羲以畫八卦；洛出書，大禹以敍九疇，皆有益於人，故足尚也。至於禽獸草木之瑞，何時無之！願陛下專以百姓富安爲國慶，自餘不足取也。」上善之。遂詔「諸道有瑞，皆勿以聞。」

裴度卒

綱 冬十月，太子永卒。太子頗好遊宴，昵近小人，楊賢妃日夜毁之，幾廢，至是暴薨。

綱 己未，四年，(八三九)春三月，司徒、中書令、晉文忠公裴度卒。(晉即晉州，治臨汾縣，即今山西臨汾縣。度卒謚文忠。)

裴度遺表不及私

目 度鎭河東，(河東節度使治并州城，在今山西太原市西南。)以疾求歸東都，詔入知政事。正月至京師，不能入見，勞賜旁午。凡物交横爲旁午，謂使者分布也。至是薨，上怪度無遺表，問其家，得半稾，以儲嗣未定爲憂，言不及私。度身貌不踰中人，而威望遠達四夷，四夷見唐使，輒問度老少用捨。以身繫國家輕重如郭子儀者，二十餘年。

綱 夏五月，鄭覃罷爲右僕射，陳夷行罷爲吏部侍郎。

綱 以姚勖檢校禮部郎中。

流品

目 上以鹽鐵推官姚勖能鞫疑獄，鞫音菊，推窮罪也。命權知職方員外郎，右丞韋溫奏：「郎官朝廷清選，不宜以賞能吏。」上乃以勖檢校禮部郎中，仍充舊職。楊嗣復曰：「溫志在澄清流品，隋置九品，品各有從，自太師始焉，謂之流内。唐因隋制，又置九品，自諸衞錄事及五省令史始焉，謂之流外。若有吏能者皆不得清流，則天下之事孰爲陛下理之！恐似衰晉之風。」然上素重溫，終不奪其所守。

崔鄲相

文宗自比周赧漢獻

武宗以奪位殺姪

崔珙相

李德裕相

綱　秋七月，以崔鄲同平章事。鄲音丹。

綱　冬十月，立陳王成美爲皇太子。（陳卽陳州，治宛丘縣，在今河南淮陽縣東南。）

目　楊妃請立皇弟安王溶爲嗣，（安卽安州，治安陸縣，在今湖北安陸縣北。）上謀於宰相，李珏非之，乃立敬宗少子成美爲皇太子。上傷太子之死，舊疾遂增。十一月，疾少閒，閒，瘳也。坐思政殿，召當直學士周墀問曰：墀音池。「朕可方前代何主？」對曰：「陛下堯、舜之主也。」上曰：「朕豈敢比堯、舜！所以問卿者，何如周赧、漢獻耳？」墀驚曰：「彼亡國之主，豈可比聖德！」上曰：「赧、獻受制於彊諸侯，今朕受制於家奴，以此言之，殆不如也！」因泣下霑襟，墀伏地流涕。自是不復視朝。

綱　庚申，五年，（八四〇）春正月，立潁王瀍爲皇太弟，瀍音蟬。（潁卽潁州，治汝陰縣，卽今安徽阜陽縣。）廢太子成美爲陳王。

目　上疾甚，欲命太子監國。中尉仇士良、魚弘志以太子之立，功不在己，矯詔立瀍爲太弟。以成美沖幼，復封陳王。

綱　帝崩，太弟殺陳王成美，遂卽位。

綱　夏五月，楊嗣復罷，以崔珙同平章事。珙音拱。

綱　秋八月，葬章陵。（在今陝西銅川市南天乳山。）

綱　李珏罷。九月，以李德裕同平章事。

致理之要在辨邪正

令政事出中書

李中敏判語

目　初，上之立，非宰相意，故楊嗣復、李珏相繼罷去，召德裕而相之。德裕入謝，言於上曰：「致理之要，在於辨羣臣之邪正。夫邪正二者，勢不相容，正人指邪人爲邪，邪人亦指正人爲邪，人主辨之甚難。臣以爲正人如松柏，特立不倚；邪人如藤蘿，非附他物不能自起。故正人一心事君，而邪人競爲朋黨。先帝深知朋黨之患，然所用卒皆朋黨之人，良由執心不定，故姦邪得乘閒而入也。乘閒，乘空閒處。夫宰相不能人人忠良，或爲欺罔，主心始疑，於是旁詢小人以察執政。如德宗末年，所聽任者惟裴延齡輩，宰相署敕而已，此政事所以日亂也。陛下誠能慎擇賢才以爲宰相，有姦罔者立黜去之，常令政事皆出中書，推心委任，堅定不移，則天下何憂不理哉！」又曰：「先帝於大臣好爲形迹，小過皆含容不言，日累月積，以至禍敗。茲事大誤，願陛下以爲戒！臣等有罪，陛下當面詰之。小過則容其悛改，悛音詮。大罪則加之誅譴，如此，君臣之際無疑閒矣。」上嘉納之。

綱　冬十一月，以李中敏爲婺州刺史。（婺州治金華縣，即今浙江金華市。）婺音務。

目　內謁者監仇士良請以開府蔭其子爲千牛，千牛，官名，掌執御刀以宿衞者。給事中李中敏判云：「開府階誠宜蔭子，謁者監何由有兒？」士良慚恚。恚音惠。李德裕亦以中敏爲楊嗣復之黨，惡之，出爲刺史。

武宗皇帝　名瀍，後更名炎，穆宗第五子。文宗崩，宦者仇士良等立之，在位六年，壽三十三歲而崩。帝英敏特達，委任李德裕，而澤潞平，三鎮不敢有異志，享國不永，功業未究，惜哉！

陳夷行相

綱　辛酉，武宗皇帝會昌元年，（八四一）春三月，以陳夷行同平章事。

綱　殺知樞密劉弘逸、薛季稜，貶楊嗣復、李珏遠州刺史，（初出楊嗣復湖南觀察，後貶潮州刺史。初出李珏桂管觀察，後貶昭州刺史。）裴夷直驩州司馬。先是出爲杭州刺史。故事，新天子卽位，兩省官同署名；上之卽位，夷直漏名，故出之。（驩州治九德縣，在今越南民主共和國北境。）

杜悰奔馬見李德裕

目　劉弘逸、薛季稜有寵於文宗，仇士良惡之。上之立，非二人及宰相意，故嗣復、珏既罷，士良屢譖弘逸等，勸上除之。於是賜二人死，仍遣中使就誅嗣復及珏。杜悰奔馬見李德裕曰：「天子年少，新卽位，茲事不宜手滑！」德裕乃與崔珙、崔鄲、陳夷行三上奏，願開延英賜對。延英，殿名。遂入，泣涕極言。上乃追還二使，更貶嗣復等。

詔羣臣言事毋得乞留中

綱　夏六月，詔羣臣言事，毋得乞留中。

目　詔：「臣下言人罪惡，並應請付御史臺按問，毋得乞留中，以杜讒邪。」

受法籙于趙歸眞

綱　上受法籙于趙歸眞。道士也。

綱　秋九月，以牛僧孺爲太子太師。

目　先是僧孺鎭襄陽，（卽今湖北襄樊市，山南東道治。）漢水溢，（漢水卽沔水，在今湖北襄樊市。）壞民居。李德裕以爲僧孺罪而廢之。

綱　冬十一月，崔鄲罷。

李紳相

綱　壬戌，二年，（八四二）春二月，以李紳同平章事。

綱 以柳公權爲太子詹事。

目 散騎常侍柳公權素與李德裕善，崔珙奏爲集賢學士；(集賢，殿名。)德裕以恩非己出，因事左遷之。

李讓夷相

綱 夏五月，陳夷行罷。秋七月，以李讓夷同平章事。

綱 八月，以白敏中爲翰林學士。

目 上聞白居易名，欲相之，以問李德裕。德裕素惡居易，乃言：「居易衰病，不任朝謁。其從弟敏中，辭學不減居易，且有器識。」故有是命。

綱 癸亥，三年，(八四三)春二月，崔珙罷。

李德裕追論維州事

綱 三月，贈悉怛謀右衛將軍。

目 李德裕言：「維州據高山絕頂，(維州治薛城縣，即今四川理縣薛城鎮。維州事在文宗太和五年。)三面臨江，在戎虜平川之衝，是漢地入兵之路。自爲吐蕃所陷，號曰『無憂城』。從此得以併力西邊，憑陵近甸。臣到西蜀，空壁來歸，南蠻震懾，山西八國，皆願內屬。可減八處鎮兵，坐收千餘里舊地。當時不與臣者，望風疾臣，詔執送悉怛謀等令彼自戮，絕忠款之路，快兇虐之情。乞追獎忠魂，各加褒贈。」故有是命。

討昭義劉稹

綱 夏四月，昭義節度使劉從諫薨，(昭義節度使治潞州城，即今山西長治市。)其子稹自爲留後；詔諸道發兵討之。

目　初從諫累表言仇士良罪惡，遂與朝廷相猜恨。及疾病，與幕客張谷等謀效河北諸鎮，（河北諸鎮，謂魏博、恒、幽三鎮。恒即成德，幽即盧龍。）以弟之子稹爲都知兵馬使。至是薨，稹祕不發喪，逼監軍崔士康奏稱從諫疾病，請命其子稹爲留後。宰相諫官多以爲：「回鶻餘燼未滅，去年八月，回鶻烏介可汗入寇。是年正月河東節度使劉沔擊回鶻，大破之。邊鄙猶須警備，復討澤潞，國力不支。」

澤潞與河朔三鎮不同

李德裕獨曰：「澤潞事體與河朔三鎮不同。（澤潞即指昭義。河朔三鎮，魏博、成德、盧龍。）河朔習亂已久，人心難化，是故累朝以來，置之度外。澤潞近處腹心，一軍素稱忠義。如李抱眞成立此軍，德宗猶不許承襲。敬宗不恤國務，宰相又無遠略，劉悟之死，因授從諫，使其跋扈，垂死之際，復以兵權擅付豎子。若又因而授之，則諸鎮誰不思效其所爲，天子威令不復行矣！」

李德裕論克劉稹

上曰：「卿以何術制之？果可克否？」對曰：「稹所恃者三鎮。（三鎮謂河朔三鎮。）但得鎮、魏不與之同，（鎮即恒州，成德節度使治。魏即魏博節度使。）則稹無能爲也。若遣重臣往諭王元逵、何弘敬，（王元逵爲成德節度使，王庭湊子。何弘敬爲魏博節度使，何進滔子，初名重順，進滔卒，以重順爲魏博節度使，賜名弘敬。）以河朔自艱難以來，列聖許其傳襲，已成故事，與澤潞不同。今將加兵澤潞，不欲更出禁軍，其山東三州，（邢、洺、磁三州。）委兩鎮攻之；賊平之日，將士並當厚加官賞。苟兩鎮聽命，不從旁沮撓官軍，則稹必成擒矣！」上喜曰：「吾與德裕同之，保無後悔。」遂決意討稹，羣臣言者不復入矣。

李德裕草詔

上命德裕草詔賜元逵、弘敬曰：「澤潞一鎮，與卿事體不同，勿爲子孫之謀，欲存輔車之

崔鉉相

築望仙觀於禁中

天子不可令閑

李回宣慰河北

勢。（左傳僖公五年：「諺所謂『輔車相依，脣亡齒寒』者，其虞、虢之謂也。」註：「輔，頰輔。車，牙車。」言虞如牙車，如齒在裏；虢如頰輔，如脣在表。虢存則輔車相依，虢滅則脣亡齒寒。」）但能顯立功效，自然福及後昆。」上曰：「當如此直告之是也！」又賜盧龍節度使張仲武詔，令專禦回鶻。元逵、弘敬得詔，悚息聽命。德裕又以分司賓客李宗閔與劉從諫交通，不宜寘之東都，（寘同置。）奏以爲湖州刺史。（湖州治烏程縣，即今浙江吳興縣。）制削奪從諫及稹官爵，以王元逵、何弘敬爲招討使，與河東節度使劉沔、河陽節度使王茂元合力攻討。（河陽節度使治懷州城，即今河南沁陽縣。）

綱 以崔鉉同平章事。

綱 築望仙觀於禁中。

綱 六月，內侍監仇士良致仕。

目 上外尊寵士良，內實忌之。士良頗覺，遂以老病致仕。其黨送歸私第，士良教之曰：「天子不可令閑，常宜以奢靡娛其耳目，使日新月盛，無暇更及他事，然後吾輩可以得志。愼勿使之讀書，親近儒生，彼見前代興亡，心知憂懼，則吾輩疏斥矣。」其黨拜謝而去。

綱 秋七月，遣御史中丞李回宣慰河北三鎭。

目 詔遣御史中丞李回宣慰河北，令幽州早平回鶻，（幽州即盧龍節度使，治幽州城，即今河北薊縣。）鎭、魏早平澤潞。回至河朔，弘敬、元逵、仲武皆具櫜鞬郊迎，（櫜鞬，見卷五十六憲宗元和十二年「李愬具櫜鞬出迎」注。）立於道左，不敢令人控馬，讓制使先行，自兵興以來，未之有也。回明辯有膽氣，三鎭無不奉詔。

綱　甲子，四年，（八四四）春三月，以趙歸眞爲道門教授先生。

綱　夏六月，詔削仇士良官爵，籍其家。

綱　秋七月，以杜悰同平章事。

杜悰相

目　上聞揚州倡女善爲酒令，（揚州治江都縣，即今江蘇揚州市。）敕監軍選而獻之。監軍請節度使杜悰，不從。監軍怒，表其狀。左右因請敕悰同選，上曰：「敕藩方選倡女入宮，豈聖天子所爲！杜悰得大臣體，朕甚愧之！」遽敕勿選，召悰入相，勞之曰：「卿不從監軍之言，朕知卿有致君之心。今相卿，如得一魏徵矣！」（魏徵，太宗賢相。）

杜悰比魏徵

綱　八月，邢、洺、磁三州降，（邢州治龍崗縣，在今河北邢臺市西南。洺州治永年縣，在今河北永年縣東北。磁州治滏陽縣，即今河北磁縣。）郭誼斬劉稹以降。（郭誼，劉稹將。）

郭誼斬劉稹

目　劉稹年少懦弱，押牙王協、兵馬使李士貴用事，專聚貨財，府庫充溢，而將士有功無賞，由是人心離怨。邢州將裴問請降於王元逵。洺州守將王釗、磁州守將安玉聞之，皆請降於何弘敬。李德裕曰：「昭義根本，盡在山東，三州降則上黨不日有變矣。」（上黨即今山西長治市，昭義節度使治。）上曰：「郭誼必梟劉稹以自贖。」德裕曰：「誠如聖料。」潞人聞三州降，大懼。郭誼、王協謀，說劉稹以兵授誼，束身歸朝。稹許之，遂殺稹，滅其族，函首遣使奉表降於王宰。（王宰爲河陽行營攻討使。）宰以狀聞，宰相入賀，上曰：「郭誼宜如何處之？」德裕對曰：

李德裕請誅郭誼

「劉稹騃孺子耳，阻兵拒命，皆誼爲之謀主；及勢孤力屈，又賣稹以求賞。此而不誅，何以懲惡！宜及諸軍在境，幷誼等誅之！」上曰：「朕意亦以爲然。」乃詔石雄將七千人入潞州。石雄爲晉絳行營節度使。雄至潞州，盡執郭誼、王協等送京師，皆斬之。

爵李德裕衛國公

綱 加李德裕太尉，賜爵衛國公。（衛即衛州，治汲縣，即今河南汲縣。）

目 加李德裕太尉、衛國公，德裕辭，上曰：「恨無官賞卿耳！」

初，德裕以比年將帥出兵屢敗，其弊有三：一者，詔令下軍前者，日有三四，宰相多不預聞；二者，監軍各以意見指揮軍事，將帥不得專進退；三者，每軍各有宦者爲監使，悉選軍中驍勇數百爲牙隊，其有戰陳，鬬者皆怯弱之士，每戰，視事勢小却，輒引旗先走，陳從而潰。德裕乃與樞密使楊欽義、劉行深議，約敕監軍不得預軍政，每兵千人聽取十人自衛，有功隨例霑賞。二樞密皆以爲然，白上行之。自非中書進詔意，更無他詔自中出者。號令既簡，將帥得以施其謀略，故所向有功。

李德裕諭河北使者

河北三鎭每遣使者至京師，德裕常面諭之曰：「河朔兵力雖強，不能自立，須藉朝廷官爵威命以安軍情。語汝使：與其使大將邀敕使以求官爵，何如自奮忠義，立功立事，結知明主乎！且李載義爲國家平滄景，（滄景謂橫海節度使，治滄州城，在今河北滄縣東南。）及爲軍中所逐，不失作節度使；文宗太和五年正月，盧龍將楊志誠逐其節度使李載義；七年六月，以李載義爲河東節度使。楊志誠遣大將遮敕使馬求官，及爲軍中所逐，朝廷竟不赦其罪。太和七年八月，加盧龍節度使楊志誠爲

貶牛僧孺李宗閔

李回相

詔僧尼並勒歸俗

李德裕奏貶韋弘質

武宗服金丹性加燥急

吏部尚書；志誠怒不得僕射，留官告使，朝廷不得已加志誠僕射。八年十月，志誠爲亂軍所逐，詔流嶺南，道殺之。此二人禍福足以觀矣。」由是三鎭不敢有異志。

綱　冬十一月，貶牛僧孺爲循州長史，（循州治歸善縣，在今廣東惠陽縣東北。）流李宗閔於封州。（治封川縣，即今廣東封川縣。）

目　李德裕言於上曰：「劉從諫據上黨十年，太和中入朝，僧孺、宗閔執政，不留之，加宰相縱去，加以同平章事而遣歸鎭。以成今日之患。」上遂貶僧孺等。

綱　乙丑，五年，（八四五）夏五月，杜悰、崔鉉罷，以李回同平章事。

綱　秋七月，詔天下佛寺僧尼並勒歸俗。

綱　冬十月，以道士劉玄靜爲崇玄館學士。

目　玄靜固辭還山，許之。

綱　十二月，貶韋弘質爲某官。

目　李德裕秉政日久，好徇愛憎，人多怨之。左右言其太專，上亦不悅。給事中韋弘質上疏，言宰相權重，不應更領三司錢穀。德裕奏曰：「制置職業，人主之柄。弘質受人教導，所謂賤人圖柄臣，謂執權柄之臣。非所宜言。」弘質貶官，由是衆怒愈甚。

綱　詔罷來年正旦朝會。

目　初，上餌方士金丹，方士，方外之士。性加燥急，喜怒不常。問李德裕以外事，對曰：

「陛下威斷不測，外人頗驚懼。天下既平，願陛下以寬理之，使得罪者無怨，爲善者不驚，則天下幸甚。」上自秋來，已覺有疾，而道士以爲換骨。至是，詔罷正旦朝會。

立皇太叔

綱 丙寅，六年，（八四六）春三月，立光王忱爲皇太叔。（光即光州，治定城縣，即今河南潢川縣。）帝崩，太叔即位。

目 初，憲宗納李錡妾鄭氏，生光王怡。幼時宮中皆以爲不慧，太和以後，（太和，文宗年號。）益自韜匿。及上疾篤，諸宦官密於禁中定策，下詔以皇子沖幼，立怡爲皇太叔，更名忱，令權句當軍國政事。句音構。太叔見百官，哀戚滿容；裁決庶務，咸當於理，人始知有隱德焉。上崩，以李德裕攝冢宰。宣宗即位，德裕奉册，既罷，上謂左右曰：「適近我者，非太尉邪？每顧我，使我毛髮灑淅！」

綱 夏四月，尊帝母鄭氏爲皇太后。

李德裕罷

綱 李德裕罷爲荆南節度使。

目 德裕秉權日久，位重有功，衆不謂其遽罷，聞之莫不驚駭。

復度僧尼

綱 趙歸眞等伏誅。五月，詔上京增置八寺，復度僧、尼。

白敏中相

綱 以白敏中同平章事。

綱 六月，定太廟爲九代十一室。復祀代宗，以敬、文、武宗自爲一代，爲九代十一室。

綱 秋八月，葬端陵。（在今陝西三原縣東。）

盧商相
李母
李景讓不屬主司
白敏中排李德裕

綱 以牛僧孺爲衡州長史，（衡州治臨烝縣，即今湖南衡陽市。）李宗閔爲郴州司馬。（郴州治郴縣，即今湖南郴縣。）

目 僧孺、宗閔及崔珙、楊嗣復、李玨等五相，皆武宗所貶逐，至是，同日北遷。宗閔未行而卒。

綱 九月，鄭肅罷，以盧商同平章事。

綱 以李景讓爲浙西觀察使。

目 初，景讓母鄭氏，性嚴明，早寡，家貧。子幼，每自教之。宅後牆陷，得錢盈船，母祝之曰：「吾聞無勞而獲，身之災也。天必以先君餘慶，矜其貧而賜之，則願諸孤學問有成，此不敢取！」遽命掩而築之。景讓宦達，髮已斑白，小有過，不免捶楚。弟景莊，老於場屋，（唐人謂貢院爲場屋。老於場屋，言屢試不中也。）每被黜，母輒撻景讓。然景讓終不肯屬主司，（主司，校文章之主管官。謂景讓不肯屬託也。）曰：「朝廷取士自有公道，豈可效人求關節乎！」

綱 冬十月，上受三洞法籙。

宣宗皇帝 名怡，更名忱，憲宗第十三子。武宗崩，子幼，宦官立忱爲皇太叔，嗣位。在位十三年，壽五十歲而崩。帝精於聽斷，以察爲明，無復仁恩，自是而唐衰矣。

綱 丁卯，宣宗皇帝大中元年，（八四七）春二月，以李德裕爲太子少保分司。

目 初，德裕引白敏中入翰林；及德裕失勢，敏中竭力排之，使其黨訟德裕罪，故有是

崔元式韋琮相

丁柔立訟李德裕冤

書貞觀政要於屏風

周墀馬植相

命。

綱 盧商罷。以崔元式、韋琮同平章事。

綱 閏月，敕復廢寺。是時君臣務反會昌之政，故僧尼之弊皆復其舊。

綱 夏六月，以令狐綯爲考功郎中、知制誥。綯，令狐楚之子。

綱 秋八月，李回罷。

綱 冬十二月，貶李德裕爲潮州司馬。

綱 戊辰，二年，（八四八）春正月，貶丁柔立爲南陽尉。（南陽縣，即今河南南陽市。）

目 初，李德裕執政，有薦丁柔立清直可任諫官者，德裕不能用。至是，爲右補闕，上疏訟德裕冤。坐阿附，貶。

綱 二月，以令狐綯爲翰林學士。

目 上嘗以太宗所撰金鏡授綯，書名金鏡錄。使讀之，「至亂未嘗不任不肖，至治未嘗不任忠賢」，止之曰：「凡求致太平，當以此言爲首。」又書貞觀政要於屏風，每正色拱手而讀之。

綱 夏五月，崔元式罷，以周墀、馬植同平章事。

目 初，墀爲義成節度使，（義成節度使治滑州城，在今河南滑縣東。）辟韋澳爲判官，辟，舉也。澳音奧。及爲相，謂澳曰：「何以相助？」澳曰：「願相公無權。」墀愕然，澳曰：「官賞刑罰，與天下共其可否，勿以己之愛憎喜怒移之，天下自理，何權之有！」墀深然之。

綱　秋九月，貶李德裕爲崖州司戶。（崖州治金城縣，在今廣東瓊山縣東南。）

貶李德裕

綱　冬十一月，韋琮罷。

綱　己巳，三年，（八四九）春正月，以韋宙爲御史。

目　上與宰相論元和循吏孰爲第一，（元和謂憲宗時。）周墀曰：「臣嘗守土江西，（江西即江南西道，治洪州，在今江西進賢縣西北。）聞觀察使韋丹功德被於八州，（江南西道節度、觀察，管洪、江、鄂、岳、虔、吉、袁、撫八州。）沒四十年，老穉歌思，如丹尚存。」詔史館修撰杜牧撰丹遺愛碑，仍擢其子宙爲御史。

杜牧撰韋丹遺愛碑

綱　夏四月，周墀罷爲東川節度使。（東川節度使治梓州城，即今四川三台縣。）

目　墀諫上開邊，忤旨，遂罷。翰林學士鄭顥言於上曰：「周墀以直言入相，亦以直言罷。」上深感悟，加檢校右僕射。

綱　以崔鉉、魏扶同平章事。

崔鉉魏扶相

綱　秋七月，克復河、湟。（河、湟謂西州，安、史之亂陷於吐蕃。）

綱　冬閏十一月，加順宗、憲宗謚號。

目　宰相以克復河、湟，請上尊號。上曰：「憲宗嘗有志復河、湟，未遂而崩，今乃克成先志耳。其議加順、憲二廟尊謚，以昭功烈。」

李德裕卒

崔龜從相

令狐綯相
魏謩相

畢諴備党項

綱 李德裕卒。

綱 庚午，四年，（八五〇）夏四月，貶馬植爲常州刺史。坐與中人馬元贄交通也。（常州治晉陵縣，即今江蘇常州市。）

綱 六月，魏扶卒，以崔龜從同平章事。

綱 秋九月，貶孔溫裕爲柳州司馬。（柳州治馬平縣，即今廣西柳州市。）

目 党項爲邊患，發兵討之，連年無功；補闕孔溫裕上疏切諫，上怒，貶之。溫裕，戣之子也。既而戣弟子吏部侍郎溫業亦求補外，白敏中謂同列曰：「我輩須自點檢，孔吏部不肯居朝廷矣。」

綱 冬十月，以令狐綯同平章事。

綱 辛未，五年，（八五一）冬十月，以魏謩同平章事。謩音謨。

目 時上春秋已高，尚未立太子，羣臣莫敢言。謩入謝，因言：「今海內無事，惟未建儲副，使正人輔導，臣竊以爲憂。」且泣，時人重之。

綱 冬十一月，崔龜從罷。

綱 壬申，六年，（八五二）夏六月，以畢諴爲邠寧節度使。（邠寧節度使治寧州城，在今甘肅寧縣東南。）

目 党項復擾邊，上欲擇帥而難其人，從容與翰林畢諴論邊事，諴援古據今，具陳方略。上悅曰：「不意頗、牧近在禁庭。廉頗、李牧，皆戰國末趙之良將。卿其爲朕行乎！」誠欣然奉命。

裴休相

綱 秋八月，以裴休同平章事。

綱 冬十月，畢諴招諭党項，降之。

復禁度僧尼

綱 十二月，復禁私度僧尼。

綱 甲戌，八年，（八五四）春正月朔，日食，罷元會。

綱 秋九月，以高少逸爲陝虢觀察使。（陝虢觀察使置在陝州城，即今河南陝縣。）

目 有敕使過硤石，（即今河南陝縣硤石鎭。）怒餅黑，鞭驛吏見血；少逸以聞。上責敕使，謫配恭陵。其後，上召翰林學士韋澳，屛左右問之曰：「近日內侍權勢如何？」對曰：「陛下威斷，非前朝之比。」上閉目搖首曰：「全未，全未！尙畏之在。策將安出？」對曰：「若與外庭議之，恐有太和之變，即文宗太和九年甘露之變也。不若就其中擇有才識者與之謀。」上曰：「此乃末策，朕已試之矣！」上又與令狐綯謀盡誅宦官，綯恐濫及無辜，密奏曰：「但有罪勿捨，有闕勿補，自然漸耗，至於盡矣。」秏同耗。宦者竊見其奏，由是益與朝士相惡，南北司如水火矣。（南司謂宰相，北司謂宦寺。）

令狐綯計除宦官

綱 冬十月，以李行言爲海州刺史。（海州治朐山縣，即今江蘇新海連市。）

目 上獵於苑北，遇樵夫，問其「縣令爲誰？」曰：「李行言。」「爲政如何？」曰：「性執。

有強盜數人匿軍家，索之，竟不與，盡殺之。」上歸，帖其名於寢殿之柱。及除刺史，入謝，上賜之金紫，（金紫即紫衣、金魚，唐高祖初給隨身魚袋，三品以上賜紫則給金魚，五品以上賜緋則給銀魚。）取帖示之。

綱 乙亥，九年，（八五五）春二月，以李君奭爲懷州刺史。（懷州治河内縣，即今河南沁陽縣。）

目 初，上校獵渭上，（渭水之上。）有父老十數，聚於佛寺，上問之，對曰：「醴泉百姓也。（醴泉縣，在今陝西乾縣東。）縣令李君奭有異政，考滿當罷，詣府乞留，故此祈佛，冀諧所願耳。」及懷州刺史闕，上手筆除君奭。

處分語

上聽察彊記，天下奏獄吏卒姓名，一覽皆記之。嘗密令翰林學士韋澳纂次州縣境土風物及諸利害爲一書，號曰處分語。他日，鄧州刺史薛弘宗入謝，（鄧州治穰縣，在今河南鄧縣東南。）出謂澳曰：「上處分本州事驚人。」澳詢之，皆處分語中事也。

綱 秋七月，崔鉉罷爲淮南節度使。（淮南節度使治揚州城，即今江蘇揚州市。）

綱 冬十一月，以柳仲郢爲鹽鐵轉運使。

鄭朗相

綱 丙子，十年，（八五六）春正月，以鄭朗同平章事。

綱 夏五月，以韋澳爲京兆尹。

裴休罷

綱 六月，裴休罷爲宣武節度使。（宣武節度使治汴州城，在今河南開封市北。）

目 初，上命休極言時事，休請早建太子，上曰：「若建太子，則朕遂爲閑人。」休不敢復

崔慎由相
韋澳辭判戶部
魏謩罷
魏謩綽有祖風
蕭鄴相
宣宗好神仙
劉瑑相

言。以疾辭位，從之。

綱 冬十一月，以崔慎由同平章事。

綱 丁丑，十一年，(八五七)春正月，以韋澳爲河陽節度使。

目 澳嘗奏事，上欲以澳判戶部，以「心力衰耗，難處繁劇」爲辭，上不悅。及歸，其甥柳玭尤之，玭音辨。柳玭，仲郢之子。澳曰：「主上不與宰相僉議，私欲用我，人必謂我以他歧得之，(他歧，他路也。)何以自明！且爾知時事浸不佳乎？由吾曹貪名位所致耳。」遂出鎮河陽。

綱 二月，魏謩罷爲西川節度使。

目 上樂聞規諫，凡諫官論事，門下封駁，苟合於理，多屈意從之。得大臣章疏，必焚香盥手而讀之。嘗欲幸華清宮，(在今陝西臨潼縣南。)諫官論之，上爲之止。謩爲相，每議事，正言無所避，上每歎曰：「謩綽有祖風，謩祖魏徵也。我心重之。」然竟以剛直爲令狐綯所忌而出之。

綱 秋七月，以蕭鄴同平章事。冬十月，鄭朗罷。

綱 遣使迎道士軒轅集於羅浮山。(在今廣東增城縣北，跨羅浮縣界。)

目 上好神仙，迎軒轅集至長安，問曰：「長生可學乎？」對曰：「王者屏欲而崇德，則自然受天遐福，何處更求長生！」留數月，求還山，乃遣之。

綱 戊寅，十二年，(八五八)春正月，以劉瑑同平章事。瑑音篆。

崔愼由諫立儲罷相

夏侯孜相

階前萬里長日惟消一局棋

刺史面察乃除宣宗重刺史之選

綱 二月，崔愼由罷。

目 上欲御樓肆赦，令狐綯曰：「御樓所費甚廣，事須有名，且赦不可數。」上不悅，曰：「遣朕於何得名！」愼由曰：「陛下未建儲宮，四海屬望。若舉此禮，雖郊祀亦可，況於御樓！」時上餌方士藥，已覺燥渴，疑忌方深，聞之，俛首不復言。旬日，愼由罷相。

綱 夏四月，以夏侯孜同平章事。

綱 五月，劉瑑卒。

綱 秋七月，河南、北、淮南大水。

綱 冬十月，以于延陵爲建州刺史。（建州治建安縣，即今福建建甌縣。）

目 延陵入謝，上曰：「建州去京師幾何？」對曰：「八千里。」上曰：「卿到彼爲政善惡，朕皆知之，勿謂其遠！此階前則萬里也，卿知之乎？」

令狐綯擬李遠杭州刺史，上曰：「吾聞遠詩云『長日惟消一局棋』，安能理人！」綯曰：「詩人託此爲高興耳，未必實然。」上曰：「且令往，試觀之。」

詔刺史毋得外徙，必令至京師，面察其能否，然後除之。令狐綯嘗徙其故人爲隣州刺史，便道之官。上以問綯，對曰：「以其道近，省送迎耳。」上曰：「朕以刺史多非其人，爲百姓害，故欲一一訪問，知其優劣以行黜陟。而詔命既行，直廢格不用，宰相可謂有權！」時方寒，綯汗透重裘。

上臨朝，接對羣臣如賓客，雖左右近習，未嘗見其有惰容。每宰相奏事，旁無一人立者，威嚴不可仰視。奏事畢，忽怡然曰：「可以閑語矣！」因問閭閻細事，或談宫中遊宴，無所不至。一刻許，復整容曰：「卿輩善爲之，朕常恐卿輩負朕，後日不復得再相見。」乃起入宫。令狐綯謂人曰：「吾十年秉政，最承恩遇；每延英奏事，未嘗不汗沾衣也。」

蔣伸相

綱　十二月，以蔣伸同平章事。

目　伸從容言於上曰：「近日官頗易得，人思僥倖。」僥音驕。上驚曰：「如此，則亂矣！」對曰：「亂則未亂，但僥倖者多，亂亦非難。」上稱歎再三，曰：「異日不復得獨對卿矣。」伸不諭。尋拜相。

宣宗餌藥疽發於背

綱　己卯，十三年，（八五九）秋八月，帝崩，鄆王漼即位。（鄆即鄆州，治須昌縣，即今山東東平縣。）

目　初，上長子鄆王溫無寵，愛第三子夔王滋，欲以爲嗣，爲其非次，故久不建東宫。上餌李玄伯等藥，疽發於背，宰相不得見。上密以夔王屬王歸長等三人，使立之。獨左軍中尉王宗實素不同心，三人相與謀，出宗實爲淮南監軍。宗實已受敕，將出，左軍副使丌元實謂曰：丌音其。「聖人不豫踰月，中尉何不一見聖人而出乎？」宗實感悟，復入，至寢殿，上已崩。宗實叱歸長等，責以矯詔；皆捧足乞命。乃迎鄆王立爲太子，權句當軍國政事，更名漼。取歸長等殺之。太子即位，是爲懿宗。

宣宗性明察沉斷，用法無私，從諫如流，重惜官賞，恭謹節儉，惠愛民物，故大中之政，

小太宗

杜審權相
白敏中相

王式平浙東

王式論用兵

大中，宣宗年號。訖於唐亡，人思詠之，謂之小太宗。

綱 尊皇太后爲太皇太后。

綱 李玄伯等伏誅。

綱 冬十一月，蕭鄴罷。十二月，以杜審權同平章事。

綱 令狐綯罷，以白敏中同平章事。

懿宗皇帝

名漼，宣宗長子，在位十四年，壽三十一歲而崩。帝驕奢無度，淫樂不悛，李氏之亡，於茲決矣。

綱 庚辰，懿宗皇帝咸通元年，（八六〇）春正月，浙東賊裘甫作亂。（浙東，浙江東道，治越州城，即今浙江紹興市。）

目 初，裘甫攻陷象山，（即今浙江象山縣。）觀察使鄭祇德遣兵討之，大敗；甫遂陷剡縣。剡音陝。（剡縣，即今浙江嵊縣。）開府庫，募壯士，衆至數萬人。

綱 葬貞陵。（在今陝西咸陽市西北。）

綱 三月，以王式爲浙東觀察使，發諸道兵討裘甫，破之。

綱 夏六月，王式擒裘甫，送京師，斬之。

目 諸將還越，（即浙東治。）式大置酒。諸將請曰：「某等生長軍中，久更行陳，今幸得從公破賊，然私有所不諭者。敢問：公之始至，軍食方急，而遽散之，（式命諸縣開倉廩以賑貧乏。或曰：「軍食方急，不可散也。」式曰：「非汝所知。」）何也？」式曰：「此易知耳。賊聚穀以誘飢人，吾給之食，則彼不爲盜矣。且諸縣無守兵，賊至，則倉穀適足資之耳。」「不置烽燧，或請爲烽燧以詗賊，式笑而不應。（烽燧，見卷四四貞觀十六年「有烽燧之警」注。）何也？」式曰：「烽燧所以趣救兵也，趣音促。今兵盡行，無以繼之，徒驚士民，使自潰亂耳。」「使懦卒爲候騎而少給兵，式選懦卒使乘健馬，少給之兵，以爲候騎。衆怪之，不敢問。何也？」式曰：「彼勇卒操利兵，遇敵且不量力而鬬；鬬死，則賊至不知矣。」皆拜曰：「非所及也！」

綱 秋九月，以白敏中爲司徒、中書令。

綱 冬十月，追復李德裕官爵，贈左僕射。從右拾遺劉鄴之請也。

綱 夏侯孜罷，以畢諴同平章事。

綱 辛巳，二年，（八六一）春正月，白敏中罷，以杜悰同平章事。

綱 壬午，三年，（八六二）春正月，蔣伸罷。

綱 夏四月，置戒壇，度僧尼。

綱 秋七月，以夏侯孜同平章事。

綱 癸未，四年，（八六三）夏四月，畢諴罷爲兵部尚書。諴以同列多徇私不法，稱疾辭位。

綱 五月，以楊收同平章事。杜審權罷。

綱 六月，杜悰罷，以曹確同平章事。

綱 秋八月，以吳德應爲館驛使。

畢諴相

杜悰相

置戒壇度僧尼

夏侯孜相

楊收相

曹確相

令狐滈白衣宰相

彗星爲瑞

蕭寘相

路巖相

敕使墓戶

目 臺諫上言：「故事，御史巡驛，不應忽以內臣代之。」上諭以「敕命已行，不可復改。」左拾遺劉蛻上言：蛻音退。「自古明君所尙者，從諫如流，豈有已行而不改！且敕自陛下出之，自陛下改之，何爲不可！」弗聽。

綱 冬十月，以令狐滈爲詹事司直。

目 初，以令狐滈爲左拾遺。拾遺劉蛻上言：「滈專家無子弟之法，專家，謂專父兄之權。布衣行公相之權。」起居郎張雲言：「滈父綯用李涿爲安南，（卽今越南。）致南蠻至今爲梗，由滈納賄，陷父於惡。綯執政時，人號滈『白衣宰相』。」滈亦引避，故有是命。

綱 甲申，五年，（八六四）春三月，彗星出。

目 彗出於婁，宿名。長三尺。司天監奏：「按星經，是名含譽，瑞星也，主大喜。請宣示中外，於是編諸史策。」從之。

綱 夏四月，以蕭寘同平章事。

綱 冬十一月，夏侯孜罷，以路巖同平章事。

綱 乙酉，六年，（八六五）春正月，以杜宣猷爲宣歙觀察使。（宣歙觀察使置在宣州城，卽今安徽宣城縣。）

目 宦官多閩人，宣猷爲福建觀察使，（福建觀察使置在福州城，卽今福建福州市。）每寒食遣吏分祭其先壠，壠，塚也。宦官德之，故有是命，時人謂之「敕使墓戶」。

高璩相
徐商相
于琮相
龐勛陷徐泗

綱　三月，蕭寘卒。夏四月，以高璩同平章事。璩音渠。

綱　六月，高璩卒，以徐商同平章事。

綱　丙戌，七年，(八六六)冬十月，楊收罷。

綱　丁亥，八年，(八六七)秋七月，以于琮同平章事。

綱　戊子，九年，(八六八)秋七月，桂州戍卒作亂，(桂州治臨桂縣，即今廣西桂林市。)判官龐勛將之。冬十月，陷宿、徐州，(宿州治符離縣，即今安徽宿縣。徐州治彭城縣，即今江蘇徐州市。)囚觀察使崔彥曾。十一月，詔遣康承訓發諸道兵討之。十二月，賊陷滁、和州，(滁州治清流縣，即今安徽滁縣。和州治歷陽縣，即今安徽和縣。)攻泗州，(泗州治臨淮縣，在今安徽泗縣東。)不克。

目　初，南詔陷安南，咸通三年，南詔陷安南。(南詔，國名，治羊苴咩城，即今雲南大理縣。)敕徐、泗募兵二千赴援，分八百人別戍桂州，初約三年一代，至是，戍桂者已六年，屢求代還。徐泗觀察使崔彥曾，性嚴刻，押牙尹勘等用事，以軍帑空虛，不能發兵，請令更留戍一年，彥曾從之。戍卒聞之，怒。都虞候許佶等作亂，推糧料判官龐勛爲主，劫庫兵北還，所過剽掠，州縣不能禦。朝廷屢敕崔彥曾慰撫之。彥曾遣使諭以敕意，道路相望。勛至徐城，乃言於衆曰：「吾輩擅歸，思見妻子耳。今聞已有密敕下本軍，至則滅族！與其自投網羅，曷若相與戮力同心，戮力，并力也。赴湯蹈火，豈徒脱禍，富貴可求也。」衆皆呼躍稱善。遂於遞中申狀，遞，驛遞也。乞停尹勘等職任。

康承訓請朱邪赤心自隨

辛讜援泗州

彥曾命都虞候元密等將三千人討勛，復命宿、泗州出兵邀之。密至任山，頓兵不進，欲俟賊入館，乃擊之。賊詗知之，（詗音兄，去聲，刺探也。）夜遁。官軍引退。賊至苻離，（即宿州治。）宿州戍卒出戰，望風奔潰，賊遂攻城，陷之。賊知彭城無備，（彭城即徐州。）還聚彭城。彥曾始選城中丁壯爲守備，內外震恐，無復固志。賊至，城陷，囚彥曾，殺尹勘等。即日城中願從者萬餘人。

詔以將軍康承訓爲行營都招討使，王晏權、戴可師爲南、北面招討使，大發諸道兵以討之。承訓奏乞沙陀三部落使朱邪赤心帥以自隨，（沙陀，西突厥苗裔，本號朱邪，其地有大磧名沙陀，後因以沙陀爲號，以朱邪爲姓。）詔許之。

勛以李圓攻泗州久不克，遣其將吳迥代攻，晝夜不息。十二月，賊陷都梁城，（在今江蘇盱眙縣東南都梁山下。）據淮口，（淮水之口。）漕驛路絕。承訓軍新興，兵纔萬人，以衆寡不敵，退屯宋州。（治宋城縣，在今河南商丘市南。）勛乃遣其將攻陷滁州，殺刺史高錫望。又寇和州，刺史崔雍引賊入城，賊遂大掠。

泗州援絕糧盡，辛讜以浙西軍至楚州，（辛讜，辛雲京之孫，喜任俠。）（楚州治山陽縣，即今江蘇淮安縣。）賊水陸布兵，鏁斷淮流。（鏁同鎖。）讜募敢死士數十人，先以四舟乘風直進，死戰，斧斷其鏁，帥衆揚旗鼓譟而前。賊見其勢猛銳，避之，遂得入城。

綱 己丑，十年，（八六九）春二月，康承訓大敗賊將王弘立於鹿塘。（在今安徽鳳陽縣東南。）

龐勛稱天册將軍　劉瞻相　平徐州　朱邪赤心賜姓名李國昌　韋保衡相　鄭畋草制

綱　夏四月，龐勛殺崔彥曾，自稱「天册將軍」，與官軍戰，大敗。勛走歸彭城。

綱　馬舉救泗州，殺賊將王弘立，泗州圍解。

綱　六月，徐商罷，以劉瞻同平章事。

綱　秋八月，賊將張玄稔以宿州降。引兵進平徐州。龐勛死，賊諸寨皆殺其守將而降。

綱　冬十月，以張玄稔爲驍衛大將軍；康承訓爲河東節度使；杜慆爲義成節度使；杜慆爲泗州刺史，完守備以待賊，李圓攻之不克。朱邪赤心爲大同軍節度使，（大同軍節度使治雲州城，即今山西大同市。）賜姓李，名國昌；辛讜爲亳州刺史。（亳州治譙縣，即今安徽亳縣。）

綱　庚寅，十一年，（八七〇）春正月，貶康承訓爲恩州司馬。路巖、韋保衡上言：「承訓討龐勛時，逗撓不進，又貪虜獲，不時上功。」貶之。（恩州治恩平縣，即今廣東恩平縣。）

綱　三月，曹確罷，夏四月，以韋保衡同平章事。保衡始爲右拾遺，尚同昌公主。是年八月，公主薨，上痛悼不已，殺醫官二十餘人，收其親族三百餘人繫獄。宰相劉瞻與京兆尹溫璋等力諫，上大怒，叱出之。

綱　秋九月，貶劉瞻爲驩州司戶，溫璋爲振州司馬。

目　劉瞻罷爲荆南節度使。溫璋貶振州司馬，（振州治寧遠縣，在今廣東崖縣南。）璋歎曰：「生不逢時，死何足惜！」仰藥卒。仰藥，仰首而飲藥也。（謂服毒藥自殺。）韋保衡又與路巖共譖劉瞻，云與醫官通謀，投毒藥；貶康州刺史。（康州治端溪縣，即今廣東德慶縣。）翰林學士承旨鄭畋草制曰：「安數畝之居，仍非己有；却四方之賂，惟畏人知。」巖謂畋曰：「侍郎乃表薦劉相也！」

王鐸相

李國昌爲振武節度使

劉鄴相

趙隱相

迎佛骨

坐貶梧州刺史。（梧州治蒼梧縣，即今廣西梧州市。）巖素與瞻論議不協，既貶，猶不快，閱十道圖，以驩州去長安萬里，再貶之。

綱 冬十一月，以王鐸同平章事。

綱 十二月，以李國昌爲振武節度使。（振武節度使治單于都護府，即今內蒙古和林格爾縣。）

綱 辛卯，十二年，（八七一）夏四月，路巖罷。出鎭西川。

綱 五月，上幸安國寺。賜沈檀講坐二，各高二丈，設萬人齋。

綱 以劉鄴同平章事。

綱 壬辰，十三年，（八七二）春二月，于琮罷，以趙隱同平章事。

綱 秋七月，以李璋爲宣歙觀察使。

目 初，韋保衡欲以其黨裴條爲郎官，憚左丞李璋方嚴，恐其不授，乃先遣人達意。璋曰：「朝廷遷除，不應見問。」保衡怒，出之。

綱 癸巳，十四年，（八七三）春正月，遣使迎佛骨，夏四月，至京師。

目 上遣敕使詣法門寺迎佛骨，羣臣諫者甚衆，至有言憲宗迎佛骨尋晏駕者。上曰：「朕生得見之，死亦無恨！」及至京師，儀衛之盛，過於郊祀。

綱 六月，王鐸罷。

綱 秋七月，帝崩，普王儼卽位。（普卽普州，治安岳縣，在今四川安岳縣北。）

目　上疾大漸，大漸，病甚也。周書顧命：「疾大漸。」中尉劉行深、韓文約立上少子普王儼爲皇太子，權句當軍國政事。帝崩，太子卽位，時年十二，是爲僖宗。

綱　八月，關東、河南大水。

綱　九月，貶韋保衡爲賀州刺史，（賀州治臨賀縣，即今廣西賀縣。）尋賜死。

綱　冬十月，以蕭倣同平章事。

綱　十一月，貶路巖爲新州刺史。（新州治新興縣，即今廣東新興縣。）

蕭倣相

綱鑑易知錄卷五九

唐紀

僖宗皇帝 名儇，懿宗少子，爲宦官所立，在位十五年，壽二十七歲而崩。昏庸相繼，禍亂相仍，民愁盜起，不可復支矣。

綱 甲午，僖宗皇帝乾符元年，（八七四）春正月，關東旱、饑。

綱 賜路巖死。

綱 二月，葬簡陵。（在今陝西銅川市南。）

綱 趙隱罷。以裴坦同平章事，夏五月卒。

綱 以劉瞻同平章事，秋八月卒。

目 瞻之貶也，人無賢愚，莫不痛惜。及還長安，兩市人率錢顧百戲迎之。兩市，東西街也。率，募也。瞻聞之，改期由他道而入。初，瞻南遷，劉鄴附於韋、路，韋保衡、路巖。共短之。至是，鄴懼。延瞻，置酒。瞻歸而薨，人以爲鄴鴆之也。

綱 以崔彥昭同平章事。

綱 冬十月，劉鄴罷，以鄭畋、盧攜同平章事。

王仙芝起兵

綱　十一月，濮州人王仙芝作亂。（濮州治鄄城縣，在今山東鄄城縣東。）

目　自懿宗以來，奢侈日甚，用兵不息，賦斂愈急。關東連年水旱，州縣不以實聞，百姓流殍，無所控訴，相聚爲盜，所在蜂起。是歲，王仙芝聚衆數千人，起於長垣。（在今河南長垣縣西南。王仙芝起兵長垣，自稱天補平均大將軍、兼海內諸豪都統。）

田令孜專政

綱　乙未，二年，（八七五）春正月，以田令孜爲中尉。田令孜，宦者。

目　上之爲普王也，小馬坊使田令孜有寵，及卽位，使知樞密，遂擢爲中尉。上專事遊戲，政事一委令孜，呼爲「阿父」。令孜頗讀書，多巧數，納賄除官，不復關白。

李蔚相

綱　夏五月，蕭倣卒。六月，以李蔚同平章事。蔚音畏。

黃巢應王仙芝

綱　王仙芝陷濮、曹州，（曹州治濟陰縣，在今山東曹縣西北。）冤句人黃巢聚衆應之。句音渠。（冤句縣，在今山東菏澤縣西南。）

目　仙芝及其黨尙君長攻陷濮、曹州。冤句人黃巢，善騎射，喜任俠，粗涉書傳，屢舉進士不第，遂與仙芝共販私鹽。至是，聚衆應之，攻掠州縣，民之困於重斂者爭歸之，數月之閒，衆至數萬。

大蝗

綱　秋七月，大蝗。

目　飛蝗蔽日，所過赤地。京兆尹楊知至奏：「蝗不食稼，皆抱荆棘而死。」宰相以下皆賀。

宋威討王仙芝

王鐸相

崔安潛討王仙芝

圍宋州

李克用起蔚州據大同

綱 冬十二月，以宋威爲諸道行營招討使。

目 王仙芝寇沂州，（治臨沂縣，即今山東臨沂縣。）平盧節度使宋威請帥兵討賊，（平盧節度使治青州城，即今山東益都縣。）故有是命。

綱 丙申，三年，（八七六）春三月，崔彥昭罷，以王鐸同平章事。

綱 夏六月，雄州地震裂，水涌出。壞州城及公私廬舍皆盡。（雄州治所未詳，舊說在今寧夏靈武縣西南。）

綱 秋七月，宋威擊王仙芝於沂州，大破之。

綱 詔忠武節度使崔安潛發兵討王仙芝。（忠武節度使即陳許節度使，治許州城，即今河南許昌市。）

綱 丁酉，四年，（八七七）春二月，王仙芝陷鄂州。（治江夏縣，即今湖北武漢市武昌城。）

綱 黃巢陷鄆州。（治須昌縣，即今山東東平縣。）

綱 秋七月，王仙芝、黃巢圍宋州。賊圍宋威於宋州，將軍張自勉將忠武兵七千救之，殺賊二千餘人，賊解圍遁去。（宋州治宋城縣，在今河南商丘市南。）

綱 戊戌，五年，（八七八）春正月，招討副使曾元裕大破王仙芝於申州，（治信陽縣，在今河南信陽縣南。）詔以爲招討使，張自勉副之。

綱 大同軍亂，（大同軍治雲州城，即今山西大同市。）殺防禦使段文楚，推李克用爲留後。

目 振武節度使李國昌之子克用，（振武節度使治單于都護府，即今內蒙古和林格爾縣。）爲沙陀副

李國昌不愛一子以負國家

曾元裕平王仙芝

黃巢稱衡天大將軍

李國昌拒命

兵馬使，（沙陀，見卷五十八咸通九年「承訓奏乞沙陀三部落」注。）戍蔚州。（治靈丘縣，即今山西靈丘縣。）時河南盜賊蜂起，沙陀兵馬使李盡忠與牙將康君立、薛志勤、程懷信、李存璋等謀曰：「今天下大亂，朝廷號令不復行於四方，此乃英雄立功名取富貴之秋也。李振武功大官高，（李振武謂李國昌。）名聞天下，其子勇冠諸軍，若輔以舉事，代北不足平也。」（代謂代州，在今山西原平縣東北。）衆以爲然。會代北荐饑，（荐音賤。荐饑，連歲饑也。）漕運不繼，防禦使段文楚頗減軍士衣、米，軍士怨怒。盡忠遣君立潛詣蔚州說克用起兵，除文楚而代之。克用曰：「吾父在振武，俟我稟之。」君立曰：「今機事已泄，緩則生變。」於是盡忠夜執文楚繫獄。克用帥其衆趣雲州，（雲州，即大同軍。）行收兵，衆且萬人。盡忠送符印，請克用爲留後，而殺文楚，克用遂入府視事。表求敕命，朝廷不許。國昌上言：「請速除防禦使；若克用違命，臣請帥本道兵討之，終不愛一子以負國家。」朝廷乃以盧簡方爲防禦使。詔國昌語克用，令迎候如常儀，除克用官，必令稱愜。

綱　二月，曾元裕大破王仙芝於黃梅，（在今湖北黃梅縣西北。）斬之。

綱　黃巢自稱衡天大將軍，陷沂、濮，掠宋、汴。（汴州治浚儀縣，在今河南開封市北。）

綱　夏四月，以李國昌爲大同節度使，國昌不奉詔。

目　朝廷以克用據雲中，（即雲州治。）以李國昌爲大同節度使，以爲克用必無以拒也。國昌欲父子并據兩鎮，得制書，毀之，殺監軍，與克用合兵，進擊寧武及岢嵐軍。（寧武軍，在今山

豆盧瑑崔沆相
宰相每出襤褸盈路
高駢爲鎮海節度使
鄭從讜相
黃巢陷福州
曹師雄寇兩浙

西寧武縣。岢嵐軍治嵐州，在今山西靜樂縣西。）

綱 五月，鄭畋、盧攜罷。

綱 以豆盧瑑、崔沆同平章事。豆盧，複姓。沆音杭，上聲。

目 時宰相有好施者，常以囊貯錢自隨，行施匄者，匄音蓋，乞也。每出，襤褸盈路。襤褸亦作藍縷，敝衣也。有朝士以書規之曰：「今百姓疲弊，寇盜充斥，相公宜舉賢任能，紀綱庶務，捐不急之費，杜私謁之門，使萬物各得其所，何必如此行小惠乎！」宰相大怒。

綱 六月，以高駢爲鎮海節度使。駢音緶。（鎮海節度使治杭州城，即今浙江杭州市。）

目 王仙芝餘黨剽掠浙西，（浙西即鎮海節度使所在。）朝廷以西川節度使高駢先在天平，（西川節度使治益州城，即今四川成都市。天平軍節度使治鄆州城，鄆州見上。）有威名，仙芝黨多鄆人，乃徙駢鎮浙西。

綱 秋七月，黃巢寇宣州，（治宣城縣，即今安徽宣城縣。）入浙東。（即越州，今浙江紹興市，時爲浙東節度使治。）

綱 九月，李蔚罷，以鄭從讜同平章事。

綱 冬十二月，黃巢陷福州。

綱 曹師雄寇掠二浙。浙西、浙東。

目 王仙芝餘黨曹師雄寇掠二浙。杭州募兵，使石鏡都將董昌等將兵討之。（石鏡，鎮

黃巢趣廣南

徐雲虔諭南詔

名，在今浙江臨安縣南。）臨安人錢鏐以驍勇事昌，（臨安縣，即今浙江臨安縣。）鏐音流。即後吳越王錢鏐。爲兵馬使。

綱　己亥，六年，（八七九）春正月，高駢遣將分道擊黃巢，大破之。巢趣廣南。

綱　嶺南西道節度使辛讜遣使如南詔。（嶺南西道節度使治邕州，即今廣西南寧市。南詔，國名，治羊苴咩城，即今雲南大理縣。）

目　初，辛讜遣賈宏等使南詔，相繼道死。時讜已病風痹，召攝巡官徐雲虔，執其手曰：「遣使入南詔，而相繼物故，吾子既仕，則思徇國，能爲此行乎？讜恨風痹不能拜耳。」因嗚咽流涕。雲虔曰：「士爲知己死，敢不承命！」讜喜，厚其資裝而遣之。

雲虔至善闡城，（即今雲南昆明市舊昆明縣城。）驃信見之與抗禮，（驃信，猶漢言君也。）使人謂曰：「貴府牒欲使驃信稱臣，（牒，移文也。）奉表貢方物；驃信已遣人與唐約爲兄弟，不則舅甥，何表貢之有？」雲虔曰：「驃信之先，由大唐之命，得合六詔爲一，（南詔先本有六詔，蒙舍最南，因名南詔。五詔皆爲所并，開元二十六年册蒙歸義爲雲南王。）恩德深厚，中閒小忿，罪在邊鄙。今驃信欲脩舊好，豈可違祖考之故事乎！順祖考，孝也；事大國，義也；息戰爭，仁也；審名分，禮也。四者，皆令德也，可不勉乎！」驃信待雲虔甚厚，授以木夾遣還，（用二黑漆板夾繫文書，刻字於上，謂之木夾。）然猶未肯奉表稱貢。

綱　夏四月，以王鐸爲行營招討都統。

黃巢陷廣州

綱 秋七月，黃巢陷廣州。（治南海縣，即今廣東廣州市，亦廣州節度使治。）

目 黃巢上表求廣州節度使；朝廷不許，巢遂急攻廣州，陷之。執節度使李迢，迢音調。使草表，迢曰：「予代受國恩，親戚滿朝，腕可斷，表不可草。」巢殺之。

高駢奏：「請遣兵馬使張璘將兵五千於郴州守險，（郴州治郴縣，即今湖南郴縣。）留後王重任將兵八千於循、潮二州邀遮，（循州治歸善縣，在今廣東惠陽縣東北。潮州治海陽縣，即今廣東潮州市。）自將萬人自大庾嶺趣廣州擊黃巢。（大庾嶺在江西大庾縣南，廣東南雄縣北。）巢必逃遁，乞敕王鐸以兵三萬守梧、昭、桂、永四州之險。」（梧州治蒼梧縣，即今廣西梧州市。昭州治平樂縣，在今廣西平樂縣西南。永州治零陵縣，即今湖南零陵縣。）不許。

黃巢陷潭州

綱 冬十月，以高駢爲淮南節度使。（淮南節度使治揚州城，即今江蘇揚州市。）

綱 黃巢陷潭州。

目 巢士卒罹瘴疫死者什三四，罹音離。其徒勸之北還，以圖大事，巢乃自桂州編筏沿湘而下，湘，湘水。抵潭州，（治長沙縣，即今湖南長沙市。）攻陷之。

綱 王鐸罷，以盧攜同平章事。

盧攜相

綱 庚子，廣明元年，（八八〇）春正月，沙陀寇忻、代，沙陀，李國昌父子也。逼晉陽。（即今山西太原市。）

綱 二月，殺左拾遺侯昌業。

侯昌業極諫賜死　擊毬狀元　黃巢渡江　李國昌李克用亡走達靼　黃巢陷東都　王徽裴澈相

目　昌業以盜賊滿關東，而上專務遊戲，賞賜無度，田令孜專權無上，社稷將危，上疏極諫。上大怒，召昌業至內侍省，賜死。

上善騎射、劍槊、法算，槊，矛屬。至於音律、蒱博，蒱，樗蒱戲也，今人擲之爲戲。博，即雙陸，亦樗蒱戲。無不精妙，好蹴鞠、鬭雞，蹴鞠，鞠以革爲圓囊，實以毛髮，蹴踢爲戲。尤善擊毬。嘗謂優人石野豬曰：「朕若應擊毬進士舉，須爲狀元。」對曰：「若遇堯、舜作禮部侍郎，恐陛下不免駁放。」駁放，謂不收取而放逐之。上笑而已。

綱　三月，以高駢爲諸道行營都統。

綱　夏六月，黃巢陷宣州。

綱　秋七月，黃巢渡江。

綱　李可舉討李克用，李可舉時爲盧龍節度使。大破之。李琢討李國昌，李琢爲蔚朔節度使。敗之。國昌、克用亡走達靼。達與韃同，靼音搭，靺鞨之別部，居於陰山。（在今內蒙古包頭市北。）

綱　黃巢渡淮。

綱　冬十一月，黃巢陷東都。（東都卽洛陽。）

綱　十二月，黃巢入潼關。（在今陝西渭南縣東。）

綱　以王徽、裴澈同平章事，盧攜自殺。

目　田令孜聞巢已入關，恐天子責己，乃歸罪於攜，貶爲賓客分司，而薦徽、澈爲相。

黃巢入長安僖宗走

黃巢號大齊

朱溫

揣仰藥死。（謂服毒藥自殺。）

綱 黃巢入長安，上走興元。（卽梁州，在今陝西漢中市東。）

目 鳳翔、博野援兵至渭橋，（鳳翔節度使，治岐州城，在今陝西鳳翔縣南。博野軍，卽穆宗長慶二年李寰固守博野之軍，在今河北高陽縣西南。渭橋卽中渭橋，在今陝西咸陽市東。）見新軍衣裘溫鮮，大怒，掠之，更爲巢鄉導以趣長安。嚮同向。既入城，令孜帥神策兵五百奉帝自金光門出，惟福、穆、澤、壽四王及妃嬪數人從行，百官皆莫之知。

上趣駱谷，（在今陝西盩厔縣西南。）鳳翔節度使鄭畋謁於道次，請留鳳翔。上曰：「朕不欲密邇巨寇，且幸興元徵兵以圖收復。卿可糾合鄰道，勉建大勳。」畋曰：「道路梗澀，澀卽澁字。奏報難通，請得便宜從事。」許之。

綱 黃巢僭號。

目 巢殺唐宗室在長安者無遺類。遂入宮，自稱大齊皇帝，改元金統。以其將尚讓爲太尉。

巢將碭山朱溫屯東渭橋。（碭山，卽今安徽碭山縣。東渭橋，在今陝西西安市西北。朱溫卽後梁太祖朱全忠。）溫少孤貧，與兄存、昱依蕭縣劉崇家，昱音欲。（蕭縣，卽今安徽蕭縣。）崇數笞辱之，崇母獨憐之，戒家人曰：「朱三非常人，汝曹善遇之。」

綱 鳳翔節度使鄭畋合鄰道兵討賊。

綱　車駕至興元，詔諸道出兵收復京師。

綱　義成節度使王處存舉兵入援。（義成節度使治滑州城，在今河南滑縣東。）

綱　黃巢遣朱溫攻河中，（河中節度使治蒲州城，在今山西芮城縣西北。）節度使王重榮與戰，大破之，遂入援。

綱　辛丑，中和元年，（八八一）春正月，帝幸成都。（卽今四川成都市，西川節度使治。）

目　西川節度使陳敬瑄遣兵奉迎，請幸成都。田令孜亦勸上，上從之。

蕭遘相

綱　以蕭遘同平章事。

綱　以樂朋龜爲翰林學士。

目　裴澈自賊中奔詣行在。乘輿所至曰行在。時百官未集，乏人草制，右拾遺樂朋龜謁田令孜而拜之，由是擢爲翰林學士。兵部郎中張濬先亦拜令孜。至是，令孜召朝貴飲酒，濬恥於衆中拜之，乃先謁令孜謝酒。及賓客畢集，令孜言曰：「令孜與張郎中清濁異流，嘗蒙不外，旣慮玷辱，何憚改更，今日於隱處謝酒則又不可。」濬慙懼無所容。

王鐸相

綱　二月，以王鐸同平章事。

綱　加高駢東面都統。

目　上遣使趣駢討黃巢，趣同促。道路相望，駢終不出兵。

綱　三月，以鄭畋爲京城四面諸營都統。

李友金召李克用

綱 赦李克用，遣李友金召之。

目 沙陀李友金入援。至絳州，（治正平縣，在今山西侯馬市西北。）刺史瞿稹謂曰：「賊勢方盛，未可輕進。」乃俱還代州。募兵得三萬人，皆北方雜胡，稹與友金不能制。友金乃說監軍陳景思曰：「吾兄司徒父子，（謂李國昌、克用。）勇略過人，爲衆所服；請奏天子赦其罪，召以爲帥，則代北之人一麾響應，賊不足平也！」景思遣使言之，詔如所請。友金以五百騎迎之，克用帥達靼諸部萬人赴之。

綱 鄭畋傳檄天下，合兵討賊。

高駢屯東塘

綱 夏五月，高駢移檄討賊，出屯東塘。（在今江蘇揚州市東。）

目 有雙雉集廣陵府舍，（廣陵即今江蘇揚州市。）占者以爲城邑將空之兆。駢惡之，乃移檄四方，云將入討黃巢，發兵八萬，舟二千艘，（艘音搜，船之總名。）出屯東塘。諸將數請行期，駢託風濤爲阻，竟不發。

鄭畋相

綱 六月，以鄭畋爲司空、同平章事，都統如故。

韋昭度相

綱 秋七月，以韋昭度同平章事。

殺孟昭圖

綱 殺左拾遺孟昭圖。

目 上日夕專與宦官同處，議天下事，待外臣殊薄。左拾遺孟昭圖上疏曰：「天下者，高祖、太宗之天下，非北司之天下；（北司謂宦官。）天子者，九州四海之天子，非北司之天子。

北司未必盡可信，南司未必盡無用。若天子與宰相了無關涉，朝臣皆若路人，臣恐收復之期，尚勞宸慮。」疏入，令孜屏不奏，矯詔貶昭圖嘉州司戶，（嘉州治龍游縣，即今四川樂山縣。）遣人沉於蟇頤津，蟇音麻。（蟇頤津，在今四川眉山縣東蟇頤山下。）聞者氣塞。

綱　八月，星交流如織，或大如杯椀。

王緒陷光州

綱　壽州人王緒作亂，（壽州治壽春縣，即今安徽壽縣。）陷光州。（治定城縣，即今河南潢川縣。）

目　壽州屠者王緒，與妹夫劉行全聚衆五百，盜據本州。月餘，復陷光州，有衆萬餘人。蔡州刺史秦宗權表爲光州刺史。（蔡州治汝陽縣，即今河南汝陽縣。）固始縣佐王潮及弟審邽、審知，邽音規。（固始，即今河南固始縣。）皆以材氣知名，緒以潮爲軍正，信用之。

高駢罷兵還府

綱　九月，高駢罷兵還府。

目　駢與鎮海節度使周寶俱出神策軍，駢以兄事寶，及封壤相鄰，數爭細故，遂有隙。駢留東塘百餘日，詔屢趣之，駢上表託以寶將爲後患，復罷兵還府。其實無赴難心，但欲禳雉集之異耳。

綱　以董昌爲杭州刺史。

目　高駢召董昌至廣陵，錢鏐說昌曰：「觀高公無討賊心，不若去之。」昌從之，自石鏡引兵入據杭州；周寶表爲杭州刺史。

綱　冬十月，裴澈罷，鄭畋赴行在。

朱溫據同州
鄭畋相
朱溫賜名全忠
楊復光計召李克用

綱 壬寅，二年，（八八二）春正月，以王鐸爲諸道行營都統。

綱 二月，朱溫據同州。（治馮翊縣，即今陝西大荔縣。）

綱 以鄭畋爲司空、同平章事。 軍事一以咨之。

綱 夏四月，王鐸以諸道兵逼長安。

綱 秋九月，朱溫以華州降，（華州治鄭縣，在今陝西鄭縣西北。）王鐸以爲同華節度使。（同華節度使治同州城。）

目 朱溫見巢兵勢日蹙，知其將亡，遂舉州降。

綱 冬十月，以朱溫爲河中行營招討副使，賜名全忠。

綱 十一月，李克用將沙陀趣河中。 趣同趨。

目 黃巢兵勢尚彊，王重榮謀於都監楊復光，楊復光爲南面行營都監使。復光曰：「鴈門李僕射，謂李克用。（鴈門即代州治，見上。）驍勇，有彊兵，素有徇國之志；所以不來者，以與河東結隙耳。去年六月，克用牒河東，稱奉詔將兵討黃巢，節度使鄭從讜閉城設備而犒給之。克用縱沙陀剽掠，城中大駭，尋引兵還陷忻、代，留居代州。若以朝旨喩鄭公而召之，必來，來則賊不足平矣！」時王鐸在河中，乃以墨敕召克用，喩鄭從讜。克用遂將沙陀萬七千人趣河中，不敢入太原境，（太原，即河東節度使治。）獨以數百騎過晉陽城下別從讜，從讜厚贈之。

綱 十二月，以李克用爲鴈門節度使。（時李克用據代州，即以爲鴈門節度使，治代。）

鵶軍

李克用收復長安

獨眼龍

朱全忠爲宣武節度使

朱全忠襲李克用

黄巢平

【目】李克用將兵四萬至河中，皆衣黑，賊憚之曰：「鵶軍至矣，（鵶同鴉。）當避其鋒。」

【綱】癸卯，三年，（八八三）夏五月，李克用破黄巢，收復長安。

【目】李克用與忠武將龐從、河中將白志遷等引兵先進，與黄巢軍戰於渭南，（即今陝西渭南縣。）一日三捷；義成、義武等諸軍繼之，（義武軍節度使治定州城，即今河北正定縣。）賊衆大奔。克用等入京師，巢焚宫室遁去。詔克用同平章事。克用時年二十八，於諸將最少，而兵勢最彊，破黄巢，復長安，功第一，諸將皆畏之。克用一目微眇，時人謂之「獨眼龍」。

【綱】六月，黄巢取蔡州，節度使秦宗權降之，合兵圍陳州。（治宛丘縣，在今河南淮陽縣東南。）

【綱】秋七月，以朱全忠爲宣武節度使。（宣武節度使治大梁城，即汴州，在今河南開封市北。）

【綱】鄭畋罷爲太子太保。以裴澈同平章事。

【綱】甲辰，四年，（八八四）夏四月，李克用會許、汴、徐、兖之軍于陳州，（許州治長社縣，即今河南許昌市。汴州見上。徐州治彭城縣，即今江蘇徐州市。兖州治瑕丘縣，在今山東滋陽縣西。）黄巢退走。

【綱】五月，黄巢趣汴州，李克用等追擊，大破之。尚讓帥衆降，巢收餘衆奔兖州。

【綱】李克用至汴州，朱全忠襲之，克用走還。

【綱】六月，尚讓敗黄巢于瑕丘，（即兖州治。）賊黨斬巢以降。

【目】尚讓追黄巢至瑕丘，敗之。巢衆殆盡，巢甥林言斬巢兄弟妻子首，將詣時溥；（時溥爲感化軍節度使，時在徐州。）沙陀軍奪之，并斬言以獻。

綱　秋七月，時溥獻黃巢首。遣使獻之也。

綱　李克用表乞討朱全忠，詔諭解之。

目　李克用還晉陽，大治甲兵，奉表自陳爲朱全忠所圖，將佐三百餘人，并牌印皆沒不返，乞遣使按問，發兵討之。朝廷方務姑息，（姑息，苟安也。）得表，大恐，但優詔和解之。克用終鬱鬱不平。時藩鎮相攻者，朝廷不復爲之辨曲直。由是互相吞噬，惟力是視，皆無所稟受矣！

綱　八月，進李克用爵爲隴西郡王。（隴西郡即秦州，治上邽縣，在今甘肅天水市西南烏湖北岸。）

綱　冬十一月，田令孜殺內常侍曹知愨。

目　初，宦者曹知愨有膽略。黃巢陷長安，知愨集壯士據嵯峨山。（在今陝西三原縣西。）數遣人變服夜入長安攻賊營，賊驚疑不自安。朝廷聞而嘉之，就除內常侍。田令孜惡之，矯詔使邠寧節度使王行瑜襲殺之。（邠寧節度使自寧州徙治邠州，即今陝西邠縣。）令孜由是益驕橫，禁制天子，不得有所主斷，上時語左右而流涕。

綱　乙巳，光啓元年，（八八五）春正月，詔招撫秦宗權。

目　黃巢雖平，宗權復熾，寇掠焚爇，其殘暴又甚於巢。上將還長安，畏宗權爲患，詔招撫之。

綱　車駕發成都。

王緒陷汀漳

綱　王緒陷汀、漳二州。（汀州治長汀縣，即今福建長汀縣。漳州治漳浦縣，即今福建龍溪縣。）

目　秦宗權責租賦於光州刺史，王緒不能給。宗權怒，發兵擊之。緒懼，悉舉光、壽二州兵五千人渡江，轉掠江、洪、虔州，（江州治潯陽縣，即今江西九江市。洪州治豫章縣，在今江西進賢縣西北。虔州治贛縣，即今江西贛州市。）是月，陷汀、漳，然皆不能守也。

綱　三月，車駕至京師。

秦宗權僭號

綱　秦宗權僭號，詔以時溥爲行營都統，討之。

田令孜自兼兩池榷鹽使

綱　夏四月，田令孜自兼兩池榷鹽使。

目　先是，安邑、解縣兩池皆隸鹽鐵，（安邑，即今山西運城縣東北安邑鎮。解縣，在今山西運城縣西南。）中和以來，（中和，僖宗年號。）河中節度使王重榮專之。令孜奏復舊制，自兼兩池使，收其利以贍軍。重榮論訴不已，令孜乃徙重榮爲泰寧節度使，（泰寧節度使治兗州城，兗州見上。）以王處存代之，仍詔李克用以河東兵援處存赴鎮。重榮自以有復京城功，爲令孜所擯，不肯之兗州，累表數令孜十罪；令孜結邠寧節度使朱玫、鳳翔節度使李昌符以抗之。玫音梅。

王潮扶母從軍

綱　秋八月，王緒前鋒將擒緒，奉王潮爲將軍。

目　王緒至漳州，以道險糧少，令軍中「無得以老弱自隨，犯者斬！」惟王潮兄弟扶其母以從，緒責之曰：「軍皆有法，未有無法之軍。汝違吾令而不誅，是無法也。」潮等曰：「人皆有母，未有無母之人；將軍奈何使人棄其母乎！」緒怒，命斬其母。潮等曰：「潮等事母如乖將軍，既殺其母，安用其子！請先母死。」將士皆爲之請，乃捨之。有望氣者謂緒曰：「軍中有王者氣。」於是緒見將卒有勇略及氣質魁岸者皆殺之，衆皆自危。行至南安，（即今福建南安縣東晉江北岸。）潮說其前鋒將，伏壯士篁竹中，擒緒，反縛以徇。徇，行示也。遂奉潮爲將軍，引兵圍泉州。

綱 冬十月，田令孜遣朱玫、李昌符攻河中，李克用救之。十二月，進逼京城，上奔鳳翔。

目 十月，王重榮求救於李克用，克用方怨朝廷不罪朱全忠，聚結諸胡，議攻汴州，報曰：「待吾先滅全忠，還掃鼠輩如秋葉耳！」重榮曰：「待公自關東還，吾爲虜矣！不若先除君側之惡，退擒全忠易矣。」時朱玫、李昌符亦陰附於全忠，克用乃上言：「玫、昌符與全忠相表裏，欲共滅臣，臣不得不自救，已集蕃、漢兵十五萬，決以來年濟河，北討二鎭。不近京城，保無驚擾。還滅全忠，以雪讎恥。」上遣使者諭釋，冠蓋相望。

令孜遣玫、昌符將本軍及神策等軍合三萬人屯沙苑，（在今陝西大荔縣南。）以討王重榮。重榮發兵拒之，告急於克用，克用引兵赴之。十一月，與重榮俱壁沙苑，表請誅令孜及玫、昌符；詔和解之，克用不聽。十二月，合戰，玫、昌符大敗，克用進逼京城，令孜奉天子幸鳳翔。

綱 丙午，二年，（八八六）春正月，田令孜劫上如寶雞。（即今陝西寶雞市。）

僖宗奔鳳翔

掃鼠輩如秋葉

田令孜劫上如寶雞

目　李克用還軍河中，與王重榮同表請上還宮，因罪狀田令孜，請誅之。令孜引兵入宮，劫上幸寶雞。時令孜弄權，再致播遷，天下共忿疾之；朱玫、李昌符亦恥爲之用，且憚蒲、晉之彊，蒲謂河中王重榮，晉謂晉陽李克用。更與之合。

綱　朱玫、李昌符追逼車駕，上復走入大散關。（即散關，在今陝西寶雞市西南。）

目　玫攻散關，不克。襄王熅，（襄即襄州，今湖北襄樊市。）肅宗之玄孫也，爲玫所得，與之俱還鳳翔。克用還太原，重榮與玫、昌符表請誅田令孜。

綱　二月，至興元。

綱　三月，以孔緯、杜讓能同平章事。

綱　夏四月，朱玫奉襄王熅權監軍國事，還京師。以鄭昌圖同平章事。

綱　秋七月，朱玫遣王行瑜寇興州，（治順治縣，即今陝西略陽縣。）詔神策都將李茂貞拒之。

綱　八月，王潮陷泉州。福建觀察使陳巖表潮爲泉州刺史，王緒自殺。

綱　冬十月，朱玫立襄王熅稱帝，改元。

綱　十一月，董昌取越州。董昌令錢鏐取越州。昌徙鎭越州，以鏐知杭州事。（越州治會稽縣，即今浙江紹興市。）

綱　十二月，王行瑜還長安，斬朱玫。熅奔河中，王重榮殺之，傳首行在。傳，驛遞。

目　中尉楊復恭傳檄關中曰：「得朱玫首者，以靜難節度使賞之。」王行瑜戰數敗，與其

孔緯杜讓能相

王行瑜斬朱玫

張全義治河南

下謀曰：「今無功，歸亦死；曷若與汝曹斬玫首，定京城，迎大駕，取邠寧節鉞乎？」（邠寧卽靜難軍。）遂引兵歸長安，擒玫斬之。裴澈、鄭昌圖奉襄王奔河中；重榮執熅，殺之，傳首行在。

綱　田令孜自爲西川監軍。令孜自知不爲天下所容故也。

綱　丁未，三年，（八八七）春正月，以王行瑜爲靜難軍節度使，李茂貞領武定節度使，（武定節度使治洋州城，在今陝西西鄉縣南。）楊守亮爲山南西道節度使。

綱　以董昌爲浙東觀察使，（浙東觀察使置在越州，見上。）錢鏐爲杭州刺史。

綱　二月，流田令孜於端州。（治高要縣，卽今廣東肇慶市。）

目　令孜依陳敬瑄，竟不行。

綱　代北節度使李國昌卒。

綱　三月，車駕至鳳翔。

綱　夏六月，以李罕之爲河陽節度使，（河陽節度使治懷州城，卽今河南沁陽縣。）張全義爲河南尹。李克用表用之也。

目　初，東都荐經寇亂，（東都卽洛陽。）荐，屢也。居民不滿百戶。全義選麾下十八人材器可任者，人給一旗一榜，謂之屯將，使詣十八縣故墟落中，植旗張榜，招懷流散，勸之樹藝，蠲其租稅，惟殺人者死，餘但笞杖而已，由是民歸之者如市。又選壯者，教之戰陳，以禦寇盜。數年之後，都城坊曲，漸復舊制，諸縣戶口，率皆歸復，桑麻蔚然，野無曠土。全義明

張濬相

昭宗有恢復前烈之志

蔡將執秦宗權

察，人不能欺，而爲政寬簡。出，見田疇美者，輒下馬與僚佐共觀之，召田主，勞以酒食；有蠶、麥善收者，或親至其家，悉呼出老幼，賜以茶綵衣物。民間言：「張公不喜聲伎，見之未嘗笑；獨見佳麥、良繭則笑耳。」有田荒穢者，則集衆杖之；或訴以乏人牛，乃召其鄰里，責使助之。由是鄰里有無相助，比戶豐實，凶年不饑，遂成富庶焉。

【綱】秋九月，以張濬同平章事。

【綱】戊申，文德元年，（八八八）春正月，以朱全忠爲蔡州四面行營都統。討秦宗權也。

【綱】二月，以楊行密爲淮南留後。

【綱】帝至長安。

【綱】三月朔，日食既。

【綱】立壽王傑爲皇太弟。帝崩，太弟卽位。

【目】上疾大漸，大漸，病甚也。觀軍容使楊復恭請立皇弟壽王傑；是日，下詔，立傑爲皇太弟。中尉劉季述遣兵迎傑。上崩，遺制太弟卽位，更名敏，以韋昭度攝冢宰。

昭宗體貌明粹，有英氣，喜文學。以僖宗威令不振，朝廷日卑，有恢復前烈之志，尊禮大臣，夢想賢豪，踐祚之始，中外忻忻焉。

【綱】冬十月，葬靖陵。（在今陝西乾縣東北。）

【綱】十二月，蔡將申叢執秦宗權以降。

劉崇望相

李克用攻雲州

討李克用

張濬自比謝安裴度

昭宗皇帝

初名敏，更名曄，懿宗第七子。僖宗崩，宦者楊復恭立之，在位十六年，爲朱全忠所弑，壽三十八歲。

天祿已去，民心已離，雖欲救之，其安能乎！

綱 己酉，昭宗皇帝龍紀元年，（八八九）春正月，以劉崇望同平章事。

綱 二月，秦宗權伏誅。

綱 三月，進朱全忠爵東平郡王。（東平郡即鄆州，今山東東平縣。）

綱 夏六月，以楊行密爲宣歙觀察使。（宣歙觀察使置在宣州城，即今安徽宣城縣。）

綱 冬十一月，上更名曄。曄音葉。

綱 庚戌，大順元年，（八九〇）春二月，李克用攻雲州。（治雲中縣，即今山西大同市。）

目 克用將兵攻雲州，克其東城。防禦使赫連鐸求救於盧龍，李匡威將兵三萬赴之。克用引還。

綱 夏四月，詔削奪李克用官爵屬籍，以張濬爲招討制置使，會諸道兵討之。

目 赫連鐸、李匡威請討克用。朱全忠亦上言：「克用終爲國患，臣請與河北三鎮共除之。（河北三鎮謂盧龍、成德、魏博。）乞朝廷命大臣爲統帥。」

初，張濬因楊復恭以進，復恭中廢，更附田令孜而薄復恭。復恭再用事，深恨之。上知濬與復恭有隙，特親倚之；濬亦以功名爲己任，每自比謝安、裴度。克用薄其爲人，聞其作相，私謂詔使曰：「張公好虛談而無實用，傾覆之士也。主上采其名而用之，他日交亂天下，

張濬欲倚外勢以擠楊復恭

李克用殺孫揆

必是人也。」濬聞而銜之。銜音鹹，恨也。

及全忠請討克用，上命三省、御史臺四品以上議之，以爲不可者十六七。濬欲倚外勢以擠復恭，乃曰：「先帝再幸山南，（即山南東道。）沙陀所爲也。臣常慮其與河朔相表裏，河朔即河北。致朝廷不能制。今兩河藩鎮共請討之，此千載一時也。但乞陛下付臣兵柄，旬月可平。」孔緯曰：「濬言是也。」上曰：「克用有興復大功，今乘其危而攻之，天下其謂我何？」緯曰：「陛下所言，一時之體也；張濬所言，萬世之利也。」上以二相言協，僶俛從之，僶同黽，俛同勉。曰：「茲事付卿二人，無貽朕羞！」乃以濬爲河東行營都招討制置使，孫揆副之。

綱　昭義軍亂，（昭義軍即澤潞節度使，時治潞州城，即今山西長治市。）殺留後李克恭。克恭，克用弟。朱全忠取潞州，李克用遣兵圍之。詔以孫揆領昭義節度使。

綱　六月，以朱全忠爲宣武、宣義節度使。（宣義即義成，見上。）

綱　秋八月，李克用執招討副使孫揆以歸，殺之。

目　張濬恐昭義遂爲汴人所據，汴指朱全忠。使孫揆將兵二千趣潞州。八月，發晉州，（治臨汾縣，即今山西臨汾縣。）李存孝聞之，以三百騎伏於長子西谷中，（長子，今山西長治市，潞州治。）擒揆及中使韓歸範獻於克用。克用欲以揆爲河東副使，揆曰：「吾天子大臣，兵敗而死，分也，豈能復事鎮使邪！」克用怒，命鋸之，不能入。揆罵曰：「死狗奴！鋸人當用板夾，汝豈知邪！」乃以板夾而鋸之，至死，罵不絕聲。

崔昭緯徐彥若相

王建爲西川節度使
鄭延昌相

綱　九月，朱全忠遣兵圍澤州，（治晉城縣，在今山西晉城縣東。）李克用養子存孝與戰，破之，復取潞州。

綱　李匡威攻蔚州，李克用養子嗣源擊走之。嗣源，胡人，名邈佶烈，爲李克用養子，更名嗣源，後爲後唐明宗。

綱　冬十月，李克用遣兵拒官軍於趙城。（在今山西洪洞縣趙城鎮西南。）官軍潰，張濬、韓建遁還。韓建爲鎮國節度使。

綱　辛亥，二年，（八九一）春正月，孔緯、張濬罷，以崔昭緯、徐彥若同平章事。貶孔緯、張濬遠州刺史。復李克用官爵。

綱　二月，加李克用中書令，貶張濬繡州司戶。（繡州治常林縣，在今廣西桂平縣西南。）

目　張濬奔華州依韓建，與孔緯密求援於朱全忠。全忠表訟其冤，朝廷不得已，並聽自便。

綱　夏四月，彗星見，赦天下。

目　彗星出三台，入太微，太微，天帝南宮。長十丈餘。

綱　冬十月，以王建爲西川節度使。王建，田令孜養子。

綱　壬子，景福元年，（八九二）春三月，以鄭延昌同平章事。

綱　夏六月，楊行密擊孫儒，孫儒，秦宗權將，文德元年四月襲揚州，陷之，楊行密奔廬州。斬之，遂歸揚州。

綱　秋八月，以楊行密爲淮南節度使。（楊行密節度淮南）

目　淮南被兵六年，士民轉徙幾盡，行密能以勤儉足用，非公宴，未嘗擧樂。招撫流散，輕傜薄斂，未及數年，公私富庶，幾復承平之舊。

綱　癸丑，二年，（八九三）春正月，以柳玭爲瀘州刺史。（瀘州治瀘川縣，即今四川瀘州市。）

目　柳氏自公綽以來，世以孝悌禮法爲士大夫所宗。玭爲御史大夫，上欲以爲相，宦官惡之，故出之於外。玭嘗戒其子弟曰：「凡門地高，可畏不可恃也。立身行己，一事有失，則得罪重於他人，死無以見先人於地下，此其所以可畏也。門高則驕心易生，族盛則爲人所嫉；懿行實材，人未之信，小有疵纇，（疵音慈，玉病。纇音類，絲節。）衆皆指之；此其所以不可恃也。故膏粱子弟，學宜加勤，行宜加勵，僅得比他人耳！」（柳玭戒子弟）

綱　夏五月，王潮取福州。（王潮取福州）

大順二年，福建觀察使陳巖病，召泉州刺史王潮欲授以軍政，未至而卒，都將范暉自爲留後，發兵拒潮。至是潮攻福州，暉棄城走。潮入福州，自稱留後。

綱　秋七月，楊行密克廬州。（治合肥縣，在今安徽合肥市北。）

目　先是廬州刺史蔡儔發楊行密父祖墓，遣使求救於朱全忠。全忠惡其反覆，牒報行密；（牒，移文也。）行密遣李神福將兵討儔。至是，克而斬之。左右請發儔父母冢，行密曰：「此儔之罪也，吾何爲效之！」

錢鏐節度鎭海
韋昭度等相
李茂貞盡有十五州
賜王行瑜鐵券
歇後鄭五作宰相
李谿徐彥若相
誅楊復恭

綱 九月，以錢鏐爲鎭海節度使。（鎭海節度使治杭州城，即今浙江杭州市。）

綱 以韋昭度、崔胤同平章事。

綱 冬十月，以李茂貞爲鳳翔兼山南西道節度使。

目 於是茂貞盡有鳳翔、興元、洋、隴、秦十五州之地。（鳳翔即岐州，興元即梁州，洋即洋州，均見上。隴，隴州，治汧源縣，即今陝西隴縣。秦州見上。）

綱 以王潮爲福建觀察使。

綱 十一月，以王行瑜爲太師，號「尙父」，賜鐵券。

綱 甲寅，乾寧元年，（八九四）春二月，以鄭綮同平章事。綮音起。

目 綮好詼諧，多爲歇後詩，譏嘲時事；上以爲有所蘊，手注班簿，命以爲相，聞者大驚。堂吏往告之，綮笑曰：「諸君大誤，使天下更無人，未至鄭綮！」吏曰：「特出聖意。」綮曰：「果如是，奈人笑何！」既而賀客至，綮搔首言曰：搔音騷。「歇後鄭五作宰相，時事可知矣！」累讓不獲，乃視事。

綱 夏五月，鄭延昌罷，六月，以李谿同平章事，尋罷之。秋七月，鄭綮致仕，以徐彥若同平章事。

綱 八月，楊復恭等伏誅。大順二年九月，上恨復恭專橫，出爲鳳翔監軍；復恭懟，不肯行，稱疾致仕。十月，復恭謀逆，走興元，與楊守亮舉兵拒命。景福元年二月，遣李茂貞討之。八月，取興元，復恭、守亮奔閬州。是年七月，茂貞克閬州。八月，復恭帥其黨出走，韓建獲之，獻於闕下，斬於獨柳。

目　李茂貞獻復恭與楊守亮書，訴致仕之由，云：「承天門乃隋家舊業，大姪但積粟訓兵，勿貢獻。吾於荊榛中立壽王，纔得尊位，廢定策國老，有如此負心門生天子！」

綱　以劉隱爲封州刺史。（封州治封川縣，即今廣東封川縣。）

綱　乙卯，二年，（八九五）春正月，以陸希聲同平章事。二月，復以李谿同平章事，三月罷。

綱　以劉仁恭爲盧龍節度使。

綱　崔胤罷，以王摶同平章事。

綱　楊行密取濠州。（治鍾離縣，在今安徽鳳陽縣東北。）

目　行密攻濠州，拔之。掠得徐州李氏子，生八年矣，養以爲子，其長子渥憎之。行密謂其將徐溫曰：「此兒質狀性識，頗異於人，吾度渥必不能容，今賜汝爲子。」溫名之曰知誥。徐知誥後號南唐，復姓李，更名昪。知誥勤孝過諸子，溫愛之，及長，喜書善射，識度英偉。行密謂溫曰：「知誥俊傑，諸將子皆不及也。」

綱　夏四月，陸希聲罷。

綱　以劉建鋒爲武安節度使。（武安節度使治潭州城，即今湖南長沙市。）

目　建鋒以馬殷爲內外馬步軍都指揮使。

門生天子
劉隱爲封州刺史
陸希聲李谿相
王摶相
徐知誥
馬殷

三鎭犯闕 崔胤相 李存勖 孫偓相 進李克用爵晉王

綱 五月，王行瑜、李茂貞、韓建舉兵犯闕，殺韋昭度、李谿。

目 初，王行瑜求爲尚書令，不得，韋昭度密奏以爲不可。怨朝廷。王珂、王珙爭河中，行瑜及韓建、李茂貞皆爲珙請，不能得，珂、珙皆重榮子。珂，李克用之婿，克用表請賜珂節鉞。珙厚結行瑜、茂貞，韓建更上表請以珙爲河中。上允克用之奏，以珂爲護國留後。護國軍卽河中。恥之。行瑜、茂貞、建各將精騎兵數千人入朝，奏稱：「南北司互有朋黨，南司宰相，北司宦署。隳紊朝政，韋昭度討西川失策，初，西川節度使陳敬瑄拒命，韋昭度與王建討之，三年不能克，昭度竟爲建所逐。李谿作相不合衆心，請誅之。」上未之許，行瑜等輒殺之。請除王珙河中，上許之。三帥皆還本鎭。尋李克用舉兵討三鎭，茂貞、韓建上表請罪，上諭克用專力討行瑜。

綱 秋七月，以崔胤同平章事。

綱 制削奪王行瑜官爵，以李克用爲招討使，討之。

目 詔李克用討王行瑜。克用遣其子存勖詣行在，時上避亂在石門鎭。年十一，上奇其狀貌，撫之曰：「兒方爲國之棟梁，他日宜盡忠於吾家。」

綱 崔昭緯罷，冬十月，以孫偓同平章事。

綱 十一月，李克用克邠州，邠州卽靜難節度所在。王行瑜伏誅。

綱 十二月，進李克用爵晉王。

綱 李克用還晉陽。

河漲　朱朴相　崔胤崔遠相　王審知知威武軍事　陸扆相

綱 丙辰，三年，(八九六)夏四月，河漲。

綱 武安軍亂，殺劉建鋒，推馬殷爲留後。

綱 秋七月，崔胤罷，八月，以朱朴同平章事。

綱 九月，以王潮爲威武軍節度使。(威武軍節度使卽福州節度使。)

綱 以崔胤、崔遠同平章事。

綱 冬十月，以錢鏐爲鎭海、鎭東節度使。(鎭東卽浙江東道節度使，治越州。)

綱 以劉隱爲清海行軍司馬。(清海軍治廣州城，今廣東廣州市。)

綱 丁巳，四年，(八九七)春正月，立德王裕爲皇太子。(德卽德州，今山東德州市。)冬十月，立淑妃何氏爲皇后。

綱 十二月，威武節度使王潮卒。

目 王潮以弟審知爲觀察副使，有過，猶加捶撻，審知無怨色。潮寢疾，捨其子而命審知知軍府事。

綱 戊午，光化元年，(八九八)春三月，以朱全忠爲宣武、宣義、天平節度使。(天平節度使卽鄆曹濮節度使，治鄆州城。)

綱 以馬殷知武安留後。秋九月，以王審知爲威武節度使。

綱 己未，二年，(八九九)春正月，崔胤罷，以陸扆同平章事。

崔胤相殺王摶

裴贄相

劉季述幽昭宗

綱 秋九月，以李茂貞爲鳳翔、彰義節度使。（彰義治蔡州城，即今河南汝南縣。）

綱 庚申，三年，（九〇〇）夏六月，以崔胤同平章事，殺司空、同平章事王摶。

目 王摶明達有度量，時稱良相。上素疾樞密使宋道弼、景務脩專横，崔胤日與上謀去之。由是南北司益相憎疾，各結藩鎭以相傾。摶恐其致亂，從容言於上曰：「宦官擅權之弊，其勢未可猝除，宜俟多難漸平，以道消息。」胤聞之，譖摶「爲道弼輩外應」，上疑之。及胤罷相，意摶排己，恨之。遺朱全忠書，使表論之。上不得已，召胤復相之。貶摶崖州司戶，（崖州治舍城縣，在今廣東瓊山縣東南。）流道弼驩州，（治九德縣，在今越南民主共和國北境。）務脩愛州，（治九眞縣，在今越南民主共和國北境。）皆賜自盡。於是胤專制朝政，勢震中外，宦官皆側目。

綱 秋九月，以徐彥若爲清海節度使。

綱 崔遠罷，以裴贄同平章事。

綱 冬十一月，中尉劉季述幽上於少陽院而立太子裕。

目 自宋道弼、景務脩死，宦官皆懼。中尉劉季述、王仲先、樞密王彥範、薛齊偓等陰相與謀立太子。至是，上獵苑中，夜醉歸，手殺黃門、侍女數人。明旦，日加辰巳，宮門不開。季述帥禁兵千人，破門而入，具得其狀。出謂崔胤曰：「主上所爲如此，豈可理天下！廢昏立明，自古有之，爲社稷大計，非不順也。」胤不敢違。季述召百官，陳兵殿庭，作胤等狀，請太子監國，胤及百官皆署之。將士大呼入思政殿，上驚起，季述等出狀白之，曰：「此非臣等所爲，皆南司衆情，不可遏也。」卽扶上與何后同輦，嬪御纔十餘人，適少陽院。季述以銀檛畫地數上罪數十，乃手鎖其門，鎔鐵固之，穴牆以通飲食。季述迎太子入宮，矯詔立之。

李振說朱全忠

崔胤密致書朱全忠，使興兵圖返正。季述遣其養子希度詣全忠，許以唐社稷輸之。全忠猶豫未決，副使李振獨曰：「王室有難，霸者之資也。公爲唐桓、文，安危所屬。（謂如春秋齊桓、晉文。）宦豎囚廢天子，不能討，何以復令諸侯！且幼主位定，則天下之權盡歸宦官矣。」全忠大悟，卽囚希度，遣親吏蔣玄暉如京師，與崔胤謀之。

昭宗復位

綱　辛酉，天復元年，（九〇一）春正月朔，神策指揮使孫德昭等討劉季述等，皆伏誅。上復于位，黜太子裕爲德王。

孫德昭誅劉季述

目　神策指揮使孫德昭自季述等廢立，常憤惋不平。崔胤聞之，遣判官石戩說之曰：「今反者獨季述、仲先爾，公誠能誅此二人，迎上皇復位，則富貴窮一時，忠義流千古；苟狐疑不決，則功落他人之手矣！」德昭曰：「相公有命，不敢愛死。」遂結右軍都將董彥弼、周承誨，謀以除夜伏兵安福門外以俟之。正旦，仲先入朝，德昭擒斬之。崔胤迎上御長樂門樓，帥百官稱賀。周承誨擒劉季述、王彥範繼至，方詰責，已爲亂梃所斃。薛齊偓赴井死，出而斬之。上曰：「裕幼弱，非其罪。」黜爲德王。

三使相

賜德昭姓名李繼昭，承誨姓名李繼誨，彥弼亦賜姓，皆以使相留宿衛，唐節度使兼平章事者曰使相。時人謂之「三使相」。上寵待胤益厚。朱全忠由是亦益重李振。

進朱全忠李茂貞爲王

王溥裴樞相朱全忠兼領四鎮

韓偓論除宦官

【綱】進朱全忠爵爲東平王,(東平即鄆州,見上。)李茂貞爲岐王。(岐即岐州,見上。)

【綱】以韓全誨、張彥弘爲中尉,袁易簡、周敬容爲樞密使。

【目】崔胤、陸扆上言:「禍亂之興,皆由中官典兵。乞令胤主左軍,扆主右軍,則諸侯不敢侵陵,王室尊矣!」上召李繼昭等謀之,皆曰:「臣等累世在軍中,未聞書生爲軍主;若屬南司,必多所變更,不若歸之北司爲便。」於是復以宦者爲中尉。胤以宦官終爲肘腋之患,欲以外兵制之,會李茂貞入朝,胤諷茂貞留兵宿衞,以假子繼筠將之。諫議大夫韓偓以爲不可,胤不從。

【綱】二月,以王溥、裴樞同平章事。

【綱】夏五月,以朱全忠爲宣武、宣義、天平、護國節度使。(護國節度使即河中節度使。)

【綱】李茂貞入朝。

【目】茂貞至京師,韓全誨深與相結,崔胤始懼,益厚朱全忠而與茂貞爲仇敵矣。

【綱】六月,解崔胤鹽鐵使。

【目】時上悉以軍國事委崔胤,宦官側目,胤欲盡除之。上獨召翰林學士韓偓問之,對曰:「今不若擇其尤無良者數人,明示其罪,寘之於法;然後撫諭其餘,有善則獎,有罪則懲,則咸自安矣。此曹任公私者以萬數,豈可盡誅邪!夫帝王之道,當以重厚鎮之,公正御之,至於瑣細機巧,此機生則彼機應矣,終不能成大功。況今朝廷之權,散在四方;苟能先

崔胤召朱全忠

朱全忠舉兵

韓全誨劫帝如鳳翔

朱全忠至鳳翔而還

收此權，則事無不可爲者矣。」上深以爲然，曰：「此事終以屬卿。」胤復請盡誅宦官，宦官得胤密謀，日夜謀所以去胤者。時胤領三司，韓全誨等教禁軍對上諠譟，訴胤減損冬衣；上不得已，解胤鹽鐵使。時朱全忠、李茂貞各有挾天子令諸侯之意，胤知謀泄，事急，遺全忠書，稱被密詔，令全忠以兵迎車駕。

綱 冬十月，朱全忠舉兵發大梁。（即汴州，宣武節度使治。）

綱 十一月，韓全誨等劫帝如鳳翔，朱全忠取華州。（華州時爲鎮國節度使治，韓建爲節度使。）

目 韓全誨等聞全忠將至，令李繼誨、李彥弼等勒兵劫上，請幸鳳翔。全忠至河中，表請車駕幸東都，（洛陽。）京師大駭。全誨等陳兵殿前，言於上曰：「全忠欲劫天子幸洛陽，求傳禪；臣等請奉陛下幸鳳翔，收兵拒之。」上不許，拔劍登乞巧樓。全誨等逼上下樓，上不得已，與后、妃、諸王百餘人皆上馬，慟哭而出。

李茂貞出迎，上下馬慰接之。還入鳳翔。

全忠議引兵還，張濬說之曰：「韓建，茂貞之黨，不取之，必爲後患。」乃引兵逼其城，建單騎迎謁，全忠以建爲忠武節度使，以兵送之。

綱 朱全忠引兵至鳳翔城東而還。

目 朱全忠至長安，宰相帥百官班迎。至鳳翔，軍於城東。李茂貞登城謂曰：「天子避災，非臣下無禮；讒人誤公至此。」全忠報曰：「韓全誨劫遷天子，今來問罪，迎扈還宮。扈音戶。迎扈，迎駕扈從。岐王若不預謀，（李茂貞封岐王。）何煩陳諭！」上屢詔全忠還鎮，全忠乃拜表奉辭，移兵趣邠州。節度使李繼徽請降，復姓名楊崇本。李茂貞以詔命徵兵河東，李克用遣李嗣昭將五千騎趣晉州，與汴兵戰於平陽北，（平陽縣，在今山西臨汾縣南。）破之。

綱 以盧光啓參知機務，崔胤、裴樞罷。

綱 十二月，清海節度使徐彥若卒。

目 彥若遺表薦劉隱權留後。

韋貽範相

李襲吉富強之對

綱鑑易知錄卷六十

唐紀

昭宗皇帝

綱　壬戌，二年，(九〇二)春正月，以韋貽範同平章事。

綱　三月，汴兵圍晉陽。(汴指朱全忠。晉陽，即今山西太原市。)

目　朱全忠還河中，(治蒲州城，在今山西芮城縣西北。)遣氏叔琮、朱友寧攻河東，(氏音支。朱友寧，全忠子。)(河東時治晉陽。)圍晉陽。李克用召諸將議走保雲州，(即雲中，今山西大同市。)李嗣昭、周德威及李嗣源皆曰：「兒輩在此，必能固守，王勿爲此謀，搖人心。」克用乃止。會大疫，汴兵引還。

克用以貯糧、繕兵、脩城利害問於幕府，掌書記李襲吉曰：「國富不在倉儲，兵強不由衆寡，霸國無貧主，強將無弱兵。願大王崇德愛人，去奢省役，設險固境，訓兵務農。如此，則國不求富而自富，不求安而自安矣。」

克用以封疆日蹙，憂形於色，存勖進言曰：「朱氏窮凶極暴，人怨神怒，今其極也，殆將斃矣！吾家代襲忠貞，大人當遵養時晦，(見卷三十二晉成帝咸和五年「豈非遵養時晦」注。)以待其衰，

楊行密爵吳王
崔胤板歌侑酒
進錢鏐爵越王
蘇檢相
復韋貽範相
韓偓不肯草制

奈何輕爲沮喪，使羣下失望乎！」克用悅。劉夫人無子。克用寵姬曹氏生存勖，幼警敏，有勇略，劉夫人待曹氏加厚。

綱 以楊行密爲行營都統，賜爵吳王。（楊行密時爲淮南節度使，淮南故屬吳。）

綱 夏四月，盧光啓罷。

綱 五月，朱全忠至東渭橋。（在今陝西西安市東北。）

目 崔胤詣河中，泣訴於朱全忠，請以時迎奉。全忠與之宴，胤親執板歌以侑酒。侑音宥，勸也。全忠乃將兵五萬發河中。

綱 韋貽範罷。

綱 進錢鏐爵爲越王。（錢鏐爲鎮東節度使，治越州，即今浙江紹興市，進爵越王。）

綱 以蘇檢同平章事。

綱 朱全忠圍鳳翔。（鳳翔節度使治岐州城，在今陝西鳳翔縣南。）

目 全忠朝服向城而泣曰：「臣但欲迎車駕還宮耳，不與岐王角勝也。」（岐王即李茂貞。）

綱 秋八月，起復韋貽範同平章事。

目 貽範之爲相也，多受人賂，許以官；既而以喪罷去，日爲債家所譟，故汲汲於起復，日遣人詣兩中尉、樞密及李茂貞求之。上命韓偓草制，偓曰：「吾腕可斷，此制不可草！」即上疏論之，上命罷草。明日，班定，無白麻可宣；唐制，封王、拜相，用白麻紙寫制。宦官諠言韓侍郎不肯草麻。茂貞入見曰：「陛下命相而學士不肯草麻，與反何異！」上曰：「學士所陳，事理明白，若之何不從！」茂貞不悅而出，語人曰：「我實不知書生禮數，爲貽範所誤。」貽範乃止。至是，竟起復貽範，使姚洎草制。洎音忌。貽範不讓，即表謝，明日視事。

綱　冬十月，韋貽範卒。

綱　癸亥，三年，（九〇三）春正月，李茂貞殺韓全誨等，帝幸朱全忠營。遂發鳳翔，復以崔胤爲司空、同平章事。

崔胤復相

目　李茂貞獨見上，請誅全誨等，與全忠和解，奉車駕還京。上喜，即收全誨等斬之。又斬李繼筠、繼誨、彥弼等十六人，而以第五可範、仇承坦爲中尉，王知古、楊虔朗爲樞密使。時鳳翔所誅宦官已七十二人，全忠又密令京兆捕誅九十人。車駕幸全忠營，全忠素服待罪，頓首流涕。上亦泣，親解玉帶以賜之。少休，即行。全忠命朱友倫將兵扈從。駕至興平，（即今陝西興平縣。）崔胤帥百官迎謁，復以爲相，領三司如故。

李茂貞誅宦官

綱　車駕至長安，大誅宦官，以崔胤判六軍十二衞事。（六軍十二衞皆宿衞兵，見卷四十八玄宗開元十三年「分隸十二衞六番」注。）

大誅宦官

目　車駕入長安，崔胤奏：「以宦官典兵預政，傾危國家；不翦其根，禍終不已。請悉罷內諸司使，其事務盡歸之省、寺，（三公所居曰省，九卿所居曰寺。）諸道監軍俱召還闕下。」上從之。全忠遂以兵驅第五可範已下數百人，盡殺之，冤號之聲，徹於內外。其出使外者，詔所在誅之，止留黃衣幼弱者三十人以備灑掃。以崔胤兼判六軍十二衞事。司馬光曰：「宦者用權，爲國家患，其來久矣。蓋以出入宮禁，人主自幼及長，與之親狎，非如公卿進見有時，可嚴憚也。其閒復有性識儇利，語言辯給，善伺候顏色，承迎志趣，受命則無違忤之患，使令則有稱愜之效。自非上智之主，燭知物情，慮患深遠，侍奉之外，不任以事，則近者日親，遠者日疏，甘言悲辭之請，有時而從，浸潤膚受之愬，有時而聽。於是黜陟刑賞之政，潛移於近習而不自知，如飲醇酒，嗜其味而忘其醉也。東漢之衰，宦官最名驕橫，然皆假人主之權，依憑城社，以濁亂天下，未有能劫脅天子，如制嬰兒，廢置在其手，東西出其意，如唐世者也。所以然者非他，漢不握兵，唐握兵故也。蓋其禍始於明皇，盛於肅、代，成於德宗，極於昭宗，而唐之廟社因以丘墟矣。」

朱全忠進爵梁王

綱 二月，賜朱全忠號「回天再造竭忠守正功臣」。以輝王祚爲諸道兵馬元帥，（輝即輝州，即今河南輝縣。唐元帥必以諸王領之。）朱全忠守太尉以副之，進爵梁王，（梁即大梁，朱全忠在汴州，故以爲梁王。大梁即今河南開封市。）崔胤爲司徒兼侍中。

貶韓偓

綱 貶韓偓爲濮州司馬。（濮州治鄄城縣，在今山東鄄城縣東。）

目 上嘗謂偓曰：「崔胤雖忠，然頗用機數。」對曰：「凡爲天下者，萬國皆屬之耳目，安可以機數欺之！莫若推誠直致，雖日計之不足而歲計之有餘也。」上欲用偓爲相，偓薦趙崇、王贊自代。胤惡其分己權，使朱全忠白上曰：「趙崇輕薄，王贊不才，韓偓何得妄薦！」上不得已貶偓。上與泣別，偓曰：「是人非復向來之比，臣得貶死爲幸，不忍見篡弒之辱！」

綱 梁王全忠辭歸鎮。歸宣武鎮也。

裴樞相

綱　以裴樞同平章事。朱全忠薦之也。

王建進爵蜀王

綱　秋八月，進王建爵爲蜀王。（王建爲西川節度使，治益州城，今四川成都市。）

趙匡凝取荊南

綱　冬十月，山南東道節度使趙匡凝取荊南，（山南東道節度使治襄州城，即今湖北襄樊市。荊南節度使治荊州城，即今湖北江陵縣。）表其弟匡明爲留後。

目　時天子微弱，諸道多不上供，惟匡凝兄弟委輸不絶。委輸，輸送委積也。

綱　李茂貞、李繼徽舉兵逼京畿。

目　朱全忠之克邠州也，（邠州，邠寧節度使治，即今陝西邠縣。）執節度使楊崇本妻於河中而私焉。（楊崇本即李繼徽本名。）崇本怒，使謂李茂貞曰：「唐室將滅，父忍坐視之乎！」遂相與連兵侵逼京畿，復姓名李繼徽。全忠恐其復有劫遷之謀，乃發兵屯河中。

獨孤損相

綱　十一月，以獨孤損同平章事，裴贄罷。

殺崔胤崔遠柳璨相

綱　甲子，天祐元年，（九〇四）春正月，梁王全忠殺崔胤，以崔遠、柳璨同平章事。

目　初，崔胤假朱全忠兵力以誅宦官，全忠既破李茂貞，威震天下，遂有篡奪之志。胤懼，與全忠外雖親厚，私心漸異。至是，全忠欲遷天子都洛，洛陽。恐胤立異，密表胤等專權亂國，請并其黨鄭元規等誅之。詔皆貶之，而以裴樞、獨孤損分判六軍、三司。全忠密令朱友諒殺胤及元規等數人。

朱全忠迫脅遷都

綱　梁王全忠屯河中，表請遷都。上發長安，二月，至陝。（陝今河南陝縣。）

目 朱全忠引兵屯河中，遣牙將奉表稱：「邠、岐兵逼畿甸，邠即李繼徽，岐即李茂貞。請上遷都洛陽。」時上御延喜樓。及下，裴樞已促百官東行。驅徙士民，號哭滿路，罵曰：「賊臣崔胤，召朱溫來傾覆社稷，使我曹流離至此！」上遂發長安，全忠以張廷範爲御營使，毁長安宮室百司及民閒廬舍，長安遂墟。上至華州，（治鄭縣，在今陝西華縣西北。）民夾道呼萬歲，上泣曰：「勿呼萬歲，朕不復爲汝主矣！」館於興德宮，謂侍臣曰：「鄙語云：『紇干山頭凍殺雀，何不飛去生處樂？』紇干山即紇眞山。紇眞，胡語，猶漢言千里，其山冬夏積雪，故云。（紇眞山，在今山西大同市東。）朕今漂泊，不知竟落何所！」因泣下霑襟，左右莫能仰視。二月，至陝，全忠來朝，上延入寢室，見何后。后泣曰：「自今大家夫婦，（大家，見卷五十一肅宗寶應元年「大家但居禁中」注。）委身全忠矣！」

綱 三月，梁王全忠赴洛陽。

綱 遣閒使以密詔告難于四方。

目 上復遣閒使以絹詔告急於王建、楊行密、李克用等，令糾率藩鎮以圖匡復，曰：「朕至洛陽則爲全忠所幽閉，詔敕皆出其手，朕意不得復通矣！」

綱 夏四月，上至洛陽。

綱 更封錢鏐爲吳王。鏐求封吳越王，朝廷不許，乃更封吳王。（吳即吳郡，今江蘇蘇州市。）

綱 五月，梁王全忠還鎮。

更封錢鏐爲吳王

李茂貞等討朱全忠　朱全忠弑立

朱全忠驚哭投地

昭宣不改元

朱全忠殺諸王

綱 六月，李茂貞、王建、李繼徽合兵討朱全忠，全忠拒之河中。

綱 秋八月，全忠弑帝於椒殿，太子柷即位。

目 帝自離長安，日憂不測，與何后終日沉飲，或相對悲泣。時李茂貞等移檄往來，皆以興復爲辭。全忠方西討，以帝有英氣，恐變生於中，欲立幼君，易謀禪代。乃遣判官李振至洛陽，與蔣玄暉及朱友恭、氏叔琮等圖之。玄暉遣牙官史太等百人夜叩宮門，殺宮人裴貞一。帝在椒殿，方醉，遽起，單衣繞柱走，太追弑之。立輝王祚爲皇太子，更名柷。於柩前即位，時年十三。全忠聞之，陽驚哭，（陽同佯。）自投於地曰：「奴輩負我，令我受惡名於萬代！」至東都，伏梓宮慟哭，天子棺以梓木爲之，故名梓宮。殺友恭、叔琮。友恭臨刑大呼曰：「賣我以塞天下之謗，如鬼神何！」全忠遂辭赴鎮。

綱 冬十二月，以劉隱爲清海節度使。（即嶺南節度使，治廣州城，即今廣東廣州市。）

昭宣帝 名柷，昭宗第九子，朱全忠弑昭宗而立之，在位三年，全忠廢爲濟陰王，復弑之，壽十七，謚曰哀帝。

綱 乙丑，昭宣帝天祐二年。（九〇五）昭宣於是踰年，而不改先君之舊號，其畏全忠甚矣。

綱 春二月，朱全忠殺德王裕等九人。

目 全忠使蔣玄暉邀德王裕九人，置酒九曲池，悉縊殺之，投尸池中。皆昭宗之子也。

綱 葬和陵。（在今河南偃師縣懊來山。）

綱 三月，以王師範爲河陽節度使。（河陽節度使治懷州城，即今河南沁陽縣。）

張文蔚楊涉相

殺裴樞等

清流使爲濁流

徵司空圖

楊渥爲淮南節度使

綱　獨孤損、裴樞、崔遠並罷，以張文蔚、楊涉同平章事。

目　涉爲人和厚恭謹，聞當爲相，泣謂其子凝式曰：「此吾家之不幸也，以爲汝累。」

綱　夏四月，彗星出西北，長竟天。

綱　六月，殺裴樞、獨孤損、崔遠、陸扆、王溥等三十餘人。

目　柳璨恃朱全忠之勢，恣爲威福。會有星變，占者曰：「君臣俱災，宜誅殺以應之。」璨因疏其素所不快者於全忠曰：「此曹皆怨望腹非，（曹，輩也。）宜以之塞災異。」李振因言於全忠曰：「王欲圖大事，此曹皆朝廷之難制者也，不若盡去之。」全忠以爲然。貶獨孤損、裴樞、崔遠、陸扆、王溥、趙崇、王贊等官有差。自餘或門胄高華，或科第自進，以名檢自處者，皆指以爲浮薄，貶之。六月朔，聚樞等三十餘人於白馬驛，一夕盡殺之，投尸於河。初，李振屢舉進士不中第，故深疾縉紳之士，言於全忠曰：「此輩常自謂清流，宜投之黄河，使爲濁流！」全忠笑而從之。振自汴至洛，朝臣必有竄逐者，時謂之「鴟梟」。

綱　秋八月，徵前禮部員外司空圖詣闕，尋放還山。

目　初，圖棄官，居虞鄉王官谷，（虞鄉縣，即今山西運城縣西南虞鄉鎮。王官谷在虞鄉東南中條山。）昭宗屢徵之，不起。柳璨以詔書徵之，圖懼，入見，陽爲衰野，墜笏失儀。璨復下詔曰：「養高釣名，匪夷匪惠，（言非伯夷又非柳下惠。）難居公正之朝。可放還山。」

綱　冬十一月，吳王楊行密卒，子渥代爲淮南節度使。

朱全忠殺柳璨等

綱　以梁王全忠爲相國，封魏王，加九錫；全忠不受。

綱　十二月，朱全忠弒太后何氏，殺蔣玄暉、柳璨、張廷範。

目　初，柳璨與玄暉、廷範相結，爲全忠謀禪代事。何太后使宮人達意，求傳禪之後，子母生全。王殷、趙殷衡譖玄暉，云「與璨、廷範與太后夜宴，焚香爲誓，興復唐祚。」全忠信之，誅玄暉，令殷等弒太后於積善堂，斬柳璨於上東門，車裂廷範於都市。璨臨刑呼曰：「負國賊柳璨，死其宜矣！」

柳璨負國賊

右唐二十一帝，共二百八十九年。

五代　梁唐晉漢周

後梁紀

太祖皇帝

姓朱，名溫，更名晃，宋州碭山人。父誠，以五經教授鄉里。初溫從黃巢爲盜，降唐，賜名全忠，拜汴州刺史、宣武軍節度，進封梁王，竟移唐祚。在位六年，爲子友珪所弒，壽六十一歲。

綱　丁卯，四年，（九〇七）四月以後，梁太祖皇帝朱晃開平元年，西川稱唐天復七年。是歲唐亡，梁、晉、岐、淮南、西川，凡五國；吳越、湖南、荆南、福建、嶺南，凡五鎮。春正月，淮南牙將張顥、徐溫作亂。

目　楊渥驕侈日甚，居喪，酣飲作樂，燃十圍之燭以擊毬。或單騎出遊，從者不知所之。左右牙指揮使張顥、徐溫泣諫，渥怒。顥、溫潛謀作亂。一日帥牙兵二百，露刃直入庭中，渥曰：「爾果欲殺我邪？」對曰：「非敢然也，欲誅王左右亂政者爾！」因數渥所親信十餘人之罪，曳下，擊殺之，謂之「兵諫」。

兵諫

綱 三月，唐遣使奉册寶如梁。

目 帝下詔禪位於梁。遣宰相張文蔚、楊涉及薛貽矩、蘇循、張策、趙光逢等奉玉册、傳國寶，帥百官備法駕詣大梁。楊涉子直史館凝式言於涉曰：「大人爲唐宰相，而國家至此，不可謂之無過。況手持天子璽綬與人，雖保富貴，奈千載何！盍辭之！」涉大駭曰：「汝滅吾族！」神色爲之不寧者數日。

劉守光囚劉仁恭

綱 夏四月，盧龍節度使劉仁恭爲其子守光所囚。（盧龍節度使治幽州城，即今河北薊縣。）

目 仁恭驕侈貪暴，以大安山四面懸絶，（大安山，在今北京市周口店區。）築館其上，極壯麗。實以美女，與方士煉藥其中。有愛妾羅氏，其子守光通焉，仁恭杖守光而斥之。至是，梁遣李思安擊之，直抵城下。仁恭在大安，城幾不守。守光自外引兵入，登城拒守，却之。遂自稱節度使，令部將李小喜攻大安，虜仁恭以歸，囚於別室。守光弟守奇奔河東。

劉守光自爲盧龍節度使

梁王稱帝

綱 梁王全忠更名晃，晃音恍。稱皇帝。奉唐帝爲濟陰王。（濟陰即曹州，治濟陰縣，在今山東曹縣西北。）

目 張文蔚等至大梁。梁王更名晃，卽皇帝位。文蔚等升殿讀册寶已，降，帥百官舞蹈稱賀。梁王與之宴，舉酒勞之曰：「此皆諸公推戴之力也。」文蔚等皆慙，伏不能對，獨蘇循、薛貽矩盛稱功德，宜應天順人。

蘇循薛貽矩盛稱功德

朱全昱責梁王　後梁東西都　以馬殷爲楚王　二國移檄興復唐室

梁王復與宗戚飲博宮中，其兄全昱謂曰：「朱三，汝本碭山一民也，（碭山，即今安徽碭山縣。）從黃巢爲盜，天子用汝爲四鎮節度使，（昭宗天復元年，以朱全忠兼宣武、宣義、天平、護國四鎮。）富貴極矣，奈何一旦滅唐家三百年社稷，他日得無滅吾族乎！」梁主不懌而罷。

奉唐帝爲濟陰王，遷於曹州，使甲士守之。

綱　梁以汴州爲東都，開封府，洛陽爲西都，長安爲大安府、佑國軍。（梁都汴州，即大梁。大梁在洛陽東，故稱東都；洛陽在大梁西，故稱西都；而廢舊長安西京爲府，置佑國軍領之。）

綱　梁以馬殷爲楚王。（馬殷爲武安節度使，治潭州城，即今湖南長沙市，故封爲楚王。）

綱　梁以敬翔知崇政院事。梁主禪代之際，翔謀居多。

綱　淮南、西川移檄興復唐室。

目　時惟河東、鳳翔、淮南稱「天祐」，（河東晉王李克用，鳳翔岐王李茂貞，淮南吳王楊渥。天祐，唐昭宗年號。）西川稱「天復」年號，（西川蜀王建。天復亦昭宗年號。）餘皆稟梁正朔。蜀王建與楊渥移檄諸道，云「欲與岐王、晉王會兵興復唐室」，卒無應者。建乃謀稱帝，遺晉王書云：「請各帝一方。」晉王復書不許，曰：「誓於此生，靡敢失節。」

綱　岐王李茂貞開府。

目　茂貞治軍寬簡，無紀律。兵羸地蹙，不敢稱帝，但開岐王府，置百官，宮殿、號令皆擬帝者。

梁以錢鏐爲吴越王羅隱説錢鏐討梁

梁震終身稱前進士

綱 契丹遣使如梁。

目 是歲，契丹耶律阿保機，（姓耶律，名阿保機。）帥衆三十萬寇雲州，晉王與之連和，約爲兄弟，延之帳中，縱酒盡歡，約共擊梁。或勸晉王擒之，王曰：「讎敵未滅而失信夷狄，自亡之道也。」留之旬日，厚贈遣之。阿保機既歸而背盟，更附於梁，晉王由是恨之。

綱 梁以錢鏐爲吴越王。

目 鎮海節度判官羅隱説鏐舉兵討梁，謂：「縱無成功，猶可退保杭、越，（杭卽鎮海，今浙江杭州市，越卽鎮東，今浙江紹興市，兩鎮俱錢鏐所領。）自爲『東帝』。奈何交臂事賊，爲終古之羞乎！」鏐始以隱爲不遇於唐，必有怨心；及聞其言，雖不能用，心甚義之。

綱 梁以高季昌爲荆南節度使。

目 依政進士梁震，（依政縣，邛州治，在今四川邛崍縣東南。）唐末登第。歸蜀，過江陵，高季昌愛其才識，留之，欲奏爲判官。震耻之，欲去，恐及禍，乃曰：「震素不慕榮宦，明公不以爲愚，必欲使參謀議，但以白衣侍樽俎可也。」季昌許之。震終身止稱「前進士」，不受高氏辟署。季昌甚重之，以爲謀主，呼曰「先輩」。

綱 梁主封其兄全昱爲廣王。（廣卽廣州。）

目 全昱不樂在京師，常居碭山故里，三子皆封王。

綱 梁禮部尚書蘇循等致仕。

蘇循唐之鴟梟

蜀王建稱帝

李存勖立爲晉王

梁晉相攻

目　循及其子楷，自謂有功於梁，朝夕望爲相。梁主薄其爲人，敬翔、李振亦鄙之，言於梁主曰：「蘇循，唐之鴟梟，賣國求利，不可以立於維新之朝。」詔循等十五人並勒致仕，楷斥歸田里。

綱　秋七月，梁以劉守光爲盧龍節度使。

綱　九月，蜀王王建稱帝。

綱　戊辰，（九〇八）晉、岐、淮南稱唐天祐五年，梁開平二年，蜀高祖王建武成元年。是歲西川稱蜀，凡五國、五鎭。春正月，晉王李克用卒，子存勖立。

目　晉王病篤。命其弟克寧、監軍張承業、大將李存璋、吳珙、掌書記盧質立其子存勖爲嗣，曰：「此子志氣遠大，必能成吾事，爾曹善教導之。」又謂克寧等曰：「以亞子累汝！」亞子，存勖小名也。言終而卒。存勖襲位。尋克寧謀作亂，存勖殺之。

綱　二月，梁主晃弑濟陰王。追謚曰唐哀皇帝。

綱　夏五月，晉王攻梁夾寨，寨，壘也。去年六月，梁遣康懷貞攻晉潞州，李嗣昭閉城拒守，晉遣周德威救之。八月，德威敗梁兵，梁遣李思安代懷貞，至潞州城下，更築重城，內以防奔突，外以拒援兵，謂之「夾寨」。破之，潞州圍解。（潞州治上黨縣，即今山西長治市。）

目　李思安攻潞州，久不下。晉王與諸將謀曰：「上黨，河東之藩蔽，無上黨，是無河東也。且朱溫所憚者先王爾，聞吾新立，以爲童子未閑軍旅，必有驕怠之心。若簡精兵倍道

李存勖破梁夾寨

生子當如李亞子

楊隆演爲淮南節度

徐溫據金陵

徐知誥鎭金陵

趣之，（趣同趨。）出其不意，破之必矣。取威定霸，在此一舉，不可失也！」乃大閱士卒，以丁會爲都招討使，帥周德威等發晉陽。晉陽即河東治。五月朔，晉王伏兵三垂岡下，詰旦大霧，詰旦，明旦也。進兵直抵夾寨。梁軍無斥候，將士尚未起，晉王命周德威、李嗣源分兵爲二道，塡塹燒寨，塹，遶城水也。鼓譟而入。梁兵大潰，南走，失亡將士萬計，委棄資械山積。梁主聞夾寨不守，大驚，既而歎曰：「生子當如李亞子，克用爲不亡矣！至如吾兒，豚犬爾！」

綱 晉王歸晉陽。

目 晉王歸晉陽，休兵行賞。命州縣舉賢才，黜貪殘，寬租稅，撫孤窮，伸寃濫，禁姦盜，境內大治。

綱 淮南張顥、徐溫弑其節度使楊渥，奉王弟隆演稱留後。溫復攻顥，殺之。隆演以溫爲左右牙都指揮使，軍府事咸取決焉，以幕僚嚴可求爲揚州司馬。

綱 秋七月，淮南將吏推楊隆演爲節度使。

綱 己巳，（九〇九）晉、岐、淮南稱唐天祐六年，梁開平三年。是歲凡五國、五鎭。春正月，梁遷都洛陽。

綱 淮南徐溫自領昇州刺史。

目 徐溫以金陵形勝，（金陵即昇州，在今江蘇南京市。）戰艦所聚，艦，戰船。乃自以淮南行軍副使領昇州刺史，留廣陵，以其假子、元從指揮使知誥爲昇州防遏兼樓船副使，唐高祖以義兵起太原，已定天下，悉罷遺歸，其願留宿衛者三萬人，號元從禁軍。往治之。

以王審知爲閩王　以劉守光爲燕王　楊隆演嗣吳王　梁主惡獻瑞麥　劉守光稱帝　晉張承業請驕劉守光

【綱】夏四月，梁以王審知爲閩王。（王審知爲威武軍節度使，治福州城，即閩縣，故以爲閩王。）

【目】審知儉約，常躡麻履，府舍卑陋，未嘗營葺。寬刑薄賦，公私富實，境內以安。

【綱】秋七月，梁以劉守光爲燕王。（劉守光爲盧龍節度使，治幽州城，本燕國，故以爲燕王。）

【綱】庚午，（九一〇）晉、岐、吳稱唐天祐七年，梁開平四年。是歲淮南稱吳，凡五國、五鎮。春二月，岐王承制，加楊隆演嗣吳王。

【綱】夏四月，梁宋州獻瑞麥。（宋州治宋城縣，即宋州節度使治，在今河南商丘市南。）

【目】梁宋州節度使衡王友諒獻瑞麥，一莖三穗，（莖音恆，幹也。穗音遂，麥穎。）梁主曰：「豐年爲上瑞。今宋州大水，安用此爲！」詔除本縣令名，遣使詰責友諒，以惠王友能代之。

【綱】辛未，（九一一）晉、岐、吳稱唐天祐八年，梁乾化元年，蜀永平元年。是歲凡五國、五鎮。春正月，朔，日食。

【綱】三月，梁清海節度使劉隱卒，弟巖知留後。

【綱】秋八月，燕王劉守光稱帝。

【綱】冬十月，晉遣李承勳使于燕。

【目】晉王聞劉守光稱帝，大笑曰：「俟彼十年，吾當問其鼎矣。」（楚莊王問鼎於周，見卷四周定王元年紀。）張承業請遣使致賀以驕之，晉王遣太原少尹李承勳往，用鄰藩通使之禮。燕典客欲使稱臣庭見，承勳曰：「吾受命於唐朝，爲太原少尹，燕王豈得而臣之乎！」守光怒，囚之，

朱友珪弑晃自立

數日，竟不能屈。

綱　十一月，幽州參軍馮道奔晉。（幽州即盧龍，燕國。）

目　劉守光攻趙易、定，趙王鎔，成德節度王景崇之姪，梁初封爲趙王，後梁主疑鎔貳於晉，伐之。（易州治易縣，即今河北易縣。定州治安喜縣，即今河北定縣。）道以爲未可，繫獄。得免，亡奔晉，張承業薦之晉王，以爲掌書記。

綱　劉守光寇易、定，晉遣兵救之。

綱　壬申，（九一二）晉、岐、吳稱唐天祐九年，梁乾化二年。是歲凡五國、五鎭。春正月，晉師及鎭、定之兵伐幽州。二月，梁主救之，大敗，走還。

綱　夏五月，梁主至洛陽。

目　梁主至洛陽，疾甚，謂近臣曰：「我經營天下三十年，不謂太原餘孽更昌熾如此！太原餘孽謂李存勖。吾觀其志不小，天復奪我年，我死，諸兒非彼敵也，吾無葬地矣！」因哽咽，絕而復蘇。哽咽，悲塞也。

綱　六月，梁郢王友珪弑其主晃而自立。

目　梁主長子友裕早卒。次假子博王友文，梁主特愛之，常留守東都。（梁東都即大梁。）次郢王友珪，其母娼也，爲控鶴指揮使，無寵。次均王友貞，爲東都指揮使。初，張后嚴整多智，梁主敬憚之。后殂，梁主恣意聲色，諸子雖在外，常徵其婦入侍，友文婦王氏色美，尤

老賊萬段

敬翔爲梁相

寵之，欲以友文爲太子。友珪心不平。

梁主疾甚，命王氏召友文，欲付以後事。友珪婦張氏知之，密告友珪。珪與統軍韓勍合謀，以牙兵雜控鶴士中，夜斬關入，至寢殿，梁主驚起曰：「我固疑此賊，恨不早殺之。汝悖逆如此，天地豈容汝乎！」友珪曰：「老賊，萬段！」段秀實罵朱泚曰：「狂賊，吾恨不斬汝萬段！」友珪僕夫馮廷諤刺梁主腹，刃出於背。以敗氈裹之，瘞於寢殿。瘞音意，埋也。遣供奉官丁昭溥馳詣東都，命友貞殺友文。矯詔稱：「友文謀逆，賴友珪忠孝，將兵誅之，宜令友珪權主軍國之務。」韓勍爲友珪謀，多出金帛賜諸軍及百官以取悅。乃發喪即位。

【綱】秋七月，梁以楊師厚爲天雄節度使。師厚既得魏博，又兼都招討使，宿衞兵多在麾下，諸鎭兵皆得調發。（天雄軍節度使即魏博節度使，治魏州，在今河北大名縣東。）

【綱】梁遣兵擊河中，節度使朱友謙降晉。

【綱】梁以敬翔同平章事。

【綱】冬十月，晉王救河中，梁兵敗走。

梁主瑱 太祖第三子，誅友珪，即帝位。及唐兵入都，遂自殺而國亡。在位十年，壽二十六歲。瑱音鎭。

【綱】癸酉，（九一三）晉、岐、吳稱唐天祐十年，梁主瑱乾化三年。是歲凡五國、五鎭。春二月，梁均王友貞起兵討賊。友珪伏誅，友貞立于大梁，更名瑱。友謙復歸梁。

【目】友珪遽爲荒淫，內外憤怒。駙馬都尉趙巖，太祖之壻也；龍虎統軍袁象先，太祖之甥也。嚴奉使至大梁，即東都。均王友貞密與之謀誅友珪，嚴曰：「此事成敗，在楊令公。謂楊師厚。得其一言諭禁軍，吾事立辦。」均王乃遣腹心說師厚曰：「郢王篡弑，人望屬在大梁，公若因而成之，此不世之功也。」師厚乃遣其將王舜賢至洛陽，陰與袁象先謀。嚴歸洛陽，亦與象先定計。象先等帥禁兵數千人突入宮中。友珪令馮廷諤先殺妻，次殺己，廷諤亦自剄。均王即位於大梁，更名瑱。加楊師厚兼中書令，賜爵鄴王。（鄴，在今河北磁縣西。）遣使招撫朱友謙，友謙復稱藩。

綱 夏四月，晉師逼幽州。拔平、營州。（平州治盧龍縣，在今河北昌黎縣西北。營州治未詳，當在今河北昌黎縣境。）

綱 六月，梁賜高季昌爵渤海王。（渤海即唐棣州，在今山東惠民縣南。）

綱 冬十一月，晉王入幽州，執劉仁恭及守光以歸。

綱 甲戌，（九一四）晉、岐、吳稱唐天祐十一年，梁乾化四年。是歲凡五國、五鎮。春正月，劉仁恭、劉守光伏誅。

目 晉王以練紤劉仁恭父子，紤，以繩維持之也。凱歌入於晉陽，凱同愷。凱歌，軍勝之樂。獻於太廟，自臨斬劉守光。械仁恭至代州，（在今山西原平縣東北，李克用墓所在。）刺其心血以祭先王墓，然後斬之。昭宗景福二年，時劉仁恭爲幽州將，攻主帥李匡籌，不克，奔河東，李克用厚待之。乾寧元年，克用克幽州，二年克用表請仁恭爲盧龍節度使。三年李茂貞犯闕，帝如華州，克用徵兵於仁恭以入援，仁恭辭以契丹入寇，不出兵。

克用移書責之，仁恭抵書慢罵，囚其使者。克用大怒，自將擊之，河東兵大敗。仁恭驕侈貪暴，天祐四年爲其子守光所囚。

綱　高季昌攻蜀夔州，（治人復縣，在今四川奉節縣東北。）不克。

蜀毛文錫諫灌江陵

綱　秋八月，蜀以毛文錫判樞密院。

目　峽上有堰，壅水爲堰。（峽謂三峽，在今四川奉節、湖北宜昌間。）或勸蜀主乘夏秋江漲，決之以灌江陵。文錫諫曰：「季昌不服，其民何罪！陛下方以德懷天下，忍以鄰國之民爲魚鼈食乎！」蜀主乃止。

綱　乙亥，（九一五）晉、岐、吳稱唐天祐十二年，梁貞明元年。是歲凡五國、五鎮。春正月，梁分天雄爲兩鎮。夏四月，魏人降晉。六月，晉王入魏。梁以魏博強盛，於相州置昭德軍，分魏州將士府庫之半於相州。恐魏人不服，遣劉鄩將兵六萬濟河以脅之。四月，魏人求援於晉。五月，晉王引大軍東下，劉鄩趨魏縣，晉王引親軍與鄩夾河爲營。六月，晉王入城。

劉鄩一步百計

綱　秋七月，梁劉鄩引兵襲晉陽，不至，還守莘城。（即莘縣城，在今山東冠縣東南。）

目　劉鄩以晉兵盡在魏州，晉陽必虛，欲襲取之，乃潛引兵自黃澤西去。晉人怪鄩軍數日不出，遣騎覘之，覘，窺視也。時見旗幟循堞往來，堞音疊，城上女垣也。晉王曰：「吾聞劉鄩用兵，一步百計，此必詐也。」更使覘之，乃縛芻爲人，執旗乘驢在城上爾。晉王曰：「鄩長於襲人，短於決戰，計彼行纔及山下。」亟發騎兵追之。晉將李嗣恩倍道先入晉陽，城中知之，勒

周侍中已據臨清

高行周不忍負代恩

兵爲備。鄩糧盡，又聞晉有備，追兵在後，衆懼，將潰，鄩諭止之。

周德威聞鄩西上，自幽州引千騎救晉陽。鄩知臨清有蓄積，（臨清，即今山東臨清市。）欲據之以絶晉糧道。德威急追至南宫，（在今河北南宫縣西北。）擒其斥候者，斷腕而縱之，使言曰：「周侍中已據臨清矣！」詰朝，（詰朝即詰旦，明旦也。）略鄩營而過，入臨清。鄩引軍趨貝州，（治清河縣，在今河北南宫縣東南。）軍堂邑，（在今山東聊城市西北。）德威攻之，不克。翌日，軍於莘縣，塹而守之。晉王營莘西三十里，一日數戰。

晉王愛元行欽驍健，（初，劉守光將元行欽、高行珪及弟行周，俱降於李嗣源。）從李嗣源求之，賜姓名曰李紹榮。王復欲求高行周，重於發言，密使人以官祿啗之，（啗音淡，餌之也。）行周辭曰：「代州養壯士，（代州謂李嗣源。）亦爲大王爾，行周事代州，亦猶事大王也。代州脱行周兄弟於死，行周不忍負之。」乃止。

綱　八月，梁劉鄩攻鎭、定營，（鎭，鎭州，成德軍治，即今河北正定縣。）晉擊敗之。劉鄩奔還。

綱　冬十月，梁康王友敬作亂，伏誅。

目　梁德妃張氏卒，將葬，友敬使腹心數人匿於寢殿；梁主覺之，召宿衛兵索殿中，得而手刃之。捕友敬，誅之。由是疎忌宗室，專任趙巖及妃兄弟漢鼎、漢傑、從兄弟漢倫、漢融。巖等依勢弄權，賣官鬻獄，離閒舊將相，敬翔、李振雖爲執政，所言多不用。振每稱疾不預事，政事日紊，以至於亡。

李愚不拜衡王　張承業治家嚴　契丹稱帝

綱　丙子，（九一六）晉、岐、吳稱唐天祐十三年，梁貞明二年，蜀通正元年。是歲凡五國、五鎭。春正月，梁以李愚爲左拾遺。

目　梁主聞李愚學行，召爲左拾遺，充崇政院直學士。衡王友諒貴重，李振等見皆拜之，愚獨長揖，梁主讓之曰：讓，責也。「衡王，朕兄也，朕猶拜之，卿長揖可乎？」對曰：「陛下以家人禮見衡王，拜之宜也。振等陛下家臣；臣於王無素，不敢妄有所屈。」久之，竟以抗直罷。

綱　秋九月，晉王還晉陽。

目　王性孝，雖經營河北，而數還晉陽省曹夫人，歲再三焉。

綱　冬十二月，晉以張瓘爲麟州刺史。（麟州治新泰縣，在今陝西神木縣西北。）

目　張承業治家甚嚴，有姪爲盜，殺販牛者，承業斬之。晉王以其姪瓘爲麟州刺史，承業謂曰：「汝本爲賊，慣爲不法，今若不悛，悛音詮，改也。死無日矣！」由此瓘所至，不敢貪暴。

綱　契丹稱帝改元。

目　契丹主阿保機自稱皇帝，國人謂之天皇王。以妻述律氏爲皇后，置百官，改元神册。晉王方經營河北，欲結契丹爲援，常以叔父事阿保機，以叔母事述律后。劉守光末年衰困，遣參軍韓延徽求援於契丹，阿保機怒其不拜，留之，使牧馬於野。延徽有智略，頗知屬文。述律后曰：「延徽能守節不屈，此今之賢者，奈何辱以牧圉？圉音語。養牛曰牧，養馬曰圉。

宜禮而用之。」阿保機召與語，悅之，遂以爲謀主。延徽始教契丹建牙開府，築城郭，立市里，以處漢人，使各有配偶，墾藝荒田。由是漢人安業，逃亡者少。契丹威服諸國，延徽有功焉。頃之，逃奔晉陽。晉王欲置之幕府，掌書記王緘疾之。延徽不自安，求歸省母，遂復入契丹，阿保機待之益厚。至是，以爲相。延徽寄書於晉王曰：「非不戀英主，非不思故鄉，所以不留，正懼王緘之讒爾。」因以老母爲託，且曰：「延徽在此，契丹必不南牧。」故終同光之世，同光，後唐莊宗年號。契丹不深入爲寇，延徽之力也。

韓延徽爲契丹謀主

綱　晉王如魏州。

綱　丁丑，(九一七)晉、岐、吳稱唐天祐十四年，梁貞明三年，蜀天漢元年，漢乾亨元年。是歲嶺南稱漢，凡六國、四鎮。春二月，晉新州裨將盧文進殺其防禦使李存矩，裨將，偏將也。李存矩，晉王之弟。(新州治永興縣，在今河北懷來縣西。)亡奔契丹。

契丹陷新州

綱　三月，契丹陷新州，晉師攻之，不克。

綱　契丹圍幽州，夏四月，晉王遣李嗣源將兵救之。

契丹圍幽州

目　契丹乘勝進圍幽州，盧文進教之攻城。周德威遣使告急，晉王與梁相持河上，欲分兵則兵少，欲勿救恐失之，謀於諸將，獨李嗣源、李存審、閻寶勸王救之。王喜曰：「昔太宗得一李靖猶擒頡利，(事見卷四十三貞觀四年。)今吾有猛將三人，復何憂哉！」存審、寶以爲虜無輜重，勢不能久，不若俟其還而擊之。李嗣源曰：「德威，社稷之臣，今朝夕不保，恐變生

李嗣源援救幽州

劉巖稱越帝

張承業治晉陽

張承業稱唐官終身

於中，何暇待虜之衰！臣請身爲前鋒以赴之。」王曰：「公言是也。」即日，命治兵。四月，命嗣源將兵先進，寶以鎮、定之兵繼之。

綱　五月，吳徐溫徙治昇州。時溫鎮潤州。徙徐知誥爲潤州團練使。

綱　秋八月，劉巖稱越帝于廣州。即清海軍治。

綱　晉師擊契丹，敗之，幽州圍解。

綱　冬十月，晉王還晉陽。

目　王連歲出征，凡軍府政事一委監軍使張承業，承業勸課農桑，畜積金穀，收市兵馬，征租行法不寬貴戚，由是軍民肅清，饋餉不乏。王或時須錢蒱博及給賜伶人，而承業靳之。王乃置酒庫中，令其子繼岌爲承業舞，岌音及。指錢欲賜之，承業曰：「此錢，大王所以養戰士也，承業不敢以爲私禮。」王不悅，語侵之，承業怒曰：「僕老敕使爾！非爲子孫計，惜此庫錢，所以佐王成霸業也；不然，王自取用之，何問僕爲！不過財盡人散，一無所成爾。」王怒，顧李紹榮索劍。承業起挽王衣，泣曰：「僕受先王顧託之命，誓爲國家誅汴賊，汴賊，謂梁朱全忠。若以惜庫物死於王手，僕下見先王無愧矣。」曹太夫人聞之，遽令召王，王惶恐叩頭謝，請承業痛飲以分其過，分，解釋也。承業不肯。王入宮，太夫人使人謝承業曰：「小兒忤特進，承業官特進。已笞之矣。」明日，與王俱至承業第謝之。未幾，承制授承業開府儀同三司、左衛上將軍、燕國公。承業固辭不受，但稱唐官終身。

蜀王宗衍立

徐知誥以宋齊丘爲謀主

盧質嗜酒輕傲，王銜之。銜音鹹，恨也。承業恐其及禍，乘閒言曰：閒音閑，乘閒，乘空閒處。「盧質數無禮，請爲大王殺之。」王曰：「吾方招納賢士以就功業，七哥何言之過也！」（七哥稱承業。）承業起賀曰：「王能如此，何憂不得天下！」質由是獲免。

綱 十一月，晉王如魏州。

綱 戊寅，（九一八）晉、岐、吳稱唐天祐十五年，梁貞明四年，蜀光天元年。是歲凡六國、四鎮。春正月，晉師掠梁濮、鄆而還。

目 梁敬翔上疏曰：「國家連年喪師，疆土日蹙。陛下所與計事者皆左右近習，豈能量敵國之勝負乎！宜詢訪黎老，別求異策；不然，憂未艾也。」疏奏，趙、張之徒言翔怨望，趙、張，趙巖及張漢鼎兄弟。梁主遂不用。

綱 夏六月，蜀主建殂，太子宗衍立。

綱 秋七月，吳以徐知誥爲淮南行軍副使，輔政。

目 吳徐溫入朝於廣陵，即淮南治。以知誥爲行軍副使，知諫權潤州團練事。（潤州治丹陽縣，即今江蘇鎮江市。）溫還金陵，庶政皆決於知誥。知誥事吳王盡恭，接士大夫以謙，御衆以寬，約身以儉。蠲逋稅，求賢才，納規諫，除姦猾，杜請託。於是士民歸心，宿將悅服。以宋齊丘爲謀主。

先是吳有丁口錢，又計畝輸錢，錢重物輕，民甚苦之。齊丘請蠲丁口錢，餘稅悉輸穀帛，知誥從之。由是江、淮閒曠土盡闢，桑柘滿野，國以富強。知誥欲進用齊丘，而徐溫惡之。知誥夜引齊丘於水亭屏語，屏音丙。屏退左右而語。常至夜分，或居高堂，悉去屏障，屏音平。獨置大爐，以鐵筯畫灰爲字，筯同箸，音住。隨以匙滅去之，匙音時。故其所謀，人莫得而知也。

晉大舉伐梁

綱　八月，晉王大舉伐梁。

目　晉王謀大舉伐梁，周德威將幽州步騎三萬，李存審、李嗣源及王處直遣將各將步騎萬人，及諸部落奚、契丹、室韋、吐谷渾皆以兵會之。幷河東、魏博之兵，大閱於魏州，軍於麻家渡。（在濮州界，今山東鄄城縣境。）梁賀瓌、謝彥章屯濮州北，瓌音規。相持不戰。晉王好自引輕騎迫敵營挑戰，危窘者數四，賴李紹榮力戰，得免。趙王鎔及王處直皆遣使致書曰：「元元之命繫於王，元，善也。民類皆善，謂之元元。本朝中興繫於王，奈何自輕如此！」王笑謂使者曰：「定天下者，非百戰何由得之，安可深居帷房以自肥乎！」一日將出，李存審扣馬泣諫曰：「大王當爲天下自重。先登陷陣，存審之職也。」王爲之攬轡而還。他日，伺存審不在，策馬急出，以數百騎抵梁營，謝彥章伏精甲五千，圍王數十重，王力戰，僅得出，始以存審之言爲忠。

越改號漢

綱　冬十一月，越改國號漢。

周德威戰敗死

綱　十二月，晉王與梁戰于胡柳陂，（即黃柳陂，在今山東壽張縣西南。）周德威敗死。晉王收

晉王破梁軍

兵復戰，大破梁軍。

綱 己卯，（九一九）晉、岐稱唐天祐十六年，梁貞明五年，蜀乾德元年，吳宣王楊隆演武義元年。是歲凡六國、四鎮。春三月，晉以郭崇韜爲中門副使。

目 孟知祥薦教練使鴈門郭崇韜能治劇，劇音極。（鴈門，在今山西原平縣東北。）王以爲中門副使。崇韜倜儻有智略，倜音惕。臨事敢決，王寵待日隆。知祥稱疾辭位，崇韜專典機密。

吳王建國改元

綱 夏四月，吳王隆演建國改元。

綱 秋七月，吳越攻吳常州，（治晉陵縣，即今江蘇常州市。）吳人與戰，破之。

徐溫厚遇叛將

錢鏐悲何逢馬

警枕粉盤

目 吳越王鏐遣錢傳瓘將兵三萬攻吳常州，徐溫帥諸將拒之，戰於無錫。（即今江蘇無錫市。）吳越兵敗，殺其將何逢，傳瓘遁去。

溫募生獲叛將陳紹者賞錢百萬，獲之。紹勇而多謀，溫復使之典兵。初，吳將曹筠亦奔吳越，溫厚遇其妻子，遣閒使告之曰：「使汝不得志而去，吾之過也。」及是役，筠復奔吳。溫自數昔日不用筠言者三，而不問其罪，歸其田宅，復其軍職。筠內愧而卒。

吳越王鏐見何逢馬，悲不自勝，故將士心附之。鏐自少在軍中，夜未嘗寐，倦極則就圓木小枕，或枕大鈴，寐熟輒攲而寤，攲音溪。名曰「警枕」。置粉盤於臥內，有所記則書盤中，比老不倦。

綱 晉王以馮道掌書記。

吳吳越連和

綱　八月，吳與吳越連和。自是吳國休兵息民，三十餘州民樂業者二十餘年。

吳盧樞請團結民兵

綱　冬十二月，吳團結民兵。

目　吳禁民私畜兵器，盜賊益繁。御史臺主簿盧樞言：「今四方分爭，宜教民戰，且善人畏法禁而姦民弄干戈，是欲偃武而反招盜也。宜團結民兵，使之習戰，自衞鄉里。」從之。

吳王溥立

綱　庚辰，（九二〇）晉、岐稱唐天祐十七年，梁貞明六年。是歲梁、晉、岐、蜀、漢、吳凡六國，吳越、湖南、荆南、福建凡四鎭。夏五月，吳宣王隆演卒，弟溥立。

目　王疾，溫自金陵入朝，議當爲嗣者。或曰：「蜀先主謂武侯：『嗣子不才，君宜自取。』」（事見卷二十七漢後主建興元年。）溫正色曰：「吾果有意取之，當在誅張顥之初，豈至今日邪！使楊氏無男，有女亦當立之。敢妄言者斬！」乃以王命迎丹陽公溥監國。王殂，溥卽位。

綱　辛巳，（九二一）晉、岐稱唐天祐十八年，梁龍德元年，吳睿皇楊溥順義元年。是歲凡六國、四鎭。春正月，晉得傳國寶。

目　蜀主、吳王屢以書勸晉王稱帝，晉王以示僚佐曰：「昔王太師亦嘗遺先王書，王太師謂蜀王建。勸以自帝一方。先王語余云：『昔天子幸石門，昭宗乾寧二年，王行瑜、李茂貞、韓建犯闕，李克用舉兵討三鎭。王行約、李繼鵬作亂，上如石門鎭。（在今陝西西安市舊長安城西門外。）吾發兵誅賊臣，奉詔專力討王行瑜，誅之。當是之時，威振天下，吾若挾天子據關中，自作九錫禪文，誰能禁我！顧吾

魏州僧獻傳國寶

張承業詣魏州亟諫

蘇循拜殿

晝日筆

家世忠孝，立功帝室，誓死不爲耳。他日當務以復唐社稷爲心，愼勿效此曹所爲！』言猶在耳，此議非所敢聞也。」因泣。既而將佐及藩鎭勸進不已，勸勉進上帝號也。乃令有司市玉造法物。

黃巢之破長安也，魏州僧得傳國寶，至是，以爲常玉，將鬻之。或識之，曰：「傳國寶也。」乃詣行臺獻之，將佐皆奉觴稱賀。張承業聞之，亟詣魏州諫曰：「吾王世世忠於唐室，（言李執宜、李國昌、李克用皆輸力唐室。）救其患難，所以老奴三十餘年爲王捃拾財賦，捃亦拾也。召補兵馬，誓滅逆賊，復本朝宗社耳。今河北甫定，朱氏尚存，而王遽卽大位，殊非從來征伐之意，天下其誰不解體乎！王何不先滅朱氏，復列聖之深讎，然後求唐後而立之；南取吳，西取蜀，汛掃宇內，合爲一家，當是之時，雖使高祖、太宗復生，誰敢居王上者？讓之愈久則得之愈堅矣。老奴之志無他，但以受先王大恩，欲爲王立萬年之基耳。」王曰：「此非余所願，奈羣下意何。」承業知不可止，慟哭曰：「諸侯血戰，本爲唐家，今王自取之，誤老奴矣！」卽歸晉陽，邑邑成疾，邑邑同悒悒。不復起。

綱 秋七月，晉以蘇循爲節度副使。

目 晉王既許藩鎭之請，求唐舊臣。朱友謙遣蘇循詣行臺，去年四月，梁朱友謙復以河中降晉。梁開平元年，蘇循等並勸致仕；循與子楷之河中依朱友謙。循至魏州，望府卽拜，謂之「拜殿」。見王呼萬歲舞蹈，泣而稱臣。翌日，又獻大筆三十枚，謂之「晝日筆」。王大喜，卽命循爲河東節度副使。張承業深惡之。

綱　壬午，（九二二）晉、岐稱唐天祐十九年，梁龍德二年。是歲凡六國、四鎮。冬十一月，唐特進、河東監軍使張承業卒。

目　曹太夫人詣其第，爲之行服，如子姪之禮。晉王聞之，亦不食者累日。

右後梁二主，共十七年。

張承業卒

綱鑑易知錄卷六一

後唐紀

莊宗皇帝

姓李，名存勖，小字亞子。其先出於西突厥，自號沙陀，而以朱邪爲姓。祖赤心，討龐勛功拜振武節度，賜姓李，名國昌。父克用，破黃巢，復京師，功拜河東節度，封晉王。存勖嗣立，滅梁稱帝，國號唐。在位三年，爲郭從謙所弒，壽三十五歲。

綱 癸未，（九二三）岐稱唐天祐二十年，梁龍德三年，盡十月。四月以後唐莊宗李存勖同光元年。是歲梁亡，晉稱唐，凡五國、四鎭。夏四月，晉王存勖稱皇帝于魏州，（治貴鄉縣，在今河北大名縣東。）國號唐。

晉稱唐帝

綱 唐以豆盧革、盧程同平章事，郭崇韜、張居翰爲樞密使。豆盧，複姓。

綱 閏月，唐遣李嗣源襲梁鄆州，（治須昌縣，即今山東東平縣。）取之。以嗣源爲節度使。

綱 秋七月，唐盧程罷。

綱 八月，梁以段凝爲招討使，遣王彥章、張漢傑攻鄆州。

綱 梁將康延孝奔唐。

梁康延孝奔唐

目 唐主引兵屯朝城。（在今山東范縣東北。）康延孝來奔，唐主解錦袍玉帶賜之，以爲招討指揮使。問以梁事，對曰：「梁朝地不爲狹，兵不爲少；然主既暗懦，趙、張擅權。趙、張謂趙

康延孝爲唐謀滅梁

李從珂

巖、張鼎漢兄弟。段凝智勇俱無，近又聞欲數道出兵，令董璋趣太原，(即晉陽，在今山西太原市西南。)霍彥威寇鎮、定，(鎮，鎮州，治眞定縣，即今河北正定縣。定，定州，治安喜縣，即今河北定縣。)王彥章攻鄆州，段凝當陛下，決以十月大舉。臣竊觀梁兵，聚則不少，分則不多。願陛下養勇蓄力以待其分，帥精騎五千自鄆州直抵大梁，(即汴州，梁東都，在今河南開封市北。)擒其僞主，旬月之閒，天下定矣。」唐主大悅。

綱　冬十月，唐主救鄆州。梁師敗績，王彥章死之。唐主入大梁，梁主瑱自殺。唐遂滅梁。

目　唐主聞梁人欲大舉，數道入寇，深以爲憂。召郭崇韜問之，對曰：「梁今悉以精兵授段凝，決河自固，恃此不復爲備。凝非將材，不足畏。降者皆言大梁無兵，陛下若留兵守魏，固保楊劉，(鎮名，在今山東東平縣北。)自以精兵與鄆州合勢，長驅入汴，(汴州，即大梁。)僞主授首，則諸將自降矣。」唐主曰：「此正合朕志。丈夫得則爲王，失則爲虜，吾行決矣！」

王彥章將攻鄆州，李嗣源遣從珂逆戰，(珂音軻。從珂，嗣源假子，本王氏子，母魏氏爲嗣源妾，故養以爲子。逆，迎也。)敗其前鋒，彥章退保中都。(今山東汶上縣。)捷奏至，唐主喜曰：「鄆州告捷，足壯吾氣。」濟河至鄆州，中夜進軍，以李嗣源爲前鋒，遇梁兵，一戰敗之，追至中都，圍之。梁兵潰，追擊，破之。彥章走，將軍李紹奇追之，彥章重傷，馬躓，(躓音至，顛仆也。)遂擒之，并擒張漢傑等二百餘人，斬首數千級。

王彥章不仕唐

唐主惜彥章之材，欲用之。彥章曰：「余本匹夫，蒙梁恩，位至上將，與皇帝交戰十五年；今兵敗力窮，死自其分，縱皇帝憐而生我，我何面目見天下之人乎！豈有朝爲梁將，暮爲唐臣！此我所不爲也。」

康延孝請亟取大梁，嗣源曰：「兵貴神速。今彥章就擒，段凝必未之知；此去大梁至近，無險，方陳兼程，方，並也。信宿可至。凡師一宿爲舍，再宿爲信，過信爲次。段凝未離河上，友貞已爲吾擒矣。梁主瑱初名友貞。延孝之言是也，請陛下以大軍徐進，臣願以千騎前驅。」唐主從之。令下，諸軍踴躍。嗣源是夕遂行。明日，唐主發中都。以王彥章終不爲用，斬之。

越二日，至曹州，（治濟陰縣，在今山東曹縣西北。）梁守將降。梁主聞彥章就擒，唐軍且至，日夜涕泣，不知所爲。置傳國寶於臥內，忽失之，已爲左右竊之迎唐軍矣。梁主謂皇甫麟曰：「吾不能自裁，卿可斷吾首。」麟泣曰：「臣爲陛下揮劍死唐軍則可矣，不敢奉此詔。」梁主曰：「卿欲賣我邪？」麟欲自剄，梁主持之曰：「與卿俱死。」麟遂弑梁主，因自殺。

梁主爲人溫恭儉約，無荒淫之失；但寵信趙、張，使擅威福，疎棄敬、李舊臣，敬、李，敬翔、李振。不用其言，以至於亡。

李嗣源軍行五日，至大梁，王瓚開門出降。是日唐主亦至，入自梁門，嗣源迎賀，唐主喜不自勝，手引嗣源衣，以頭觸之曰：「吾有天下，卿父子之功也，天下與爾共之。」詔漆朱友貞首，函之，藏於太社。

綱　梁段凝降唐。賜姓名李紹欽。

綱　敬翔、李振、趙巖、張漢傑等伏誅，敬翔已縊而死。夷其族。

綱　唐毀梁宗廟，追廢朱溫、朱友貞爲庶人。

綱　唐以郭崇韜守侍中。

張全義降唐

綱　梁河南尹張宗奭入朝于唐。張宗奭即唐河南尹張全義，梁祖朱溫改其名爲宗奭。

張全義諫發朱溫墓

目　宗奭來朝，復名全義。唐主欲發梁太祖墓，斲棺焚尸，全義言：「朱溫雖國之深讎，然其人已死，刑無可加，屠滅其家，足以爲報，乞免焚斲，以存聖恩。」唐主從之，但鏟其闕室，削封樹而已。

綱　唐加李嗣源中書令。

楚入貢于唐

綱　楚王殷遣使入貢于唐。（楚王馬殷，時爲武安節度使，治潭州城，即今湖南長沙市。）

綱　吳遣使如唐。（吳王楊溥，隆演弟，都揚州，即今江蘇揚州市。）

綱　吳貶鍾泰章爲饒州刺史。（饒州治鄱陽縣，即今江西鄱陽縣。）

目　吳人有告壽州團練使鍾泰章侵市官馬者，（壽州治壽春縣，即今安徽壽縣。）徐知誥遣王稔代之，以泰章爲饒州刺史。徐溫召至金陵，（金陵即昇州，吳徐溫自潤州徙治之，在今江蘇南京市內。）使陳彥謙詰之三，不對。或問泰章「何以不自辨？」泰章曰：「吾在壽州，去淮數里，步騎五千，苟有他志，豈王稔單騎能代之乎！我義不負國，雖黜爲縣令亦行，況刺史乎！何爲自

李天下

岐王入貢于唐

辨，以彰朝廷之失！」

綱　彗星見。彗出輿鬼，長丈餘，蜀亡之兆。

綱　十一月，唐以李紹欽爲泰寧節度使。李紹欽即段凝。（泰寧軍節度使治兗州城，在今山東滋陽縣西。）

目　紹欽因伶人景進納貨於宮掖，掖，宮旁舍。故有是命。

唐主幼善音律，或時自傅粉墨，與優人共戲於庭，以悅劉夫人，優名謂之「李天下」。嘗自呼曰「李天下，李天下」，優人敬新磨遽前批其頰。批，以手擊之也。唐主失色，新磨徐曰：「理天下者只有一人，尚誰呼邪！」唐主悅，厚賜之。諸伶出入宮掖，侮弄搢紳，羣臣憤疾，莫敢出氣。

綱　唐以趙光胤、韋說同平章事，豆盧革判租庸，兼鹽鐵轉運使。

目　唐荆南節度使高季興入朝。高季興本名季昌，避唐朝諱更名季興。入朝，尋還鎭。（荆南節度使治荆州城，即今湖北江陵縣。）

綱　十二月，唐遷都洛陽。

目　從張全義之請也。

綱　甲申，（九二四）後唐同光二年。是歲岐降後唐，凡四國、四鎭。春正月，岐王茂貞遣使入貢于唐。（李茂貞，唐昭宗時爲鳳翔節度使，治岐州，封爲岐王。岐在今陜西鳳翔縣南。）

綱　二月，唐主祀南郊，大赦。

郭崇韜不拒賂遺

目　郭崇韜頗受饋遺，所親諫之，崇韜曰：「吾祿賜巨萬，豈藉外財！但以僞梁之季，賄賂成風，今河南藩鎭皆梁之舊臣，主上之仇讎也，若拒，其意能無懼乎！吾特爲國家藏之私室耳。」及將祀南郊，崇韜獻錢十萬緡。緡音民，錢貫也。先是，宦官勸唐主分天下財賦爲內外府，州縣上供者入外府，充經費；方鎭貢獻者入內府，充宴賜。於是外府常虛竭無餘，而內府山積。及是乏勞軍錢，崇韜言於上曰：「臣已傾家所有以助大禮，願陛下亦出內府之財以賜有司。」唐主默然久之，曰：「晉陽自有儲積，（晉陽舊晉都，見上太原。）可令租庸輦取。」於是軍士皆不滿望，始怨恨，有離心矣。

分財賦爲內外府

岐改號秦

綱　唐以李茂貞爲秦王。（秦卽秦州，治上邽縣，在今甘肅天水市西南。秦州爲李茂貞所領十五州之一。）

綱　唐立夫人劉氏爲后。

目　郭崇韜位兼將相，權侔人主，性剛急，遇事輒發，嬖倖僥求，多所摧抑，宦官朝夕短之，崇韜扼腕不能制。先是，唐主欲以劉夫人爲皇后，而有正妃韓夫人在，太后素惡劉夫人，太后，曹氏。崇韜亦屢諫，唐主以是不果。於是所親說崇韜曰：「公若請立劉夫人爲皇后，則伶官輩不能爲患矣。」崇韜從之，與宰相帥百官共奏，請立之。

綱　三月，唐封高季興爲南平王。（時高季興鎭荊南，故改封南平王。南平，縣名，卽今湖南藍山縣。）

李存賢爲盧龍節度

綱　唐以李存賢爲盧龍節度使。（盧龍節度使治幽州城，卽今河北薊縣。）

唐主不失手搏之約

李繼曮爲鳳翔節度使

豐財贍國功臣

李嗣源爲成德節度使

黜李從珂

目 初，唐主嘗與存賢手搏，存賢不盡其技，唐主曰：「汝能勝我，當授藩鎭。」存賢乃仆唐主。至是，以存賢鎭幽州，曰：「手搏之約，吾不食言矣。」食言，謂言已出而反吞之也。商書「朕不食言」。

綱 夏四月，唐遣客省使李嚴如蜀。

目 唐遣客省使李嚴使於蜀。嚴還言：「王衍童騃荒縱，騃音涯。不親政務，賢愚易位，刑賞紊亂，大兵一臨，瓦解土崩可翹足而待也。」翹，舉也。唐主然之。

綱 唐秦王李茂貞卒。遺奏以其子繼曮權知軍府事。

綱 五月，唐以李繼曮爲鳳翔節度使。

綱 秋八月，唐以孔謙爲租庸使。

目 謙重斂急徵，以充唐主之欲，民不聊生，賜號「豐財贍國功臣」。

綱 冬十二月，契丹寇蔚州，（治靈丘縣，即今山西靈丘縣。）唐遣李嗣源禦之。

綱 乙酉，（九二五）後唐同光三年，蜀咸康元年，漢白龍元年。是歲凡四國、四鎭。春二月，唐以李嗣源爲成德節度使。

綱 三月，唐黜李從珂爲突騎指揮使。

目 唐主性剛好勝，不欲權在臣下，信伶官之讒，頗疎忌宿將。李嗣源家在太原，表從珂爲北京內牙指揮使以便其家。後唐以鎭州爲眞定府，建北都，尋復廢爲成德軍。牙同衙。唐主怒，黜從珂爲突騎指揮使，帥數百人戍石門鎮。

綱 秋七月，唐太后曹氏殂。

目 唐主哀毁，五日方食。

殺羅貫

綱 八月，唐主殺其河南令羅貫。（河南縣，即今河南洛陽市舊洛陽縣。）

目 貫性彊直，爲郭崇韜所知，用爲河南令。爲政不避權豪，伶宦請託，一不報，皆以示崇韜，崇韜奏之，由是伶宦切齒。張全義亦惡之，遣婢訴於劉后，后與伶宦共毁之，唐主含怒未發。會往視坤陵，（曹太后墓也。）道濘，（濘，泥淖也。）橋壞。怒，下貫獄，明日傳詔殺之。

郭崇韜諫殺羅貫

崇韜諫曰：「貫法不至死。」唐主怒曰：「太后靈駕將發，天子朝夕往來，橋道不脩，卿言無罪，是黨也！」崇韜曰：「陛下以萬乘之尊，怒一縣令，使天下謂陛下用法不平，臣之罪也。」唐主不聽。貫竟死，暴屍府門，（暴音僕，露也。）遠近寃之。

伐蜀

綱 九月，唐遣魏王繼岌及郭崇韜將兵伐蜀。（繼岌，莊宗子。）

目 唐主與宰相議伐蜀，以繼岌充西川行營都統，（西川，蜀都，舊爲西川節度使，即今四川成都市。）郭崇韜充都招討制置等使，軍事悉以委之。又以高季興充招討使，李繼曮充轉運使，李令德、李紹琛、張筠、毛璋、董璋、李嚴皆爲列將，將兵六萬伐蜀。工部尚書任圜、翰林學士李愚並參預軍機。

蜀亡

綱 冬十一月，唐師滅蜀，蜀主王衍降。

目 郭崇韜入散關，（即大散關，在今陝西寶雞市西南。）倍道而進，蜀王承捷以鳳、興、文、扶四州印節迎降，（鳳州治梁泉縣，即今陝西鳳縣東北鳳州城。興州治順治縣，即今陝西略陽縣。文州治曲水縣，在今甘肅文縣西北。扶州治同昌縣，在甘肅文縣西。）崇韜曰：「平蜀必矣。」

蜀主命王宗弼守利州。（治綿谷縣，即今四川廣元縣。）李紹琛晝夜兼行趣利州，趣同趨。繼岌至興州，蜀諸城鎭皆望風款附。

高季興常欲取三峽，（三峽謂巫峽、明月峽、西陵峽，在今四川奉節以下至湖北宜昌間。）畏蜀將張武，不敢進。至是，乘唐兵勢，自將水軍上峽取施州。（治淸江縣，即今湖北恩施縣。）武以鐵鎖斷江路，季興遣勇士乘舟斫之。斫音酌，刀斬也。會風大起，舟絓於鎖，絓音卦。不能進退，季興輕舟遁去。

崇韜遺王宗弼書，爲陳利害；宗弼棄城歸成都。蜀都。李紹琛進至綿州，（治巴西縣，即今四川綿陽縣。）蜀斷綿江浮梁，（綿江即綿陽河，在今四川綿陽縣西。）水深，無舟楫，紹琛與李嚴乘馬浮度江，從兵得濟者僅千人，溺死者亦千人，遂入鹿頭關，（在今四川德陽縣北落鳳坡東。）據漢州。（治雒縣，即今四川廣漢縣。）宗弼遣使勞軍，且以蜀主書遺李嚴曰：「公來吾卽降。」嚴馳入成都，蜀主遣兵部侍郎歐陽彬奉降書以迎繼岌、崇韜。繼岌至成都，李嚴引蜀主出降。大軍入成都，崇韜禁侵掠，市不改肆。自出師至是凡七十日。

高季興聞蜀亡，方食，失匕箸，曰：「是老夫之過也。」梁震曰：「不足憂也。唐主得蜀益

閩王延翰立　孟知祥節度西川　楚鑄鉛鐵錢　唐殺郭崇韜

驕，亡無日矣，安知其不爲吾禍。」

【綱】十二月，閩主王審知卒，子延翰立。（閩都福州，即今福建福州市。）

【綱】唐以孟知祥爲西川節度使。

【綱】閏月，唐遣宦者馬彥珪使蜀軍。

【目】郭崇韜素疾宦者，宦官皆切齒。時蜀中盜賊羣起，崇韜恐大軍既去，更爲後患，命任圜、張筠分道招討，以是淹留未還。唐主遣宦者向延嗣促之；崇韜不出迎，延嗣怒。李從襲曰：「近聞郭廷誨白其父，請表己爲蜀帥。郭廷誨，崇韜子。諸將皆郭氏之黨，王寄身於虎狼之口，一朝有變，吾屬不知委骨何地矣。」延嗣歸，具以語劉后。后泣訴於唐主，請早救繼岌。唐主復遣宦官馬彥珪馳詣成都。彥珪說劉后自爲教與繼岌，令殺崇韜。

【綱】楚鑄鉛鐵錢。

【綱】丙戌，（九二六）後唐同光四年；四月，明宗李嗣源天成元年，吳越寶正元年。是歲蜀亡，閩建國，凡四國、三鎮。春正月，唐魏王繼岌殺郭崇韜。

【目】魏王繼岌將發成都，馬彥珪至，以皇后教示繼岌，李從襲等相與巧陳利害，繼岌從之。召崇韜計事，從者李環撾碎其首，撾音打，擊也。幷殺其子廷誨、廷信。

【綱】二月，唐鄴都亂，後唐初以魏州爲興唐府，建東京，去年改爲鄴都。鄴奉趙在禮爲帥，皇甫暉、趙進爲指揮使，縱兵大掠。（鄴都，在今河北磁縣西。）遣李紹榮招諭之。

討鄴兵劫李嗣源

李嗣源奔相州

綱　唐李紹榮攻鄴都，不克。

綱　唐遣李嗣源將親軍討鄴都。

綱　唐討鄴兵劫李嗣源入鄴都。

目　李嗣源至鄴都城西南，下令，詰旦攻城。詰旦，明旦也。是夜，從馬直軍士張破敗作亂，帥衆大譟，焚營。嗣源叱而問之，對曰：「將士從主上十年，百戰以得天下。今貝州戍卒思歸，（貝州治清河縣，在今河北南宮縣東南。）主上不赦，從馬數卒諠競，遽欲盡誅其衆。我輩初無叛心，但畏死耳。今欲與城中合勢，請主上帝河南，洛陽。令公帝河北。」河北即鄴都，河北道治。（李嗣源官中書令，故稱令公。）嗣源涕泣諭之，不從。遂拔白刃擁嗣源及李紹眞等入城；城中不受外兵，逆擊之，皆潰。趙在禮帥諸校迎拜嗣源，嗣源泣謝曰：「將士輩負令公，敢不惟命是聽！」嗣源詭說在禮曰：「凡舉大事，須藉兵力。今外兵流散無所歸，我爲公出收之。」在禮乃聽嗣源、紹眞出城，宿魏縣，（在今河北大名縣西。）散兵稍有至者。

綱　唐李嗣源奔相州。（相州治安陽縣，即今河南安陽市。）

目　李嗣源之爲亂兵所逼也，李紹榮有衆萬人，營於城南，嗣源遣人召之，欲與共攻亂者。紹榮疑，不應。及嗣源入鄴，遂引兵去。嗣源在魏縣，衆不滿百，李紹眞所將鎭兵五千歸之，由是兵稍振。嗣源欲歸藩待罪，中門使安重誨曰：「公爲元帥，不幸爲凶人所劫；李紹榮不戰而退，歸朝必以公藉口。公若歸藩，則爲據地邀君，適足以實讒慝之口耳。不若星行詣闕，面見天子，庶可自明。」嗣源曰：「善！」南趣相州，遇馬坊使康福，得馬數千匹，始能成軍。

綱 唐李嗣源引兵向大梁。

目 李紹榮退保衛州，（治汲縣，卽今河南汲縣。）奏李嗣源已叛，與賊合。嗣源遣使上章自理，一日數輩，皆爲紹榮所遏，不得通。嗣源由是疑懼。

石敬塘說李嗣源取大梁

石敬塘曰：「夫事成於果決，而敗於猶豫，安有上將與叛卒入賊城，而他日得保無恙乎！大梁，天下之要會也，（大梁控河、汴，通淮、泗，北接魏博，且梁舊都，故云天下之要會。）願假三百騎先往取之；公引大軍亟進，如此始可自全。」康義誠曰：「主上無道，軍民怨望，公從衆則生，守節必死。」嗣源乃令安重誨移檄會兵。李從珂將所部兵趣鎮州，（成德節度使治。）與虞候將王建立合，倍道從嗣源。嗣源分三百騎使石敬塘將之前驅，李從珂爲殿，軍勢大盛。李紹榮至洛陽，勸唐主幸關東招撫，唐主從之。

李嗣源入大梁

綱 唐主如關東，李嗣源入大梁，唐主乃還。

目 唐主發洛陽，知汴州孔循遣使迎唐主，（汴州卽大梁。）亦遣使輸款於嗣源，曰：「先至者得之。」嗣源入大梁。唐主至萬勝鎮，（萬勝鎮，在今河南中牟縣東，接開封界。）聞嗣源已據大梁，諸軍離叛，神色沮喪，登高歎曰：「吾不濟矣！」卽命旋師。唐主至石橋西，（石橋在洛陽城東。）置酒悲涕。晚，入洛城。

伶人弑莊宗

綱 夏四月，唐伶人郭從謙弑其主存勖。李嗣源入洛陽。

目 四月朔，從馬直指揮使郭從謙帥所部兵攻興教門。唐主方食，聞變，帥衞兵擊之。亂兵焚興教門，緣城而入，近臣宿將皆釋甲潛遁。俄而唐主爲流矢所中，須臾遂殂，左右皆散；鷹坊人善友斂樂器覆屍而焚之。是日，李嗣源至罌子谷，（在今河南滎陽縣西。）聞之，慟哭，謂諸將曰：「主上素得士心，正爲羣小蔽惑致此，今吾將安歸乎！」乃入洛陽，止於私第，禁焚掠，拾莊宗骨於灰燼之中而殯之。是日，豆盧革帥百官上牋勸進，勸勉進上帝號也。嗣源不許。

唐李嗣源監國

綱 唐李嗣源監國。

目 百官三牋請嗣源監國，嗣源乃許之。

綱 唐以安重誨爲樞密使，張延朗爲副使。

綱 唐張居翰罷，以孔循爲樞密使。

綱 唐魏王繼岌至長安，自殺。

李嗣源立爲唐主

綱 唐主嗣源立。

李嗣源不改國號

目 有司議卽位禮。李紹眞、孔循以爲唐運已盡，宜自建國號。監國問左右：「何謂國號？」對曰：「先帝賜姓於唐，（謂李國昌以平龐勛功賜姓李。）爲唐復讎，（謂莊宗滅梁。）故稱唐。今梁朝之人不欲殿下稱唐耳。」監國曰：「吾年十三事獻祖，李國昌。獻祖以吾宗屬，視吾猶子。又事武皇、先帝垂五十年，武皇卽李克用。經綸攻戰，未嘗不預。武皇之基業，則吾之基業也，先帝之天下，則吾之天下也，安有同家而異國乎！」李琪曰：「若改國號，則先帝遂爲路人，梓宫安所託乎！天子以梓木爲棺，故稱梓宫。不惟殿下不忘三世舊君，吾曹爲人臣者能自安乎！前代以旁支入繼多矣，宜用嗣子柩前卽位之禮。」衆從之。監國服斬衰，於柩前卽位，百官縞素。既而御衮冕受册，百官吉服稱賀。

綱　唐以鄭珏、任圜同平章事。

綱　唐初令百官轉對。

百官轉對

目　初令百官正衙常朝外，（唐制，每月朔望朝文明殿，謂之正衙常朝。）五日一赴內殿起居，轉對奏事。

綱　唐以馮道、趙鳳爲端明殿學士。

目　唐主目不知書，四方奏事皆令安重誨讀之；重誨亦不能盡通，乃奏「請選文學之臣與之共事，以備應對。」乃置端明殿學士，以道、鳳爲之。

綱　秋七月，契丹阿保機死。

綱　九月，契丹德光立。

契丹德光立

目　契丹述律后愛中子德光，長子名突欲。故立之。

綱　冬十月，王延翰自稱閩王。

王延翰稱閩王

盧文進歸唐

閩王延鈞立

二名不連稱者勿避

崔協識字甚少

馮道與物無競

棄蘇合而取蛣蜣

綱 契丹盧龍節度使盧文進奔唐。（盧文進事契丹，見卷六十梁貞明三年。）

目 文進爲契丹守平州，（治盧龍縣，在今河北昌黎縣西北。）唐主遣人說之，以易代之後，無復嫌怨。文進所部皆華人，思歸，乃帥其衆十萬歸唐。

綱 十二月，閩王延稟弑其君延翰而立其弟延鈞。延稟，王審知養子。

明宗皇帝

胡人，名邈佶烈，爲李克用養子，更名嗣源。莊宗被弑，百官立爲帝。在位八年，壽六十七歲而殂。

綱 丁亥，（九二七）後唐天成二年，吳乾貞元年。是歲後唐、漢、吳、閩凡四國，吳越、荆南、湖南凡三鎮。春正月，唐主更名亶。

目 初，唐主詔：「朕二名不連稱者勿避。」至是乃改名。

綱 唐以馮道、崔協同平章事。

目 安重誨以孔循知朝士行能，多聽其言。時議置相，循已薦鄭珏，又薦崔協。而任圜欲用李琪；珏素惡琪，故循力沮之，謂重誨曰：「李琪非無文學，但不廉耳。」他日議於唐主前，圜曰：「重誨未悉朝中人物，爲人所賣。協雖名家，識字甚少。臣既以不學忝相位，奈何更益以協，爲天下笑乎！」唐主曰：「宰相重任，卿輩審之。吾在河東時，見馮書記多才博學，（馮書記，馮道，梁貞元五年爲晉書記。）與物無競，此可相矣。」既退，循不揖，拂衣去，因稱疾不朝者數日。重誨謂圜曰：「今方乏人，協且備員，可乎？」圜曰：「明公捨李琪而相崔協，是猶棄蘇合之丸，取蛣蜣之轉也。」蘇合出西域大秦國，合會諸香煎其汁，名曰蘇合。本草：「蘇合香，味甘溫，無毒，主辟惡，殺鬼精物、溫瘧、蠱毒、癎痓，去三蠱。」蛣蜣，黑甲蟲，一名蜣蜋，一名弄丸，能以土包糞轉成丸。莊子：「以蜣蜋而笑蘇合。」循與重誨日短琪而譽協，竟以道、協同平章事。

綱 唐主以其子從厚爲河南尹，判六軍諸衞事。

綱 二月，唐主以壻石敬塘爲六軍諸衞副使。石敬塘尙永寧公主。

石敬塘爲六軍諸衞副使

綱 唐郭從謙伏誅，夷其族。

綱 夏五月，唐任圜罷。

綱 唐以馬殷爲楚國主。

馬殷建楚國

目 殷始建國，立宮殿，置百官，以姚彥章、許德勳爲丞相。

綱 冬十月，吳丞相徐溫卒。

吳徐溫卒

綱 唐以石敬塘爲侍衞親軍都指揮使。

綱 十一月，吳王楊溥稱帝。

吳稱帝

綱 十二月，唐以周玄豹爲光祿卿，致仕。

目 初，晉陽相者周玄豹嘗言唐主貴不可言，唐主欲召詣闕。趙鳳曰：「玄豹言已驗矣，無所復詢。若置之京師，則輕躁狂險之人必輻湊其門，爭問吉凶。自古術士妄言，致人族滅者多矣，非所以靖國家也。」乃就除光祿卿致仕，厚賜金帛而已。

綱 有年。

有年

綱　戊子，（九二八）後唐天成三年，漢大有元年。是歲凡四國、三鎮。春三月，唐以孔循爲東都留守，（東都即洛陽。）王建立同平章事。

收麴稅

綱　秋七月，唐收麴稅。麴即麯字。

王延鈞爲閩王

綱　八月，唐以王延鈞爲閩王。

南平高從誨嗣

綱　冬十二月，荆南節度使高季興卒。

目　吳立其子從誨代之。

綱　己丑，（九二九）唐天成四年，吳太和元年。是歲四國、二鎮。春三月，楚王殷以其子希聲知政事，總諸軍。

綱　夏四月，唐以趙鳳同平章事。

綱　秋七月，唐以高從誨爲荆南節度使。

再書有年

綱　有年。

馮道因事納諫

馮道誦聶夷中詩

目　唐主與馮道從容語及年穀屢登，四方無事。道曰：「臣昔在先皇幕府，（謂在河東掌書記也。）奉使中山，（指定州，即今河北定縣。）歷井陘之險，（井陘關，在今河北石家莊市西井陘山上。）臣憂馬蹶，執轡甚謹，幸而無失；逮至平路，放轡自逸，俄至顛隕。凡爲天下者，亦猶是也。」唐主深以爲然。又問道：「今歲雖豐，百姓贍足否？」道曰：「農家歲凶則死於流殍，歲豐則傷於穀賤，豐、凶皆病者，惟農家爲然。臣記進士聶夷中詩云：『二月賣新絲，五月糶新穀；醫得眼前瘡，剜却心頭肉。』語雖鄙俚，曲盡田家之情狀。農於四民之中最爲勤苦，人主不可不知也。」唐主悅，命左右錄其詩，常諷誦之。

綱 冬十月，吳加徐知誥兼中書令。

綱 庚寅，（九二九）唐長興元年。是歲凡四國、三鎭。春三月，唐立淑妃曹氏爲后。

綱 秋八月，唐以張延朗爲三司使。三司使之名自此始。

三司使

綱 唐立子從榮爲秦王，從厚爲宋王。

綱 九月，唐以范延光爲樞密使。

綱 冬十一月，楚武穆王馬殷卒，子希聲嗣。

楚王希聲嗣立

目 殷遺命諸子，兄弟相繼。及卒，希聲襲位，去建國之制。希聲居喪無戚容，葬殷之日，頓食雞臛數盤，臛音壑。楚辭王逸注：「有菜曰羹，無菜曰臛。」顏師古曰：「羹之與臛，但烹煮異齊，調和不同，非關有菜無菜也。」齊音劑，醬屬也。其臣潘起譏之曰：「昔阮籍居喪食蒸豚，何代無賢！」

綱 辛卯，（九三一）唐長興二年。是歲凡四國、三鎭。春二月，唐以安重誨爲護國節度使。（護國節度使治蒲州城，在今山西芮城縣西北。）

綱 吳以宋齊丘爲右僕射，致仕。

目 吳徐知誥欲以宋齊丘爲相，齊丘自以資望素淺，欲以退讓爲高，謁歸洪州葬父，謁歸，謁告歸休，猶言請假。（洪州治豫章縣，在今江西進賢縣西北。）因入九華山應天寺，（九華山，在今安徽靑陽縣

解縱五坊鷹隼

吳徐知誥鎮金陵

徐知誥作禮賢院

刻九經

吳越錢鏐卒元瓘嗣

西南。）啓求隱居；吳王下詔徵之，不至。知誥遣其子景通入山敦諭，齊丘始還，除右僕射，致仕。

綱 唐以李愚同平章事。

綱 夏四月，唐殺其太子太師致仕安重誨。

綱 秋九月，唐赦解縱五坊鷹隼。隼，鷙屬，急疾之鳥也。

目 赦解縱鷹隼，內外無得更進。馮道曰：「陛下可謂仁及鳥獸。」唐主曰：「不然。朕昔嘗從武皇獵，時秋稼方熟，有獸逸入田中，遣騎取之，比得獸，餘稼無幾。以是思之，獵有損無益，故不爲耳。」

綱 冬十一月，吳以其中書令徐知誥鎮金陵，徐景通爲司徒，輔政。

目 知誥表請歸老金陵。以知誥爲鎮海、寧國節度使，（鎮海節度使治京口，在今江蘇鎮江市東南。寧國節度使治宣州城，即今安徽宣城縣。）鎮金陵，總錄朝政；以其子景通爲司徒、同平章事，知中外左右諸軍事，留江都輔政。（江都即揚州，吳都，今江蘇揚州市。）以王令謀、宋齊丘爲左右僕射，並同平章事，兼內樞使，使以佐景通。知誥作禮賢院於府舍，聚圖書，延士大夫，與孫晟、陳覺議時事。

綱 壬辰，（九三二）唐長興三年。是歲凡四國、三鎮。春二月，唐初刻九經版，印賣之。

綱 三月，吳越武肅王錢鏐卒，子元瓘嗣。瓘音貫。

錢鏐屬元瓘

目 鏐寢疾，謂將吏曰：「吾疾必不起，諸兒皆愚懦，誰可爲帥者？」衆泣曰：「兩鎭令公，傳瓘也。仁孝有功，孰不愛戴！」鏐乃悉出印鑰授傳瓘，曰：「將吏推爾，宜善守之。」又曰：「子孫善事中國，勿以易姓廢事大之禮。」卒年八十一。傳瓘更名元瓘。

綱 秋七月，唐武安節度使馬希聲卒，八月，弟希範嗣。

綱 唐以李從珂爲鳳翔節度使。

徐知誥廣金陵城

綱 吳徐知誥廣金陵城。

綱 九月，唐大理少卿康澄上疏論事，唐主優詔答之。

五不足懼

六深可畏

目 澄上疏曰：「國家有不足懼者五，有深可畏者六：陰陽不調不足懼，三辰失行不足懼，三辰，日、月、星也。小人訛言不足懼，山崩川涸不足懼，蟊賊傷稼不足懼；蟊音謀，食苗根蟲。賊，食苗節蟲。賢人藏匿深可畏，四民遷業深可畏，上下相徇深可畏，廉恥道消深可畏，毀譽亂眞深可畏，直言蔑聞深可畏。不足懼者，願陛下存而勿問；深可畏者，願陛下脩而靡忒。」唐主優詔獎之。

石敬塘爲河東節度使

綱 冬十一月，唐以石敬塘爲河東節度使。（河東治太原，見上。）

明宗戒秦王喜爲詩

目 秦王從榮喜爲詩，聚浮華之士高輦等於幕府，與相唱和，頗自矜伐。唐主語之曰：「吾雖不知書，然喜聞儒生講經義，開益人智思。吾見莊宗好爲詩，將家子又非素習，徒取人竊笑，汝勿效也。」從榮爲人鷹視，輕佻峻急；佻音挑。既參朝政，驕縱不法。石敬塘兼六

石敬塘以劉知遠爲心腹

閩稱帝

孟知祥爲蜀王

徐知誥營宮金陵

吳越錢元瓘爲吳王

軍諸衛副使，其妻永寧公主與從榮異母，素相憎疾，故敬塘不欲與從榮共事，常思外補以避之。會契丹欲入寇，唐主命擇河東帥，樞密使范延光、趙延壽皆曰：「今帥臣可往者獨石敬塘、康義誠耳。」樞密直學士李崧以爲非石太尉不可，遂以敬塘鎭河東。敬塘至晉陽，以部將劉知遠、周瓌爲都押衙，瓌音規。委以心腹；軍事委遠，帑藏委瓌。帑音倘。

【綱】癸巳，（九三三）唐長興四年，閩主王延鈞龍啓元年。是歲凡四國、三鎭。春正月，閩王王延鈞稱帝，更名璘。

【綱】唐以孟知祥爲蜀王。

【綱】三月，唐立子從珂爲潞王，從益爲許王。（潞，潞州，即今山西長治市。許，許州，即今河南許昌市。）

【綱】吳徐知誥營宮城於金陵。

【目】宋齊丘勸知誥徙吳主都金陵，知誥乃營宮城於金陵。

【綱】秋七月，唐以錢元瓘爲吳王。

【綱】冬十一月，唐主疾病，秦王從榮作亂，伏誅。

【綱】唐主亶殂。

【目】明宗性不猜忌，與物無競，登極之年已踰六十，每夕於宮中焚香祝天，曰：「某胡人，因亂爲衆所推；願天早生聖人，爲生民主。」在位年穀屢豐，兵革罕用，較於五代，粗爲

高從誨爲南平王馬希範爲楚王

蜀稱帝

李從珂舉兵鳳翔

小康。

【綱】十二月，唐主從厚立。

【目】唐主自終易月之制，凡三十六日也。漢文帝遺詔短喪，以日易月。卽召學士讀貞觀政要、太宗實錄，有致治之志；然不知其要，寬柔少斷。李愚私謂同列曰：「位高責重，事亦堪憂。」孟知祥聞明宗殂，亦謂僚佐曰：「宋王幼弱，爲政者皆胥吏小人，其亂可坐而俟也。」

閔帝 名從厚，明宗第三子，在位四月，爲李從珂所弒。

【綱】甲午，（九三四）唐閔帝從厚應順元年，四月以後唐主從珂淸泰元年，蜀主孟知祥明德元年。是歲蜀建國，凡五國、三鎭。春正月，唐以高從誨爲南平王，馬希範爲楚王，錢元瓘爲吳越王。

【綱】蜀主孟知祥稱帝。以趙季良爲司空、平章事。

【綱】唐以潞王從珂爲河東節度使，石敬塘爲成德節度使。從珂舉兵鳳翔，唐遣兵討之，官軍降潰。羽林指揮使楊思權等降，統軍、西都留守王思同等六節度使皆遁去。

【綱】唐潞王從珂至長安，唐主以康義誠爲招討使，將兵拒之。殺馬軍指揮使朱洪實。

【目】從珂至長安，副留守劉遂雍迎謁。都監王景從等奔還，中外大駭。唐主不知所爲，欲自迎潞王，以大位讓之。樞密使朱弘昭、馮贇大懼。贇音賓。唐主遣使召石敬塘，欲令將兵拒之。康義誠欲悉以宿衞兵迎降爲己功，固請自行，唐主乃召將士慰諭，空府庫以勞之。馬軍都指揮使朱洪實請以禁軍固守洛陽，曰：「如此，彼亦未敢徑前，然後徐圖進取，可

從珂自立爲唐主

以萬全。」義誠怒曰：「洪實欲反邪？」洪實曰：「公自欲反，乃謂誰反！」其聲漸厲。唐主聞，召而訊之，竟不能辨，遂斬洪實。軍士益憤。

【綱】唐潞王從珂至陝，（今河南陝縣。）諸將及康義誠皆降。

【綱】唐主出奔，夏四月，石敬瑭入朝，遇於衞州，殺其從騎。

【目】初，唐主密與慕容遷謀，使帥部兵守玄武門。及是，以五十騎出門，謂曰：「朕且幸魏州，徐圖興復。」馮道入朝，及端門，聞變，乃歸。至天宮寺，召百官。中書舍人盧導至，馮道曰：「勸進文書，宜速具草。」導曰：「潞王入朝，百官班迎可也；設有廢立，當俟太后教令，豈可遽議勸進乎？」道曰：「事當務實。」導曰：「安有天子在外，人臣遽以大位勸人者邪！」李愚曰：「舍人之言是也。吾輩之罪，擢髮不足數矣。」

從珂自陝而東。四月，唐主至衞州東數里，遇石敬瑭；大喜，問以大計。敬瑭聞康義誠叛去，俯首長歎數四。敬瑭牙內指揮使劉知遠引兵入，盡殺唐主左右及從騎，獨置唐主而去。敬瑭遂趨洛陽。

【綱】唐潞王從珂入洛陽，廢其主從厚爲鄂王而自立。（鄂，鄂州，即今湖北武漢市舊武昌城。）

【目】從珂至蔣橋，百官班迎，馮道等皆上牋勸進。從珂入謁太后、太妃，詣西宮伏梓宮慟哭，自陳詣闕之由。明日，太后下令廢少帝爲鄂王，以潞王知軍國事，又明日，太后令潞王宜即帝位；乃即位於柩前。

綱　唐主從珂弒鄂王從厚于衞州，磁州刺史宋令詢死之。（磁州治滏陽縣，即今河北磁縣。）

目　衞州刺史王弘贄遷閔帝於州廨，廨音介，官舍也。唐主從珂遣弘贄之子巒往酖之。閔帝不飲，巒縊殺之。

閔帝之在衞州也，惟磁州刺史宋令詢遣使問起居，聞其遇害，慟哭半日，自經死。自經，縊也。

綱　唐康義誠伏誅，夷其族。

綱　五月，唐以韓昭胤爲樞密使，劉延朗爲副史。

綱　唐復以石敬塘爲河東節度使。

綱　唐以馮道爲匡國節度使，（匡國軍節度使即梁忠武軍節度使，治同州城，即今陝西大荔縣。）范延光爲樞密使。

綱　秋七月，唐以盧文紀、姚顗同平章事。顗音以。

目　唐主欲命相，問所親信，皆以尚書左丞姚顗、太常卿盧文紀、祕書監崔居儉對。論其才行，互有優劣。唐主不能決，乃寘其名於琉璃瓶，夜焚香祝天，以箸挾之，得二人，乃有是命。

琉璃瓶挾相

綱　蜀主知祥殂，子昶立。昶音唱。

蜀孟昶立

綱　八月，唐詔鐲逋租三百三十八萬。

閩主昶立

荊南梁震退居土洲

徐知誥封齊王

馮道爲唐司空

綱 冬十一月，吳徐知誥召其子景通還金陵，留景遷江都輔政。

廢帝 名從珂，明宗養子，本姓王氏。封潞王，廢閔帝而自立。在位二年，石敬瑭以兵入洛陽，遂自焚死，壽四十五歲。

綱 乙未，（九三五）唐淸泰二年，吳天祚元年，閩永和元年。是歲凡五國、三鎭。冬十月，閩李倣弑其主璘而立福王繼鵬，更名昶。

綱 荊南梁震退居土洲。（在湖北江陵縣江中。）

目 荊南節度使高從誨性明達，親禮賢士，委任梁震，以兄事之。楚王希範好奢靡，遊談者共誇其盛。從誨謂僚佐曰：「如馬王可謂大丈夫矣。」孫光憲對曰：「天子諸侯，禮有等差。彼乳臭子，驕侈僭法，取快一時，不爲遠慮，危亡無日，又足慕乎！」從誨悟曰：「公言是也。」他日，謂梁震曰：「吾自念平生奉養，固已過矣。」乃捐去玩好，以經史自娛，（娛音魚。）省刑薄賦，境內以安。震曰：「先王待我如布衣交，以嗣王屬我。今嗣王能自立，不墜其業，吾老矣，不復事人矣。」遂固請退居。從誨不能留，乃爲之築室於土洲。震披鶴氅，（氅音敞，鶴羽也，作服以象之，名曰鶴氅。）自稱荊臺隱士，每詣府，跨黃牛至聽事。從誨時過其家，自是悉以政事屬孫光憲。

綱 吳加徐知誥大元帥，封齊王，備殊禮。

綱 十二月，唐以馮道爲司空。

目　時久無正拜三公者，朝議擬其職事；盧文紀欲令掌祭祀掃除，道聞之曰：「司空，掃除職也，吾何憚焉。」既而文紀自知不可，乃止。

綱　丙申，（九三六）唐淸泰三年，十一月以後晉高祖石敬塘天福元年，閩主昶通文元年。是歲唐亡，晉興，凡五國、三鎭。春正月，唐以呂琦爲御史中丞。

目　唐主以千春節置酒，晉國長公主上壽畢，辭歸晉陽。唐主醉，曰：「何不且留，遽歸，欲與石郎反邪！」石敬塘聞之，益懼。盡收其貨之在洛陽及諸道者歸晉陽，託言以助軍費，人皆知其有異志。

端明殿學士李崧謂同僚呂琦曰：「吾輩受恩深厚，豈得自同衆人，一概觀望邪！計將安出？」琦曰：「河東若有異謀，必結契丹爲援。若與契丹和親，彼必驩然承命。如此，則河東雖欲陸梁，猶強梁也。無能爲矣。」崧曰：「此吾志也。」二人密言其策，唐主大喜。久之，以告樞密直學士薛文遇，文遇對曰：「以天子之尊，屈身夷狄，不亦辱乎！又，虜若徇故事求尚公主，何以拒之？」唐主意遂變。一日，急召崧、琦，盛怒，責之，自是羣臣不敢復言和親之策。遂以琦爲御史中丞，蓋疎之也。

綱　夏五月，唐以石敬塘爲天平節度使；（天平軍節度使治鄆州城，即今山東東平縣。）敬塘拒命，唐發兵討之。

目　初，石敬塘欲嘗唐主之意，嘗，試也。累表自陳羸疾，乞解兵柄，移他鎭；唐主與執

徙石敬塘鎮天平

劉知遠諫石敬塘赴鄆州

桑維翰請石敬塘結契丹

討石敬塘

石敬塘求救契丹

劉知遠諫許契丹土地

政議從其請，移鎮鄆州。李崧、呂琦等皆力諫，以爲不可。五月，薛文遇獨直，唐主與之議，文遇曰：「羣臣各爲身謀，安肯盡言！以臣觀之，河東移亦反，不移亦反，在旦暮耳，不若先事圖之。」唐主曰：「卿言殊豁吾意。」卽命學士草制，徙敬塘鎮天平。制出，兩班相顧失色。

敬塘疑懼，謀於將佐曰：「吾之再來河東也，主上面許終身不除代；今忽有是命，得非如千春節與公主所言乎？我安能束手死於道路！」判官趙瑩勸敬塘赴鄆州，劉知遠曰：「明公久將兵，得士卒心；今據形勝之地，士馬精強，若稱兵傳檄，帝業可成，奈何以一紙制書自投虎口乎！」掌書記桑維翰曰：「主上初卽位，明公入朝，主上豈不知蛟龍不可縱之深淵邪？然則以河東復授公，此乃天意假公以利器也。明宗遺愛在人，主上以庶孼代之，羣情不附。公明宗之愛壻，今主上以反逆見待，此非首謝可免，但力爲自全之計。契丹主素與明宗約爲兄弟，（契丹耶律德光。）公誠能推心屈節事之，朝呼夕至，何患不成。」敬塘意遂決。表唐主養子，不應承祀，請傳位許王。唐主手裂其表抵地，制削奪敬塘官爵。以張敬達爲太原四面兵馬都部署，楊光遠爲副先鋒，將兵討之。

綱 秋七月，石敬塘遣使求救於契丹。

目 敬塘令桑維翰草表稱臣於契丹主，且請以父禮事之，約事捷之日，割盧龍一道及鴈門關以北諸州與之。（鴈門關，在今山西原平縣西北。鴈門以北，謂雲、勝等州。）劉知遠諫曰：「稱臣可矣，以父事之太過。厚以金帛賂之，自足致其兵，不必許以土田，恐異日大爲中國之患，悔之無及。」敬塘不從。表至，契丹主大喜，復書許俟仲秋傾國赴援。

綱 八月，唐張敬達攻晉陽，不克。

綱 九月，契丹德光將兵救石敬塘，唐兵大敗，契丹圍之。唐主自將次懷州。師過宿曰次。（懷州治河內縣，即今河南沁陽縣。）

目 契丹主將五萬騎，至晉陽，陳於虎北口。與唐騎將高行周、符彥卿合戰，敬塘遣劉知遠出兵助之。張敬達、楊光遠、安審琦以步兵陳於城西北山下，契丹遣輕騎三千直犯其陳。唐兵逐之，至汾曲，（汾水之曲。）契丹伏兵起，衝唐兵斷而爲二，縱兵乘之，唐兵大敗。敬達等收餘衆保晉安，（寨名，在今山西榆次市西。）契丹亦引兵歸虎北口。（在今山西太原市附近。）敬塘出見契丹主。引兵會圍晉安寨，敬達等遣使告敗。唐主大懼，下詔親征。發洛陽，遣符彥饒將兵赴潞州，爲大軍後援。

唐主至河陽，（在今河南孟縣南。）心憚北行，盧文紀希旨，言「國家根本在河南。河陽，天下津要，（契丹如犯洛陽，須至河陽渡河，故云津要。）車駕宜留此鎮撫南北，且遣近臣往督戰，苟不能解圍，進亦未晚。」張延朗曰：「文紀言是也。」唐主議近臣可使北行者，延朗與翰林學士和凝等皆曰：「趙延壽父德鈞以盧龍兵來赴難，宜遣延壽會之。」乃遣延壽將兵二萬如潞州。唐主至懷州，以晉安爲憂，日夕酣飲悲歌。羣臣或勸其北行，則曰：「卿勿言，石郎使我心膽墮地！」

契丹立石敬塘爲晉帝

割幽薊等十六州與契丹

楊光遠降契丹

張生鐵

楊光遠殺張敬達

趙德鈞降契丹

【綱】冬十一月，契丹立石敬塘爲晉皇帝，敬塘割幽、薊等十六州以賂之。（幽、薊、瀛、莫、涿、檀、順、新、嬀、儒、武、雲、應、寰、朔、蔚十六州。）

【目】契丹主謂石敬塘曰：「吾三千里來赴難，必有成功。觀汝器貌識量，眞中原之主也。吾欲立汝爲天子。」敬塘辭讓數四，將吏復勸進，乃許之。契丹主作策書，命敬塘爲大晉皇帝，築壇卽位。割十六州以與契丹，仍許歲輸帛三十萬匹。

制改長興七年爲天福元年，以趙瑩爲翰林學士承旨，桑維翰爲翰林學士、權知樞密使事，劉知遠爲侍衛馬軍都指揮使，客將景延廣爲步軍都指揮使。立晉國長公主爲皇后。

【綱】唐將楊光遠殺招討使張敬達，降于契丹。

【目】晉安被圍數月，芻糧俱竭，援兵竟不至。張敬達性剛，時謂之「張生鐵」。楊光遠、安審琦勸敬達降於契丹，敬達曰：「吾受明宗及今上厚恩，爲元帥而敗軍，其罪已大，況降敵乎！今援兵旦暮至，且當俟之。必若力盡勢窮，諸君斬我出降，未爲晚也。」光遠目審琦，欲斬敬達，審琦未忍。諸將旦集，光遠斬敬達首，帥諸將降於契丹。契丹主嘉敬達之忠，命收葬而祭之。謂其下及晉諸將曰：「汝曹爲人臣，當效敬達也。」

【綱】晉以趙瑩、桑維翰同平章事。

【綱】契丹以晉主南下，破唐兵于團柏。趙德鈞屯團柏谷，在潞州之南。（團柏谷卽團柏鎭，在今山西太谷縣西南。）唐主還河陽，趙德鈞降契丹。

唐主自焚
石敬瑭入洛陽
周瓌辭三司使
盧文進奔吳

【綱】晉主發潞州，契丹北還。

【目】晉主將發上黨，（潞州治。）契丹主舉酒屬之曰：「我若南向，河南之人必大驚駭；汝宜自引漢兵南下，我令太相溫將五千騎衛送汝至河梁。太相溫，契丹將名。河梁卽河橋。（河梁，在今河南孟縣南。）餘且留此，俟汝音聞，有急則下山救汝，若洛陽既定，吾卽北返矣。」因泣別曰：「世世子孫勿相忘。」又曰：「劉知遠、趙瑩、桑維翰皆創業功臣，無大故，勿棄也。」

【綱】唐主還洛陽。

【綱】晉主至河陽，節度使萇從簡迎降。

【綱】唐主從珂自焚死，晉主入洛陽。

【目】唐主議復向河陽，將校皆已飛狀迎晉主。唐主與曹太后、劉皇后、雍王重美及宋審虔等，攜傳國寶登玄武樓自焚。是日晚，晉主入洛陽。

【綱】十二月，晉追廢唐主從珂爲庶人，以馮道同平章事。

【綱】晉以周瓌爲三司使；不拜。

【目】瓌辭曰：「臣自知才不稱職，寧以避事見棄，猶勝冒寵獲辜。」許之。

【綱】唐安遠節度使盧文進奔吳。

【目】文進聞晉主爲契丹所立，棄鎭奔吳。所過鎭戍召其主將告之，故皆拜辭而退。

右後唐四主，共十三年。

桑維翰輔晉之功

徐知誥建國金陵

綱鑑易知錄卷六二

後晉紀

高祖皇帝

姓石，名敬塘，西夷人，唐明宗壻也。爲太原節度，尋起兵滅唐，受契丹册命爲皇帝，在位七年，壽五十一歲而殂。

綱 丁酉，（九三七）晉天福二年，南唐烈祖徐誥昇元元年。是歲吳亡，晉、蜀、漢、閩、南唐（代吳）凡五國，吳越、湖南、荆南凡三鎭。 春正月，晉以李崧同平章事，充樞密使，桑維翰兼樞密使。

目 時晉新得天下，藩鎭多未服從；或雖服從，反仄不安。兵火之餘，府庫殫竭，民閒困窮，而契丹徵求無厭。維翰勸晉主推誠棄怨以撫藩鎭，卑辭厚禮以奉契丹，訓卒繕兵以脩武備，務農桑以實倉廩，通商賈以豐貨財。數年之閒，中國稍安。

綱 吳徐知誥建齊國于金陵。（唐淸泰二年吳封徐知誥爲齊王。金陵，即今江蘇南京市。）

目 徐知誥始建太廟、社稷，改金陵爲江寧府，以宋齊丘、徐玠爲左、右丞相，周宗、周廷玉爲內樞使。

綱 夏四月，晉遷都汴州。

目 天雄范延光聚卒繕兵，（天雄即魏博，治魏州城，在今河北大名縣東。）將作亂。會晉主謀徙

吳與契丹修好
南唐徐知誥稱帝
契丹改號遼
晉詔求直言
張允上駁赦論

都大梁，（大梁即汴州，在今河南開封市北。）桑維翰曰：「大梁北控燕、趙，南通江、淮，水陸都會，資用富饒。今延光反形已露，大梁距魏不過十驛，（魏即魏州，天雄軍治。唐制三十里一驛。）彼若有變，大軍尋至，所謂疾雷不及掩耳也。」下詔託以洛陽漕運有闕，東巡汴州。

綱　吳徐知誥更名誥。

綱　五月，吳與契丹通使脩好。　徐誥用宋齊丘策，欲結契丹以取中國也。

綱　六月，晉范延光舉兵反，遣楊光遠等討之。

綱　晉以和凝爲端明殿學士，張誼爲左拾遺。

綱　秋七月，吳徐誥稱帝，國號唐。　奉吳主爲讓皇。　吳主，楊溥。

目　吳主下詔禪位於齊。　齊王誥即帝位於金陵，國號唐。　遣丞相玠奉册詣吳主，稱受禪老臣誥謹拜稽首，上尊號曰高尚思玄弘古讓皇。　立王后宋氏爲皇后，以景通爲吳王，（景通，徐知誥子。）更名璟。

綱　契丹改號遼。

目　是歲，契丹改元會同，國號大遼，公卿庶官皆倣中國，參用中國人，以趙延壽爲樞密使，尋兼政事令。

綱　戊戌，（九三八）晉天福三年，蜀廣政元年。　是歲凡五國、三鎭。　春二月，晉詔求直言。

目　左散騎常侍張允上駁赦論，以爲：「帝王遇天災，多肆赦，謂之脩德。　借有二人坐

置詳定院
薛融諫脩洛陽宮
父皇帝
兒皇帝
王權恥使契丹

獄遇赦，則曲者幸免，直者銜冤，冤氣升聞，乃所以致災，非所以弭災也。」弭音米。詔褒之。晉主樂聞讜言，讜言，善言也。詔百官各上封事，封事，密奏也。置詳定院以考之，無取者留中，可者行之。數月，應詔者無十人，復降御札趣之。趣同促。河南奏脩洛陽宮。諫議大夫薛融諫曰：「今宮室雖經焚毁，猶侈於帝堯之茅茨；（唐堯土階三尺，茅茨不翦，言其儉也。）所費雖寡，猶多於孝文之露臺。（事見卷十二漢文帝後七年。）請俟海內平寧，營之未晚。」詔褒納之。

綱 夏五月，唐主詔遷故吳主于潤州。（治丹陽縣，即今江蘇鎮江市。）

綱 秋八月，晉上尊號契丹。

目 上尊號於契丹主及太后，以馮道、左僕射劉昫爲册禮使，昫音虛。契丹主大悅。晉主事契丹甚謹，奉表稱臣，謂契丹主爲「父皇帝」；其後契丹主屢止晉主上表稱臣，但令爲書稱「兒皇帝」，如家人禮。

綱 九月，范延光復降于晉，晉以爲天平節度使。（天平軍節度使治鄆州城，即今山東東平縣。）

綱 冬十月，契丹加晉主尊號。

綱 晉停兵部尚書王權官。

目 晉主遣權使契丹謝尊號，權恥之，謂人曰：「吾老矣，安能向穹廬屈膝！」穹廬，旃帳也，其形穹隆，故曰穹廬。乃辭以老疾。晉主怒，停權官。

綱　十一月，晉范延光致仕。

綱　故吳主楊溥卒。

綱　己亥，（九三九）晉天福四年，閩王曦永隆元年。是歲凡五國，三鎮。春正月，唐主徐知誥復姓李氏，（徐知誥本徐州李氏子，徐溫養之，因姓徐。）更名昪。

唐主復姓李

綱　三月，晉加劉知遠、杜重威同平章事。

目　知遠自以有佐命功，重威起外戚，無大功，恥與之同制，制下數日，杜門不受。晉主怒，謂趙瑩曰：「知遠堅拒制命！可落軍權，令歸私第。」瑩拜請曰：「陛下昔在晉陽，兵不過五千，爲唐兵十餘萬所攻，危於朝露，非知遠心如金石，豈能成大業！奈何以小過棄之！竊恐此語外聞，非所以彰人君之大度也。」晉主意乃解，命和凝詣知遠第諭旨；知遠惶恐，起受命。

劉知遠拒受制命

趙瑩諫棄劉知遠

綱　夏四月，晉廢樞密院。

綱　秋七月，晉以桑維翰爲彰德節度使。（彰德軍節度使治相州城，即今河南安陽市。）

目　楊光遠疏平章事桑維翰遷除不公，與民爭利；晉主不得已，出維翰鎮相州。

綱　閩王曦弒其主昶而自立，曦初名延羲，昶之叔。稱藩于晉。

閩王曦立

綱　八月，晉以馮道守司徒，兼侍中。

馮道兼侍中

目　詔中書知印止委上相，由是事無巨細，悉委於道。晉主嘗訪以軍謀，對曰：「征伐大事，在聖心獨斷。臣書生，惟知謹守歷代成規而已。」晉主然之，寵遇無比。

綱 冬十二月，晉禁造佛寺。

綱 庚子，（九四〇）晉天福五年。是歲凡五國、三鎮。秋七月，晉西京留守楊光遠殺太子太師范延光。晉以洛陽爲西京。

目 延光請歸河陽私第，（河陽節度使治懷州城，即今河南沁陽縣。）許之。延光重載而行。光遠利其貨，且慮爲子孫之患，奏：「延光叛臣，恐其逃入敵國，宜早除之！」不許。請敕延光居西京，從之。光遠使其子承貴以甲士圍其第，逼令自殺。延光曰：「天子賜我鐵券，鐵券，符契也，以鐵鑴之，朱書字也。爾父子何得如此？」承貴以白刃驅延光，擠於河，奏云自赴水死。晉主知其故，憚光遠之彊，不敢詰。

綱 晉以楊光遠爲平盧節度使。（平盧節度使治青州城，即今山東益都縣。）

目 光遠入朝，帝欲徙之他鎮，謂光遠曰：「圍魏之役，謂討范延光。卿左右皆有功，尚未之賞，今當各除一州以榮之。」因以其將校數人爲刺吏。徙光遠鎮青州。

綱 辛丑，（九四一）晉天福六年。是歲凡五國、三鎮。夏四月，唐遣使如晉。

目 唐主遣通事舍人歐陽遇如晉，求假道以通契丹，不許。

自黃巢以來，（唐僖宗廣明元年，黃巢入長安。）天下血戰數十年，然後諸國各有分土，兵革稍息。及唐主卽位，江、淮豐稔，兵食有餘，羣臣爭言「北方多難，宜出兵恢復舊疆。」唐主曰：

「吾少長軍旅，見兵之爲民害深矣，不忍復言。使彼民安，則吾民亦安矣，又何求焉！」

綱　六月，晉成德節度使安重榮執契丹使者，（成德節度使治鎮州城，即今河北正定縣。）上表請伐契丹。

目　重榮恥臣契丹，見其使者必箕踞慢罵。箕踞，散坐也，坐伸兩足，以手按膝形如箕也。六月，重榮執契丹使拽剌，契丹使名。上表數千言，大抵斥晉主父事契丹，竭中國以媚無厭之虜。又爲書遺朝貴及移藩鎮，云已勒兵，必與契丹決戰。晉主患之。

桑維翰諫伐契丹

時鄴都留守劉知遠在大梁，（鄴都，在今河北磁縣西。大梁，晉東京，見上。）泰寧節度使桑維翰密上疏曰：（泰寧節度使治兗州城，在今山東滋陽縣西。）「陛下免於晉陽之難而有天下，（晉陽在今山西太原市西南。）皆契丹之功，不可負也。今重榮恃勇輕敵，非國家之利，不可聽也。議者以歲輸繒帛謂之秏蠹，秏卽耗字。有所卑遜謂之屈辱。殊不知兵連禍結，財力將匱，秏蠹孰甚焉！武吏功臣，過求姑息，屈辱孰大焉！臣願陛下訓農習戰，養兵息民，俟國無內憂，民有餘力，然後觀釁而動，則動必有成矣。又，鄴都富盛，國家藩屏，今主帥赴闕，軍府無人，乞陛下略加巡幸，以杜姦謀。」晉主謂使者曰：「朕比日以來，煩懣不決，懣音滿。今見卿奏，如醉醒矣。」

劉知遠守晉陽

綱　秋七月，晉以劉知遠爲北京留守。晉以晉陽爲北京。

目　晉主憂安重榮跋扈，以知遠爲北京留守。知遠微時，爲晉陽李氏贅壻，嘗牧馬犯僧田，僧執而笞之。知遠至，首召其僧，命之坐，慰諭贈遺，衆心大悅。

吳越王弘佐嗣立
閩稱帝
晉重貴立

綱 八月，晉以杜重威爲御營使。
目 馮道、李崧屢薦重威以爲御營使，代劉知遠，知遠由是恨二相。重威所至黷貨，民多逃亡，嘗出過市，謂左右曰：「人言我驅盡百姓，何市人之多也！」
綱 晉主如鄴都。
綱 吳越文穆王錢元瓘卒，子弘佐嗣。
綱 冬十月，閩王曦稱帝。
綱 十二月，漢主龔更名龑。龔，劉隱弟。
目 漢主龔寢疾，有胡僧謂龔名不利；龔乃自造「龑」字名之，義取「飛龍在天」，易乾卦九五：「飛龍在天。」讀若儼。
綱 壬寅，（九四二）晉天福七年，六月晉主重貴立，漢主玢光天元年。是歲凡五國、三鎭。春正月，晉以杜重威爲順德節度使。
目 晉改鎭州成德軍爲恆州順德軍，以杜重威爲節度使。重威表王瑜爲副使，瑜爲之重斂於民，恆人不勝其苦。
綱 夏四月，漢主龑殂，子玢立。玢音賓。
綱 五月，唐以宋齊丘爲鎭南節度使。（鎭南節度使治洪州城，時洪州治豫章縣，移治今江西南昌市。）
綱 六月，晉主敬塘殂，兄子齊王重貴立。

郭威

目　初，劉知遠遣親將郭威，以詔指招納吐谷渾酋長白承福，（吐谷渾，西羌種名。）契丹遣使來讓。（讓，責也。）晉主憂悒成疾。一旦，馮道獨對。晉主命幼子重睿出拜之，又令宦者抱置道懷中，蓋欲道輔立之。六月，晉主殂，道與侍衞馬步都虞候景延廣議，以國家多難，宜立長君，乃奉齊王重貴爲嗣。是日，即位。延廣始用事，禁人偶語。初，高祖疾亟，有旨召劉知遠入輔政，晉主重貴寢之，知遠由是怨。

綱　秋七月，晉以景延廣爲侍衞都指揮使。

出帝　（名重貴，高祖兄敬儒之子。初封齊王，高祖殂，馮道背顧命而立之。在位三年，爲契丹執之以歸，而晉亡矣。）

晉主重貴仍稱天福八年

綱　癸卯，（九四三）晉天福八年，南唐元宗璟保大元年，殷主王延政天德元年，南漢主晟乾和元年。是歲并殷凡六國，三鎭。春二月，晉主還東京。

馮道依違其閒

目　晉主之初即位也，大臣議奉表稱臣告哀於契丹，景延廣請致書稱孫而不稱臣。李崧曰：「陛下如此，他日必躬擐甲冑，（擐音患，貫也。）與契丹戰，於時悔無益矣。」延廣固爭，馮道依違其閒。晉主卒從延廣議。契丹大怒，遣使來責讓，延廣復以不遜語答之。契丹盧龍節度使趙延壽，（盧龍節度使治幽州城，即今河北薊縣。）欲代晉帝中國，屢說契丹擊晉，契丹主頗然之。晉主謂契丹將入寇，還東京，然猶與契丹問遺相往來，無虛月。

唐主昪卒

綱　唐主昪殂。

王延政稱帝號殷
楊剝皮
唐主璟立
漢王晟立
晉執契丹使

目 唐主餌方士丹，浸成躁急。羣臣奏事，往往暴怒；然有論辯中理者，亦斂容謝之。問道士王棲霞：「何道可致太平？」對曰：「王者治心治身，乃治家國。今陛下尚未能去飢瞋、飽喜，（瞋音稱，怒也。）何論太平！」凡所賜予皆不受。唐主疽發背，疾亟，太醫吳廷裕遺親信召齊王璟入侍疾。唐主謂曰：「吾餌金石，始欲益壽，乃更傷生，汝宜戒之！」是夕，殂。祕不發喪，下制以齊王監國。

綱 閩富沙王延政稱帝于建州，（富沙，在今福建建甌縣城內。建州治建安縣，即今建甌縣。延政，曦弟。）國號殷。

目 王延政稱帝，以潘承祐爲吏部尚書，楊思恭爲兵部尚書、同平章事。國小民貧，軍旅不息。思恭以善聚斂得幸，增田畝山澤之稅，至於魚鹽蔬果，無不倍征，國人謂之「楊剝皮」。

綱 晉以桑維翰爲侍中。

綱 唐主璟立。

綱 漢晉王弘熙弒其主玢而自立，更名晟。

綱 秋九月，晉執契丹回圖使喬榮，既而歸之。

目 初，河陽牙將喬榮，從趙延壽入契丹，契丹以爲回圖使。往來販易於晉，置邸大梁。（邸音底，舍也。）至是，景延廣說晉主囚榮於獄。凡契丹販易在晉境者，盡殺之，奪其貨。

大臣皆言契丹不可負，乃釋榮，慰賜而歸之。契丹主大怒，入寇之志始決。

晉立叔母爲后

綱 冬十月，晉主立其叔母馮氏爲后。

綱 十二月，晉楊光遠誘契丹入寇。

宋齊丘歸九華

綱 唐以宋齊丘爲青陽公，遣歸九華。（九華山，在今安徽青陽縣西南。宋齊丘曾隱居九華應天寺，故封爲青陽公，遣之歸。）

目 唐侍中周宗，年老恭謹，中書令宋齊丘樹黨，傾之。宗泣訴於唐主，唐主由是薄齊丘。齊丘忿懟，表乞歸九華舊隱；唐主知其詐，一表卽從之，仍賜號九華先生，封青陽公。齊丘乃治大第於青陽，服御將吏，皆如王公，而憤色尤甚。

綱 甲辰，（九四四）晉開運元年。是歲凡六國，三鎮，閩亡。春正月，契丹陷晉貝州，（治清河縣，在今河北南宮縣東南。）權知州事吳巒敗死。晉遣兵禦之。

唐齊王參政

綱 唐主敕齊王景遂參決庶政，既而罷之。

目 唐主決欲傳位於齊、燕二王。齊王景遂、燕王景達，皆唐主弟。先是唐主約以傳位，二王固辭不許。翰林學士馮延己等因之欲隔絕中外以擅權，請敕「齊王景遂參決庶政，百官惟魏岑、查文徽白事，餘非召對不得見。」唐主從之，國人大駭。給事中蕭儼上疏極論，不報。侍衛都虞候賈崇叩閤泣諫，唐主感悟，遽收前敕。

蕭儼譏唐主

唐主於宮中作高樓，召侍臣觀之，衆皆歡笑。蕭儼曰：「恨樓下無井。」唐主問其故。對

晉主自將擊契丹
劉知遠屯樂平不進
閩朱文進弒主自立
晉馮道罷相
禪僧飛鷹

曰：「以此不及景陽樓耳。」（陳後主起景陽樓，隋兵至，自投樓下井中。）唐主怒，貶爲舒州觀察使。（舒州治懷寧縣，即今安徽潛山縣。）

綱 晉主自將攻澶州，（治濮陽縣，即今河南濮陽縣。）遣劉知遠、杜威、張彥澤將兵禦契丹。

綱 二月，契丹度河。 晉主自將，及遣李守貞等分道擊之，契丹敗走。

綱 晉詔劉知遠擊契丹，知遠屯樂平不進。（樂平縣，在今山西陽泉市東南。）

綱 三月，閩指揮使朱文進弒其主曦而自立。

綱 夏四月，晉主還大梁，以景延廣爲西京留守。

綱 晉太尉、侍中馮道罷，以桑維翰爲中書令兼樞密使。

目 道雖爲首相，依違兩可，無所操決。 或謂晉主曰：「馮道承平之良相，今艱難之際，譬如使禪僧飛鷹耳。」乃以爲匡國節度使。（匡國軍節度使治同州城，即今陝西大荔縣。）或謂晉主曰：「陛下欲禦北狄安天下，非桑維翰不可。」遂復置樞密院，以維翰爲中書令兼樞密使，事無大小，悉以委之，數月之閒，朝廷差治。

綱 秋八月，晉以劉知遠爲行營都統，杜威爲招討使，督十三節度以備契丹。

目 契丹之入寇也，晉主再命劉知遠會兵山東，皆不至，晉主疑之，謂所親曰：「太原殊不助朕，必有異圖。」至是，雖爲都統而實無臨制之權，密謀大計皆不得預知。 遠亦知見疏，但慎事自守而已。

郭威見知遠有憂色，謂知遠曰：「河東山河險固，風俗尚武，士多戰馬，靜則勤稼穡，動則習軍旅，此霸王之資也，何憂乎！」

郭威說劉知遠背晉

綱　朱文進稱藩于晉，晉以爲閩國王。冬十二月，殷遣兵討朱文進，唐遣兵攻殷。

綱　閏月，閩人討殺朱文進，傳首建州。傳，驛遞。

閩人殺朱文進

綱　契丹復入寇。

契丹入寇

綱　乙巳，（九四五）晉開運二年。是歲凡五國、三鎭，殷改稱閩而亡。春正月，契丹至相州，引還，晉主自將追之。

綱　殷改國號曰閩。

殷改號閩

綱　二月，晉主至澶州，諸將引軍北上。

綱　契丹陷晉祁州，（治無極縣，在今河北藁城縣東北。）刺史沈斌死之。

契丹陷祁州

目　契丹以羸兵驅牛羊過祁州城下，晉刺史沈斌出兵擊之，契丹以精騎奪其門，州兵不得還。趙延壽引契丹急攻之，斌在城上，延壽語之曰：「使君何不早降！」斌曰：「侍中父子失計，父謂趙德鈞。陷身虜庭，忍帥犬羊以殘父母之邦，不自愧恥，更有驕色，何哉？沈斌弓折矢盡，寧爲國家死耳，終不效公所爲！」明日，城陷，斌自殺。

沈斌責趙延壽

綱　晉以馮玉爲樞密使。桑維翰權遂分。

綱　閩人及唐人戰，閩人敗績。

唐滅閩

晉伐契丹

杜威降契丹

綱 三月，契丹還軍南下，晉都排陳使符彥卿等擊之，契丹敗走。夏四月，晉主還大梁。

綱 秋八月，晉加馮玉同平章事。玉乘勢弄權，賂遺輻湊，朝政益壞。

綱 唐兵拔建州，閩主延政出降。

綱 晉以杜威爲天雄節度使。

綱 晉桑維翰罷。

綱 丙午，（九四六）晉開運三年。是歲凡四國、三鎭。春正月，唐以宋齊丘爲太傅。

綱 冬十月，晉遣杜威將兵伐契丹。

綱 十一月，契丹大舉入寇。十二月，晉將王清戰死，杜威等以兵降。契丹遣兵入大梁，執晉主重貴以歸。殺桑維翰，囚景延廣。

目 契丹主大舉入寇，趣恆州。趣同趨。（恆州即鎭州，見上成德節度使。）杜威等聞之，將自冀、貝而南。（冀州治信都縣，在今河北衡水縣西南。）張彥澤時在恆州，引兵會之，言契丹可破之狀。威等乃復趣恆州，以彥澤爲前鋒，與契丹夾滹沱而軍。（滹沱河在今河北正定縣南，時契丹在滹沱河北。）開封尹桑維翰，（晉以汴州爲開封府，即大梁，見上。）以國家危在旦夕，求見言事。晉主方在苑中調鷹，辭不見。又詣執政言之，執政不以爲然。退謂所親曰：「晉氏不血食矣！」晉主詔以高行周、符彥卿共戍澶州，景延廣戍河陽，指揮使王清言於杜威曰：「請以步

晉降契丹

卒二千爲前鋒，奪橋開道，公帥諸軍繼之，得入恆州則無憂矣。」威許諾，遣清與宋彥筠俱進。清戰甚銳，契丹小却，諸將請以大軍繼之，威不許。彥筠敗走，清獨帥麾下力戰，至暮不息。契丹以新兵繼之，清及士衆盡死。

契丹遙以兵環晉營，軍中食盡。威與李守貞、宋彥筠謀降契丹。威潛遣腹心詣契丹牙帳，邀求重賞。契丹主紿之曰：（紿，誑也。）「趙延壽威望素淺，恐不能帝中國。汝果降者，當以汝爲之。」威喜，遂定降計。威命軍士釋甲，軍士皆慟哭，聲振原野。

契丹主引兵南，杜威將降兵以從。遣張彥澤將二千騎先取大梁。張彥澤倍道疾驅，夜渡白馬津。（在今河南滑縣北，舊爲黃河分流處。）晉主召李崧、馮玉、李彥韜入禁中計事，欲詔劉知遠發兵入援。明日，彥澤自封丘門斬關而入，（封丘門，大梁城門名。）城中大擾。晉主召范質草降表，自稱「孫男臣重貴，禍至神惑，運盡天亡。今與太后及妻馮氏，舉族面縛待罪。」（面縛，縛手於背而面向前也。）彥澤遷晉主於開封府，頃刻不得留，見者流涕。

彥澤殺桑維翰，以帶加頸，白契丹主，云其自經。契丹主命厚撫其家。遣兵趣河陽捕景延廣，延廣伏地請死，乃鎖之。

右後晉二主，共十一年。

後漢紀

高祖皇帝 姓劉名知遠，更名暠。其先沙陀部人，後世居太原。初仕晉，領忠武軍節度，後封北平王。及契丹滅晉，中原無主，遂即帝位。在位二年，壽五十四歲而殂。

契丹入大梁殺張彥澤

【綱】丁未，（九四七）二月漢高祖劉知遠立，仍稱晉天福十二年，六月改號漢。是歲晉亡漢興，并蜀、南漢、南唐凡四國，吳越、湖南、荆南凡三鎮。春正月，契丹德光入大梁，殺張彥澤。景延廣自殺。契丹主怒張彥澤剽掠京城，鎖之，百姓爭投牒疏彥澤罪，遂斬北市。景延廣扼吭而死。

【綱】契丹封晉主重貴爲負義侯，徙之黃龍府。即慕容氏和龍宮城，契丹改爲黃龍府。（黃龍府，即今遼寧朝陽縣。）

馮道事契丹

【綱】契丹以李崧爲樞密使，馮道爲太傅，晉諸藩鎮皆降。

打草穀

【綱】契丹縱兵大掠，遣使括借士民錢帛。

括借民錢帛

【目】趙延壽請給上國兵食，契丹主曰：「吾國無此法。」乃縱胡騎四出剽掠，謂之打草穀。丁壯斃於鋒刃，老弱委於溝壑，自東、西兩畿及鄭、滑、曹、濮數百里閒，（兩畿，東畿大梁，西畿洛陽。鄭州治管城縣，即今河南鄭州市。滑州治白馬縣，在今河南滑縣東。曹州治濟陰縣，在今山東曹縣西北。濮州治鄄城縣，在今山東鄄城縣東。）財畜殆盡。契丹主謂判三司劉昫曰：「契丹兵應有優賜，速宜營辦。」時府庫空竭，昫請括借都城士民錢帛，又分遣使者數十人詣諸州括借。人不聊生，由是內外怨憤，始患苦契丹，皆思逐之矣。

劉知遠奉表契丹

【綱】晉劉知遠遣使奉表於契丹。

【目】初，晉主忌河東節度使、北平王劉知遠，以爲北面行營都統。知遠因之廣募士卒，又得吐谷渾財畜，由是富強，步騎至五萬人。晉主與契丹結怨，知遠知其必危，而未嘗論諫。契丹屢深入，知遠初無邀遮入援之志。及聞契丹入汴，（汴州，即大梁。）乃分兵守四境，遣客將王峻奉表稱臣於契丹。

劉知遠稱帝

綱　二月，晉劉知遠稱帝於晉陽。

目　河東將佐勸知遠稱尊號，以號令四方，知遠不許。聞晉主北遷，聲言欲出兵井陘，（陘名，在今河北石家莊市西井陘山上。）迎歸晉陽。命指揮使史弘肇集諸軍告以出師之期，軍士皆曰：「今天下無主，主天下者非我王而誰？宜先正位號，然後出師。」爭呼萬歲不已。郭威與都押衙楊邠入說知遠曰：「此天意也。王不乘此取之，人心一移，則反受其咎矣。」知遠從之，遂即位。自言未忍改晉國，又惡開運之名，（開運，晉出帝年號。）乃重稱天福十二年。（天福，石敬瑭建國年號。）

綱　晉主知遠自將迎故晉主重貴至壽陽而還。（壽陽，即今山西陽泉市西舊壽陽縣。）

綱　晉主知遠還晉陽。

李夫人遠識

目　知遠還至晉陽，議率民財以賞將士。（率，斂也。）夫人李氏諫曰：「陛下因河東創大業，未有以惠澤其民，而先奪其生生之資，殆非新天子所以救民之意也。請悉出宮中所有以勞軍，雖復不厚，人無怨言。」知遠從之，中外大悅。

綱　三月，契丹德光發大梁。

契丹主北還
晉以劉崇爲太原尹
帝羓
述律后不哭德光
楚王希廣嗣立
吳越王弘倧嗣立
晉改國號漢

目 契丹主發大梁，晉文武諸司、諸軍、吏卒從者皆數千人，宮女、宦官數百人，盡載府庫之實以行。謂宣徽使高勳曰：「吾在上國，以射獵爲樂，至此令人悒悒。今得歸，死無恨矣！」

綱 晉主知遠以其弟崇爲太原尹。

綱 夏四月，晉以劉信、史弘肇爲侍衞指揮使，楊邠爲樞密使，郭威爲副使，王章爲三司使。

綱 晉以蘇逢吉、蘇禹珪同平章事。

綱 契丹耶律德光死於殺狐林。

目 契丹主至臨城，（在今河北內丘縣北。）得疾，至殺狐林而卒。村民於林中射殺一狐，因名，今名死狐嶺。（殺狐林，在今河北藁城縣西南。）國人剖其腹，實鹽數斗，載之北去。晉人謂之「帝羓」。羓音巴，乾肉曰羓。契丹主喪至國，述律太后不哭，曰：「待諸部寧一如故，則葬汝矣。」

綱 五月，晉以劉崇爲北都留守。晉主知遠發太原。北都卽太原。

綱 楚文昭王希範卒，弟希廣嗣。

綱 六月，晉主知遠入洛陽。汴州百官奉表來迎。

綱 吳越忠獻王弘佐卒，弟弘倧嗣。

綱 晉主知遠入大梁，諸鎮多降，始改國號曰漢。

目 知遠發洛陽，樞密院使魏仁浦自契丹逃歸，郭威問以兵數及故事，仁浦強記精敏，威由是親任之。知遠至大梁，晉之藩鎮相繼來降，復以汴州爲東京，改國號曰漢。仍稱天福年，曰：「余未忍亡晉也。」

漢討杜重威

綱 秋七月，漢以杜重威爲歸德節度使，（歸德軍卽宋州，節度使治宋州城，在今河南商丘市南。）重威拒命，重威自以附契丹，負中國，常懷疑懼，移鎮制下，拒而不受。漢發兵討之。

綱 漢以竇貞固、李濤同平章事。

綱 冬十月，漢主如澶、魏勞軍，十一月，杜重威出降。

綱 十二月，漢主還大梁。

吳越王弘俶立

綱 吳越統軍使胡思進廢其君弘倧而立其弟弘俶。

綱 戊申，（九四八）漢乾祐元年，二月隱帝承祐立。是歲凡四國、三鎭。春正月，漢主更名暠。暠音高，上聲。

馮道復事漢

綱 漢以馮道爲太師。

綱 漢主暠殂，杜重威伏誅，周王承祐立。

目 漢主大漸，大漸，病甚也。召蘇逢吉、楊邠、史弘肇、郭威入受顧命，顧命，臨終回顧而命之也。（猶言遺囑。）曰：「承祐幼弱，後事託在卿輩。」又曰：「善防重威。」是日殂，逢吉等祕不發喪。下詔稱：「重威父子因朕小疾，謗議搖衆。」皆斬之，磔尸於市，磔音窄，裂也。市人爭啖其

趙思綰反
李守貞反
王景崇叛
劉崇募兵
馮道勸郭威收人心

肉。啖音淡。二月，立皇子承祐爲周王，有頃，發喪。周王即位，時年十八。

綱 漢以王景崇爲鳳翔巡檢司。（鳳翔即岐州，在今陝西鳳翔縣南。）

綱 三月，漢徵鳳翔兵詣闕，行至長安，軍校趙思綰據城作亂。

綱 漢護國節度使李守貞反。（護國節度使即河中節度使，治蒲州城，在今山西芮城縣西北。）

綱 夏四月，漢以楊邠同平章事，郭威爲樞密使。

綱 漢遣郭從義討趙思綰，白文珂、王峻討李守貞。

綱 六月，漢王景崇叛降于蜀。

綱 八月，漢河東節度使劉崇表募兵備契丹。初，高祖鎮河東，崇與郭威爭權有隙；及威執政，崇憂之，故表募兵以備契丹爲名也。

綱 漢以郭威爲西面招慰安撫使。

目 漢自河中、永興、鳳翔三鎭拒命，河中即護國李守貞。永興軍治長安，謂趙思綰。鳳翔王景崇。繼遣諸將討之，久無功，晉主患之，欲遣重臣臨督。以郭威爲西面軍前招慰安撫使，諸軍皆受節度。威問策於馮道，道曰：「守貞自謂舊將，爲士卒所附，守貞素好施，得士卒心。願公勿愛官物以賜士卒，則奪其所恃矣。」威從之，由是衆心始附於威。

綱 郭威督諸將圍李守貞于河中。

綱 冬十月，漢趙暉圍王景崇于鳳翔，蜀遣兵救之，不克。

漢隱帝仍稱乾祐二年

郭威克河中

頭子

郭威請加恩將相藩鎮

綱　荆南節度使高從誨卒，以其子保融知留後。

隱帝 名承祐，高祖第二子，在位二年，郭威舉兵反，帝爲亂兵所弒，壽二十歲，漢亡。

綱　己酉，（九四九）漢乾祐二年。是歲凡四國、三鎮。夏四月，太白晝見。

綱　秋七月，漢郭從義誘趙思綰殺之。

綱　漢郭威克河中，李守貞自殺。

目　郭威攻河中，克其外郭。李守貞與妻子自焚。威入城，閱守貞文書，得朝臣藩鎮交通書，詞意悖逆，欲奏之，祕書郎王溥諫曰：「魑魅乘夜爭出，魑音鴟，山神。魅音妹，怪物。左傳文公十八年：「投諸四裔，以禦魑魅。」見日自消。願一切焚之以安反仄。」威從之。

綱　八月，漢郭威以白文珂爲西京留守。

目　西京留守王守恩，性貪鄙，專事聚斂。郭威自河中還，過洛陽，守恩肩輿出迎。輿，轎也。威怒，不見，即以頭子命白文珂代守恩。頭子猶唐之政事堂文帖也。沈括曰：「唐中書指揮事謂之堂帖。」家塾廣記曰：「郭崇韜、安重誨爲樞密使，始分領政事，不關由中書，直行下者謂之宣，如中書之敕，小事則發頭子擬堂帖也。」守恩猶坐客次，吏白：「新留守已視事於府矣。」守恩狼狽而歸，見家屬已逐出府矣。朝廷不之問。

綱　九月，漢加郭威侍中。威請加恩將相藩鎮，從之。

目　威至大梁，入見，勞賜甚厚。辭曰：「臣將兵在外，凡鎮安京師，供億兵食，供，給也。

王景崇自殺

馮道稱劉審交

億，安也。謂給其匱乏，使之安也。皆諸大臣居中者之力也，臣安敢獨膺此賜！請偏賞之。」乃偏賜宰相、樞密、宣徽、三司、侍衞使九人如一。加威兼侍中。諸大臣議，以「執政既溥加恩，恐藩鎮觖望，」觖音厥。觖望，怨望也。亦偏加恩有差。

綱 冬十月，契丹寇河北，漢遣郭威督諸將禦之。

綱 十二月，漢趙暉攻鳳翔，王景崇自殺。

綱 庚戌，（九五〇）漢乾祐三年。是歲四國，三鎮，漢亡。春二月，漢汝州防禦使劉審交卒。（汝州治梁縣，即今河南臨汝縣。）

目 汝州吏民詣闕上書，以審交有仁政，乞留葬汝州，得奉事其丘壟；許之。州人爲立祠，歲時享之。馮道曰：「吾嘗爲劉君僚佐，觀其爲政，無以踰人，非能減其租賦，除其繇役也，繇同徭。但推公廉慈愛之心以行之耳。此亦衆人所能爲，但衆人不爲而劉君獨爲之，故汝人愛之如此。使天下二千石皆效其所爲，（二千石謂州刺史。）何患得民不如劉君哉！」

綱 夏四月，漢以郭威爲鄴都留守，樞密使如故。

目 漢朝以契丹入寇，議以郭威鎭鄴都，使督諸將備契丹。史弘肇欲威仍領樞密使，蘇逢吉以爲故事無之，弘肇曰：「領樞密使則可以便宜從事，諸軍畏服，號令行矣。」漢主從之。弘肇怨逢吉異議，逢吉曰：「以內制外，順也；今反以外制內，其可乎！」既而朝貴會飲，弘肇舉大觴屬威，厲聲曰：「昨日廷議，一何同異！」逢吉與楊邠亦舉觴曰：「是國家之

在長鎗大劍安用毛錐

柴榮

郭威舉兵反

殺楊邠史弘肇等

事，何足介意！」弘肇又厲聲曰：「安定國家，在長鎗大劍，安用毛錐！」毛錐，筆也。王章曰：「無毛錐，則財賦何從可出？」自是將相始有隙。

【綱】漢以郭榮爲貴州刺史。（貴州治鬱林縣，在今廣西貴縣西南。郭榮後爲周世宗。）

【目】榮本姓柴，父守禮，郭威之妻兄也。威未有子，時養以爲子。

【綱】五月，郭威赴鄴。

【綱】閏月，漢大風。

【目】漢宮中數有怪，大風發屋拔木，吹擲門扉一十餘步而落。扉音非，戶扇。漢主召司天監趙延義問以禳祈之術，對曰：「王者欲弭災異，莫如脩德。」漢主曰：「何謂脩德？」對曰：「請讀貞觀政要而法之。」

【綱】冬十一月，漢主承祐殺其樞密使楊邠、侍衛指揮使史弘肇、三司使王章。遣使殺郭威，不克；威舉兵反，遂殺其主承祐。

【目】漢主自卽位以來，楊邠總機政，郭威主征伐，史弘肇典宿衞，王章掌財賦，國家粗安。漢主左右嬖倖浸用事，太后親戚亦干朝政，邠等屢裁抑之。漢主年益壯，厭爲大臣所制。左右因譖之曰：「邠等專恣，終當爲亂。」蘇逢吉與弘肇有隙，屢以言激太后弟李業等，漢主遂與業謀誅邠等。弘肇與邠、章入朝，殿中甲士出而殺之。

漢主遣供奉官孟業齎密詔，令鎭寧李洪義殺弘肇黨步軍指揮使王殷，（鎭寧節度使治澶州，

亂兵殺漢隱帝
馮道謁見郭威

見上。）又令行營指揮使郭崇威、曹威殺郭威及監軍王峻。

孟業至澶州，洪義不敢發；殷囚業，以詔示郭威。威召郭崇威、曹威及諸將，告以邠等寃死及有密詔之狀，且曰：「吾與諸公，披荆棘，從先帝取天下，受託孤之任，竭力以衛國家，今諸公已死，吾何心獨生！君輩當奉行詔書，取吾首以報天子，庶不相累。」崇威等皆泣曰：「天子幼沖，此必左右羣小所爲，願從公入朝自訴，蕩滌鼠輩以清朝廷。」威乃留其養子榮鎭鄴都，命崇威前驅，自將大軍繼之。

威至封丘，（即今河南封丘縣。）人情恟懼，漢主遣慕容彥超等將兵禦之。屯七里店，漢主自出勞軍。既陳，慕容彥超引輕騎直前奮擊，郭威與李榮帥騎兵拒之。彥超引兵退，麾下死者百餘人，於是諸軍奪氣，稍稍降於北軍。彥超遂與十餘騎奔還，漢主獨與從官數十人宿於七里寨。旦日，回轡至趙村，追兵已至，漢主下馬入民家，爲亂兵所弑。

威至，自迎春門入，歸私第。馮道帥百官謁見郭威，威猶拜之，道受拜如平時，徐曰：「侍中此行不易！」

綱　漢迎武寧節度使劉贇於徐州。（徐州治彭城縣，即今江蘇徐州市。武寧節度使治徐州。）

目　郭威帥百官起居太后，奏請早立嗣君。太后誥曰：「河東節度使崇、忠武節度使信，（忠武節度使治許州城，即今河南許昌市。）皆高祖之弟，武寧節度使贇、開封尹勳，高祖之子，其令百官議擇所宜。」贇，崇之子也，高祖愛之，養視如子。郭威、王峻入見太后，請以勳爲嗣。

太后曰：「勳久羸疾不能起。」於是郭威與峻議立贇。帥百官表請太后誥，遣太師馮道及樞密直學士王度、祕書監趙上交詣徐州奉迎。

範質

威之討三叛也，（三叛，王景崇、李守貞、趙思綰。）見詔書，處分軍事皆合機宜，問：「誰爲之？」使者以范質對。威曰：「宰相器也。」至是，令草誥令，具儀注。蒼黃之中，蒼黃，急遽貌，猶言倉卒也。討論撰定，皆得其宜。

綱　漢太后臨朝。漢以王峻爲樞密使，王殷爲侍衛都指揮使。

契丹入寇

綱　契丹入寇，屠內丘，（今河北內丘縣。）陷饒陽，（在今河北獻縣西北。）漢遣郭威將兵擊之。

綱　漢以范質爲樞密副使。

馬希萼自立爲楚王

綱　馬希萼陷潭州，楚都。（治長沙縣，即今湖南長沙市。）殺楚王希廣而自立。

綱　漢劉贇發徐州。

郭威立於澶州

綱　漢郭威至澶州，自立而還。王峻、王殷遣兵拒劉贇，以太后誥廢爲湘陰公，（湘陰，即今湖南湘陰縣。）令郭威監國。

裂旗被體

目　威至澶州。將發，將士數千人忽大譟曰：「天子須侍中自爲之，將士已與劉氏爲仇，不可立也！」或裂黃旗以被威體，共扶抱之，呼萬歲震地，因擁威南行。威乃上太后牋，請奉漢宗廟，事太后爲母。下書撫諭大梁士民，勿有憂疑。至七里店，竇貞固帥百官出迎，拜謁，勸進。勸勉進上帝號也。

贇至宋州，王峻、王殷聞澶州軍變，遣郭崇威將七百騎往拒之。郭威召馮道先歸。太后誥廢贇爲湘陰公，以侍中監國，百官藩鎮相繼上表勸進。

右後漢二主，共四年。

後周紀

郭雀兒

太祖皇帝 姓郭，名威，邢州堯山人。少賤，黥其頸上爲飛雀，世謂郭雀兒。仕漢爲樞密使，隱帝時鄴都留守，尋擊契丹，爲衆所推，自立爲帝而還。在位三年，壽五十三歲而殂。

郭威稱帝

綱 辛亥，（九五一）周太祖郭威廣順元年，北漢主劉崇乾祐四年。是歲周代漢，北漢建國，凡五國、三鎮。春正月，郭威稱皇帝，國號周。

李驤說劉崇

綱 漢河東節度使劉崇表請湘陰公歸晉陽。

目 初，崇聞隱帝遇害，欲起兵南向，聞迎立湘陰公，乃止，曰：「吾兒爲帝，吾又何求！」太原少尹李驤陰說崇曰：「觀郭公之心，終欲自取，公不如疾引兵逾太行，（太行山，在今河南沁陽縣西北。）據孟津，（在今河南孟縣南。）俟徐州相公卽位，（湘陰公本爲武寧節度使，鎭徐州，故以稱之。）然後還鎭，則郭公不敢動矣；不然，且爲所賣。」崇怒曰：「腐儒，欲離閒吾父子！」命左右曳出斬之。曳音葉，拖也。及贇廢，崇乃遣使請贇歸晉陽。周主報曰：「湘陰公比在宋州，今方取歸，必令得所，公勿以爲憂。」

綱 周以王殷爲鄴都留守。

劉崇稱帝於晉陽

綱　周主威弒漢湘陰公贇於宋州，漢劉崇稱帝于晉陽。是爲北漢。

目　劉崇即位於晉陽，仍用乾祐年號。聞湘陰公死，哭曰：「吾不用忠臣之言，以至於此！」爲李驤立祠，歲時祭之。

周罷貢獻珍食

綱　周罷四方貢獻珍食，詔百官上封事。封事，密奏也。

目　周主謂王峻曰：「朕起於寒微，備嘗艱苦，遭時喪亂，一旦爲帝王，豈敢厚自奉養，以病下民乎！」命峻疏四方貢獻珍美食物，詔悉罷之。又詔曰：「朕生長軍旅，不親學問，未知治天下之道，文武官有益國利民之術，各具封事以聞。」以蘇逢吉之第賜王峻，初隱帝爲亂兵所弒，蘇逢吉亦自殺。峻曰：「是逢吉所以族李崧也！」初，漢高祖入大梁，李崧在眞定，高祖以崧第賜蘇逢吉。及崧歸朝，崧弟嶼時出怨言，逢吉惡之，誣嶼謀逆，族滅崧家。辭而不處。

綱　二月，周主以其養子榮爲鎮寧節度使。

周主毀寶器

綱　周主毀漢宮寶器。

目　周主悉出漢宮中寶玉器，碎之於庭，曰：「凡爲帝王，安用此物！」

周初三相

綱　夏四月，周以王峻、范質、李穀同平章事。

目　初，周主討河中，（討河中在漢乾祐元年。）已爲人望所屬；李穀時爲轉運使，周主數以微言諷之，穀但以人臣盡節爲對，周主以是賢之。即位，首用爲相。時國家新造，四方多故，王峻夙夜盡心，知無不爲，軍旅之謀，多所裨益。裨音悲。范質明敏強記，謹守法度。李穀沉

南唐文雅爲盛

唐以馮延己孫晟相

金盃玉盌貯狗矢

周主謁孔子祠

毅有器略，議論慷慨，善譬喻以開主意。

綱 壬子，（九五二）周廣順二年。是歲周、南漢、蜀、唐、北漢凡五國，吳越、湖南、荊南凡三鎮 春二月，唐設科舉，既而罷之。

目 唐主好文學，故韓熙載、馮延己、延魯、江文蔚、潘佑、徐鉉之徒皆至美官。文雅於諸國爲盛，然未嘗設科舉，多因上書言事拜官。至是，始命文蔚知貢舉。執政皆不由科第，相與沮毁，竟罷之。

綱 三月，唐以馮延己、孫晟同平章事。

目 唐以延己、晟爲相。既宣制，戶部尚書常夢錫衆中大言曰：「白麻甚佳，（唐以來拜相、封王皆用白麻紙書制。）但不及江文蔚疏耳！」不及文蔚薦疏，譏其不由科第也。晟素輕延己，謂人曰：「金盃玉盌，盃同杯，盌同椀。乃貯狗矢乎！」矢同屎，音始。延己言於唐主曰：「陛下躬親庶務，故宰相不得盡其才，此治道所以未成也！」唐主乃悉以政事委之，而延己不能勤事，益不治，唐主乃復自覽之。

綱 夏六月朔，周主如曲阜，是歲正月，泰寧節度使慕容彥超反。四月，周主自將平兖州，是月如曲阜。（在今山東曲阜縣東北。）謁孔子祠，拜其墓。

目 周主謁孔子祠，將拜，左右曰：「孔子，陪臣也，不當以天子拜之。」周主曰：「孔子，百世帝王之師，敢不敬乎！」遂拜。又拜孔子墓，禁樵採。訪孔子、顏淵之後，以爲曲阜令及主簿。

劉言取湖南

綱　冬十月，武平留後劉言遣兵攻潭州，去年四月楚朗州將王逵等逐其節度使馬光惠，推劉言權武平留後，求節於唐，亦稱藩於周。（武平節度使治朗州，即今湖南常德市。）唐節度使邊鎬棄城走，言遂取湖南。（卽潭州，今湖南長沙市，舊楚馬氏都。）

目　唐武安節度使邊鎬去年四月，楚將徐威作亂，廢其君希萼而立希崇。十月，唐遣邊鎬將兵擊楚，馬希崇降，楚亡，唐遂以邊鎬爲武安節度使。不合衆心。吉水人歐陽廣上書，（吉水，卽今江西吉水縣。）言「鎬非將帥才，必喪湖南。」不報。仍使鎬經略朗州，（武平節度使治。）自朗來者，多言劉言忠順，鎬不爲備。唐主召言入朝，言不行，謂王逵曰：「唐必伐我，奈何？」逵曰：「邊鎬撫御無方，士民不附，可一戰擒也。」言乃以逵及周行逢、何敬眞、潘叔嗣、張文表等十人皆爲指揮使，部分發兵。行逢能謀，文表善戰，叔嗣果敢，三人多相須成功，情款甚昵。昵，親近也。十月，逵等將兵分道趣長沙，趣同趨。攻潭州，鎬棄城走。唐將守湖南者，相繼遁去。劉言盡復馬氏嶺北故地。

劉言奉表於周

綱　劉言奉表于周。

唐流邊鎬

綱　唐馮延己、孫晟罷，削邊鎬官爵，流饒州。（治鄱陽縣，卽今江西鄱陽縣。）

邊菩薩

目　初，鎬從查文徽克建州，晉出帝開運中，唐主遣查文徽、邊鎬伐閩，拔建州，閩主王延政降。凡所俘獲皆全之，建人謂之「邊佛子」。及克潭州，市不易肆，潭人謂之「邊菩薩」。既而政無綱紀，

邊和尙

周罷營田務除租牛課

封郭榮晉王

九經板成

後蜀毋昭裔請刻版印九經

唐復置科舉

惟日設齋供，盛脩佛寺，潭人失望，謂之「邊和尙」矣。馮延己、孫晟上表請罪；皆釋之。晟陳情不已，乃與延己皆罷。唐主思歐陽廣之言，拜本縣令。

綱　癸酉，（九五三）周廣順三年。是歲凡五國、三鎭。春正月，周以劉言爲武平節度使。

綱　周罷戶部營田務，除租牛課。

目　前世屯田皆在邊地，使戍兵佃之。佃音田，治田也。唐末，中原宿兵，所在皆置營田，以耕曠土；其後又募高貲戶，使輸課佃之，戶部別置官司總領，不隸州縣，或丁多無役，或容庇姦盜，州縣不能詰。梁太祖擊淮南，得牛萬計，（唐昭宗天祐元年，朱全忠大掠淮南，見卷六十。）以給農民，使歲輸租。牛死而租不除，民甚苦之。周主素知其弊，李穀亦以爲言，敕悉罷之，以其民隸州縣；田、廬、牛、具並賜見佃者爲永業。或言：「營田有肥饒者，不若鬻之，可得錢數十萬緡以資國。」緡音民，錢貫也。周主曰：「利在於民，猶在國也，朕用此錢何爲！」

綱　三月，周主以郭榮爲開封尹，封晉王。

綱　夏六月，周九經版成。

目　初，唐明宗之世，令國子監較正九經，刻版印賣。至是，版成，獻之。由是，雖亂世，九經傳布甚廣。是時蜀毋昭裔，姓毋，名昭裔，蜀之僕射也。蜀，後蜀。亦出私財百萬營學館，且請刻版印九經；蜀主從之。蜀主孟昶。由是蜀中文學亦盛。

綱　秋八月，唐復置科舉。

郭榮判內外兵馬事
郭榮聽政
郭榮立
周漢高平之戰
趙匡胤

鎮。

世宗皇帝 名榮，姓柴氏，太祖后兄守禮之子，太祖無嗣，養以爲子。在位六年，壽三十九歲而殂。

綱 甲寅，（九五四）周顯德元年，正月世宗睿武孝文皇帝榮立，冬北漢乾祐七年孝和帝鈞立。是歲凡五國、三鎮。

綱 春正月，周以晉王榮判內外兵馬事。

目 初，周主疾作，羣臣希得見，中外恐懼。聞晉王典兵，人心稍安。

綱 周主疾篤，詔晉王榮聽政。周以王溥同平章事。

綱 周主威殂，晉王榮立。是爲世宗。

綱 二月，北漢主以契丹兵擊周，北漢主聞周太祖殂，請兵於契丹，自將兵三萬與契丹趣潞州。（今山西長治市。）周昭義節度使李筠逆戰，筠卽榮也，避世宗名改焉。敗績。

綱 三月，周主自將與漢戰于高平，（在今山西晉城縣西北。）漢兵敗績。周將樊愛能、何徽等伏誅。

目 世宗欲自將禦漢兵，羣臣皆諫，馮道固爭之，世宗不悅，惟王溥勸行，乃命馮道奉梓宮赴山陵。（梓宮謂周主威棺。）遂發大梁，至懷州，兼行速進，進宿澤州東北。（澤州治晉城縣，在今山西晉城縣東。）北漢主軍高平南。明日，世宗介馬臨陳督戰，介，甲也。合戰未幾，周右軍將樊愛能、何徽引騎兵先遁，右軍潰；步兵千餘人解甲降北漢。世宗見軍勢危，自引親兵犯矢石督戰。我太祖皇帝時爲宿衛將，（太祖皇帝，指趙匡胤。此本司馬光通鑑之稱，司馬光宋人，於趙匡

馮道卒

馮道浮沉取容長樂老敘

周立后符氏

胤及宋世皇帝皆不敢稱名諱。）謂同列曰：「主危如此，吾屬何得不致死！」乃將二千人進戰，太祖身先士卒，馳犯其鋒，士卒死戰，無不一當百，北漢兵披靡。靡音米；披靡，震懾貌。時南風甚盛，周兵爭奮，北漢兵大敗。是夕，世宗野宿，得步兵之降敵者，皆殺之。愛能、徽聞捷，與士卒稍稍復還。明日，休兵高平。北漢主帥百餘騎晝夜北走，僅得入晉陽。世宗收愛能、徽及所部軍使以上七十餘人，責之曰：「汝輩非不能戰，正欲以朕為奇貨，賣與劉崇耳。」悉斬之。自是驕將惰卒始知所懼，不行姑息之政矣。張永德稱我太祖之智勇，張永德時將禁軍。世宗擢為殿前都虞候。

綱 周太師、中書令、瀛王馮道卒。

目 道少以孝謹知名，唐莊宗世始貴顯，自是累朝不離將、相、公、師之位。為人清儉寬弘，人莫測其喜慍。滑稽多智，滑音骨。滑稽，詼諧也。浮沉取容。嘗著長樂老敘，自敘累朝榮遇之狀，時人往往以德量推之。

綱 周立后符氏。

目 初，符彥卿有女，適李守貞之子崇訓，相者言其貴當為天下母。守貞喜曰：「吾婦猶母天下，況我乎！」反意遂決。及敗，崇訓先自刃其弟妹，次及符氏；符氏匿幃下，崇訓倉猝求之不獲，遂自剄。亂兵既入，符氏安坐堂上，叱亂兵曰：「吾父與郭公為昆弟，汝曹勿無禮！」太祖遣使歸之於彥卿，既而為世宗娶之。至是，立為皇后。后性和惠而明決，世宗甚重之。

綱 夏五月，周主攻晉陽，不克，引軍還。

綱 秋七月，周以魏仁浦爲樞密使。

綱 冬十月，周簡閱諸軍，募壯士以補宿衞。

綱 十一月，北漢主旻殂，子鈞立。

北漢主鈞立

周世宗仍稱顯德二年

王朴獻策

綱鑑易知錄卷六三

後周紀

世宗皇帝

綱 乙卯，(九五五)周顯德二年。是歲凡五國、三鎮。春正月，周制舉令、錄法。

目 初令翰林學士、兩省舉令、錄；令，縣令。除官之日，仍署舉者姓名，若貪穢敗官，並當連坐。

綱 夏四月，周以王朴爲諫議大夫，知開封府事。

目 世宗謂宰相曰：「朕每思致治之方，未得其要，寢食不忘。又吳、蜀、幽、并皆阻聲教，吳謂南唐李景，蜀謂孟昶，幽謂契丹，并謂北漢劉鈞。聲謂風聲，教謂教化。未能混一，宜命近臣著爲君難爲臣不易論及開邊策各一篇，朕將覽焉。」

比部郎中王朴獻策曰：比部，唐制天下金帛皆貯左藏，比部覆其出入。「中國之失吳、蜀、幽、并，皆由失道。今必先觀所以失之之原，然後知所以取之之術。其始失之也，莫不以君暗臣邪，兵驕民困，姦黨內熾，武夫外橫，因小致大，積微成著。今欲取之，莫若反其所爲而已。進賢退不肖，以收其才；恩德誠信，以結其心；賞功罰罪，以盡其力；去奢節用，以豐其財；

攻取必先其易

時使薄斂，以阜其民。俟羣才既集，政事既治，財用既充，士民既附，然後舉而用之，功無不成矣！彼之人觀我有必取之勢，則知其情狀者願爲閒諜，知其山川者願爲鄉導，（鄉同嚮，音向。）民心既歸，天意必從矣。凡攻取之道，必先其易者。唐與吾接境幾二千里，（唐與周以淮爲界，自淮緣東南至海二千里。）其勢易擾也。擾之當以無備之處爲始，備東則擾西，備西則擾東，彼必奔走而救之。奔走之閒，可以知其虛實強弱，然後避實擊虛，避強擊弱。未須大舉，且以輕兵擾之。南人懦怯，聞小有警，必悉師以救之。師數動，則民疲而財竭，不悉師則我可以乘虛取之。如此，江北諸州將悉爲我有。既得江北，則用彼之民，行我之法，江南亦易取也。得江南則嶺南、巴蜀可傳檄而定。（嶺南指今廣東，巴蜀指今四川。）南方既定，則燕地必望風內附；若其不至，移兵攻之，席卷可平矣。惟河東必死之寇，（謂北漢據河東，與周爲仇寇。河東即太原，北漢所都晉陽也。）不可以恩信誘，必當以強兵制之；然彼自高平之敗，（高平之敗，見卷六十二顯德元年。高平，在今晉城縣東北。）力竭氣沮，必未能爲邊患，宜且以爲後圖，俟天下既平，然後伺閒，一舉可擒也。」世宗欣然納之。時羣臣多守常偷安，所對少可取者，惟朴神峻氣勁，有謀能斷，世宗重之，以爲諫議大夫，知開封府事。

周鑄錢

綱　秋九月，周始鑄錢。

佛像鑄錢

目　世宗以縣官久不鑄錢，而民閒多鑄錢爲器皿及佛像，錢益少，敕立監采銅鑄錢，立，置位。監，鑄錢之所。民閒銅器、佛像，五十日內輸官受直；過期，匿五斤以上罪死。謂侍臣曰：「佛以善道化人，苟志於善，斯奉佛矣。彼銅像豈所謂佛邪！且吾聞佛志在利人，雖頭目猶捨以布施，若朕身可以濟民，亦非所惜也。」

綱　冬十一月，周遣李穀督諸軍伐唐。

目　周以李穀爲淮南前軍部署，（淮南節度使治揚州城，即今江蘇揚州市。）王彥超副之，督侍衞都指揮使韓令坤等十二將以伐唐。

綱　唐遣兵拒周師于壽州，（治壽春縣，即今安徽壽縣。）周師擊敗之。

目　唐主以劉彥貞爲部署，將兵二萬趣壽州。皇甫暉、姚鳳將兵三萬屯定遠。（即今安徽定遠縣。）召鎮南節度使宋齊丘還金陵，（鎮南節度使治洪州城，即今江西南昌市。金陵，唐都，在今江蘇南京市。）謀國難。周李穀等爲浮梁，（造舟爲梁，即河橋也。）自正陽濟淮，（正陽即東正陽，一名正陽關，在今安徽壽縣西。）王彥超敗唐兵二千餘人於壽州城下。

綱　丙辰，（九五六）周顯德三年。是歲凡五國、三鎭。春正月，周主自將伐唐，大敗唐兵，斬其將劉彥貞。皇甫暉、姚鳳退保淸流關。

綱　二月，周主命我太祖將兵襲唐滁州。（治淸流縣，即今安徽滁縣。）克之，擒其將皇甫暉、姚鳳。

目　下蔡浮梁成，（下蔡縣，即今安徽鳳臺縣。）世宗自往視之。命我太祖皇帝倍道襲淸流關。（在今安徽滁縣城西南，南唐置，極險要。）皇甫暉等驚走入滁州，斷橋自守，太祖躍馬麾兵涉水，直

宋太祖重竇儀
趙普遇宋太祖
趙匡胤敗唐兵

抵城下。暉曰：「人各爲其主，願容成列而戰。」太祖笑而許之。暉整衆而出，太祖突陳擊暉，擒之。并擒姚鳳，遂克滁州。

時宣祖爲馬軍副都指揮使，宣祖，匡胤父弘殷。引兵夜至，傳呼開門。太祖曰：「父子雖至親，城門王事也，不敢奉命。」明旦乃得入。

世宗遣翰林學士竇儀籍滁州帑藏，帑音倘。太祖遣親吏取藏中絹。儀曰：「公初克城時，雖傾藏取之，無傷也。今旣籍爲官物，非有詔書，不可得也。」太祖由是重儀。

初，永興節度使劉詞，（永興軍節度使治長安城，在今西安市西北。）遺表薦其幕僚薊人趙普，（幕僚，幕府僚屬。薊，今河北薊縣。）至是，范質以爲滁州判官，太祖與語，悅之。時獲盜百餘人，皆應死，普請先訊鞫然後決，所活什七八。太祖益奇之。

太祖威名日盛，每臨陳，必以繁纓飾馬，繁纓，馬飾。鎧仗鮮明。鎧，甲也。仗，兵器。或曰：「如此，爲敵所識。」太祖曰：「吾固欲其識之耳。」

綱　三月，唐遣司空孫晟奉表于周。

綱　唐主以其弟齊王景達爲元帥，將兵拒周師。

綱　夏四月，唐兵攻六合，我太祖擊破之。

目　唐齊王景達將兵濟江，距六合二十餘里，（六合卽今江蘇六合縣。）設柵不進。諸將欲擊之，我太祖曰：「吾衆不滿二千，若往擊之，彼必見吾衆寡矣；不如俟其來而擊之，破之必

周立二稅起徵限

趙匡胤爲定國節度使

周殺唐使孫晟

矣！」居數日，唐出兵趣六合，太祖奮擊，大破之，殺獲近五千人，溺死甚衆，於是唐之精卒盡矣。是戰也，將士有不致力者，太祖陽爲督戰，以劍斫其皮笠。明日，徧閱其笠有劍跡者數十人，皆斬之，由是部兵莫敢不盡死。

綱 周主還大梁，（大梁卽汴州，周都，在今河南開封市北。）留李重進圍壽州。

綱 秋七月，周以周行逢爲武平節度使。（武平節度使治朗州城，卽今湖南常德市。）

綱 冬十月，周立二稅起徵限。

目 世宗謂侍臣曰：「近朝徵斂穀、帛，多不俟時收穫、紡績之畢。」乃詔三司，自今夏稅以六月，秋稅以十月起徵，民閒便之。

綱 周以我太祖爲定國節度使，兼殿前都指揮使。（定國節度使卽匡國軍節度使，後人避趙匡胤諱改，治同州城，卽今陝西大荔縣。）

目 太祖表趙普爲節度推官。

綱 十一月，周殺唐使者司空孫晟。

目 唐使者孫晟從至大梁，世宗待之甚厚，時召見，飲以醇酒，問以唐事。晟但言「臣主畏陛下神武，事陛下無二心。」命都承旨曹翰與之飲酒，從容問以唐虛實，晟終不言。翰乃謂曰：「有敕，賜相公死。」晟神色怡然，索鞾袍，（鞾，靴本字。）整衣冠，南向拜曰：「臣謹以死報國。」乃就刑。幷從者百餘人皆殺之。

華山隱士陳摶飛昇黃白之術

【綱】周召華山隱士陳摶詣闕，（華山，在今陝西渭南縣東。）尋遣還山。

【目】世宗召陳摶問以飛升、黃白之術，（黃白之術，丹竈之事也。漢武內傳曰：「李少君言：『臣能凝汞成白銀，飛丹砂成黃金，金成服之，白日升天。』」）對曰：「陛下爲天子，當以治天下爲務，安用此爲！」乃遣還山，詔州縣長吏常存問之。

【綱】丁巳，（九五七）周顯德四年，北漢天會元年。是歲凡五國、三鎭。春正月，唐遣兵救壽州，周師擊破之。

【綱】三月，周主復如壽州，大破唐兵，唐元帥景達奔還。

劉仁贍死

【綱】唐壽州監軍周廷構以城降周，唐節度使劉仁贍死之。（劉仁贍爲清淮節度使，治壽州城。）

【綱】周以壽州爲忠正軍，徙治下蔡。

周世宗褒劉仁贍

【目】世宗耀兵於壽春城北。唐清淮節度使劉仁贍病甚，不知人，監軍使周廷構等作仁贍表，舁仁贍出城以降於周。（舁音預，對舉也。）仁贍臥不能起，世宗慰勞賜賚，復令入城養疾。徙壽州治下蔡。又制曰：「劉仁贍盡忠所事，抗節無虧，前代名臣，幾人堪比。朕之伐叛，得爾爲多。其以爲天平節度使，兼中書令。」是日卒，世宗復以清淮軍爲忠正軍，以旌仁贍之節。

十阿父

【綱】周主之父光祿卿致仕柴守禮犯法，周主不問。

【目】守禮及當時將相王溥、王晏、韓令坤之父遊處，恃勢恣橫，洛人畏之，謂之「十阿父」。世宗既爲太祖嗣，人無敢言守禮子者，但以元舅處之，優其俸給，未嘗至大梁。嘗以小忿殺人，有司不敢詰，世宗知而不問。

綱 夏四月，周主還大梁。

綱 六月，周以王祚爲潁州團練使。（潁州治汝陰縣，即今安徽阜陽縣。）

目 祚，溥之父也。溥爲宰相，祚有賓客，溥常朝服侍立；客坐不安席，祚曰：「豘犬不足爲起。」豘同豚。

綱 秋九月，周以竇儼爲中書舍人。

目 儀上疏請令有司討論禮儀，考正鐘律，作通禮、正樂。又以爲「爲政之本，莫大擇人；擇人之重，莫先宰相。自有唐之末，輕用名器，始爲輔弼，即兼三公、僕射之官，故其未得之也，則以趨競爲心；既得之也，則以容默爲事。乞令宰相各舉所知，且令以本官權知政事。期歲之閒，察其職業，若果能堪稱，其官已高，則除平章事。未高，則稍更遷官，權知如故；若有不稱，則罷其政事，責其舉者。又累朝屢詔，聽民廣耕，止輸舊稅；及其既種，則有司履畝而增之，故民皆疑懼，而田不加闢。夫爲政之先，莫如敦信，信苟著矣，則田無不廣，田廣則穀多，穀多則藏之民猶藏之官也。」世宗善之。儼，儀之弟也。

綱 冬十一月，周主自將伐唐，攻濠、泗州。（濠州治鍾離縣，在今安徽鳳陽縣東北。泗州治臨淮縣，在今安徽泗縣東南。）

唐泗州降周
周取唐揚州泰州
李延鄒擲筆不作降表
周克唐楚州
唐獻江北地於周
陳覺請獻四州

【綱】十二月，唐泗州降周，周主遣擊唐兵，至楚州，（治山陽縣，即今江蘇淮安縣。）大破之。

【綱】唐濠州降周，周主進兵攻楚州，遣兵取揚、泰州。（揚州治江都縣，見上。泰州治海陵縣，即今江蘇泰州縣。）

【目】唐團練使郭廷謂欲以濠州降周，命參軍李延鄒草降表。延鄒責以忠義，廷謂以兵臨之，延鄒擲筆曰：「大丈夫終不負國爲叛臣作降表！」廷謂斬之，舉城降。周世宗時攻楚州，遣指揮使武守琦將騎數百取揚州。世宗聞泰州亦無備，遣兵襲取之。

【綱】戊午，（九五八）周顯德五年，唐中興元年，南漢主鋹大寶元年。是歲凡五國、三鎮。春正月，周主克唐楚州，唐防禦使張彥卿死之。

【綱】二月，周主至揚州。

【綱】三月，唐以太弟景遂爲晉王，燕王弘冀爲太子。

【綱】周主臨江，遣水軍擊唐兵，破之。唐主遣使盡獻江北地，周主罷兵引還。

【目】世宗如迎鑾鎮，（今江蘇儀徵縣。）屢至江口，遣水軍擊唐兵，破之。唐主恐，遂南渡，又恥降號稱藩，乃遣陳覺奉表，請傳位於太子弘冀，使聽命於中國。時淮南惟廬、舒、蘄、黃未下，（廬州治合肥縣，在今安徽合肥市北。舒州治懷寧縣，即今安徽潛山縣。黃州治黃崗縣，即今湖北黃崗縣。蘄州治蘄春縣，在今湖北蘄春縣北。）覺見周兵之盛，白世宗，請遣人度江取表，獻四州之地，畫江爲境，以求息兵，辭指甚哀。世宗曰：「朕本興師止取江北，今爾主能舉國內附，朕復何求！」賜唐主

唐去帝號

唐馮延巳笑烈祖齷齪

南漢劉鋹立

曹彬

曹彬不受饋遺

書稱「皇帝恭問江南國主」，慰納之。唐主奉表稱「唐國主」，請獻江北四州，歲輸貢物數十萬。於是江北悉平。世宗賜唐主書，諭以「今當罷兵，不必傳位。」

【綱】夏五月，唐主更名景，去帝號，奉周正朔。

【目】唐主避周諱，更名景。下令去帝號，稱國王，去年號，用周正朔。平章事馮延巳、嚴續、樞密使陳覺皆罷。

初，延巳以取中原之策說唐主，由是有寵。嘗笑烈祖齷齪，（烈祖，南唐祖李昪。齷齪，音握錯，急迫局陿貌。）曰：「安陸所喪纔數千兵，（安陸，即今湖北安陸縣。）為之輟食咨嗟者旬日，（晉高祖天福五年，南唐烈祖遣李承裕與晉戰於安陸，兵敗，失亡四千餘人，唐主惋恨累日。）此田舍翁識量耳，安足與成大事！豈如今上暴師數萬於外，（暴音僕。）而擊毬宴樂無異平日，眞英主也！」與其黨談論，常以天下為己任，更相唱和。翰林學士常夢錫屢言延巳等浮誕，不可信；唐主不聽，夢錫曰：「姦臣似忠，陛下不悟，國必亡矣！」及是，延巳之黨相與言，有謂周為大朝者，夢錫大笑曰：「諸公常欲致君堯、舜，何意今日自為小朝邪！」眾默然。

【綱】秋八月，南漢主晟殂，子鋹立。（鋹音敞。）

【綱】周遣閤門使曹彬如吳越。

【目】周遣曹彬以兵器賜吳越，事畢亟還，不受饋遺。吳越人以輕舟追與之，至於數四，彬曰：「吾終不受，是竊名也。」盡籍其數，歸而獻之。世宗曰：「曩之奉使者，乞匄無厭，（匄音

均田租

元稹均田圖

王朴作律準

周世宗貸民不責償

王朴卒

周世宗自將伐契丹

蓋。使四方輕朝命。卿能如是，甚善；然彼以遺卿，卿自取之。」彬始拜受，悉以散於親識，家無留者。

綱　冬十月，周遣使均定境內田租。

目　世宗留心農事，嘗刻木爲農夫、蠶婦，置之殿庭。欲均定天下租稅，先以元稹均田圖賜諸道。稹音軫。元稹，河南人，唐憲宗朝策試制舉之士，稹第一，拜左拾遺，出爲河南監察御史，後官膳部員外郎。嘗著均田圖獻帝，帝嘉納之。至是，詔散騎常侍艾穎等三十四人分行諸州，行，巡視也。均定田租。

綱　十一月，唐放其太傅宋齊丘于九華山。（在今安徽青陽縣西南。）

恭帝　名宗訓，世宗四子，立爲梁王。年七歲，世宗殂，梁王立，在位六月，爲趙匡胤所篡，廢帝爲鄭王，而周亡矣。

綱　己未，（九五九）周顯德六年，六月恭帝宗訓立。是歲凡五國、三鎭。春正月，周命王朴作律準，十二律之準。定大樂。

綱　二月，周淮南饑。

目　淮南饑，世宗命以米貸之。或曰：「民貧，恐不能償。」世宗曰：「民，吾子也，安有子倒懸而父不爲之解哉！安在責其必償也！」

綱　三月，周樞密使王朴卒。

目　朴剛銳明敏，智略過人。及卒，世宗臨其喪，以玉鉞卓地，慟哭數四，不能自止。

綱　夏四月，周主自將伐契丹。五月，取瀛、莫、易，（瀛州治河間縣，即今河北河間縣。莫州治鄚縣，在今河北任丘縣北。易州治易縣，即今河北易縣。）置雄、霸州，（雄州治歸義縣，在今河北涿縣東南。霸州治永清縣，即今河北霸縣。）遂趣幽州，趣同趨。有疾乃還。

目 世宗以北鄙未復，（謂石敬塘割與契丹之十六州，見卷六十一晉天福元年。）下詔親征，命親軍都虞候韓通等將水陸軍先發。四月，通自滄州治水道入契丹境，（滄州治淸池縣，在今河北滄縣東南。）柵於乾寧軍南，（乾寧軍治寧州城，在今河北靜海縣西南。）補壞防，開游口三十六，遂通瀛、莫。車駕至滄州，即日帥步騎數萬直趣契丹之境，非道所從，言不由正路也。民閒皆不之知。契丹寧州刺史王洪舉城降。詔以韓通爲陸路都部署，我太祖爲水路都部署，自御龍舟沿流而北，舳艫相連數十里。至獨流口，（在今河北靜海縣西北，地頻運河與獨流河相會處。）泝流而西，泝音素。泝流，逆流而上也。至益津關，（唐置益津關，後入契丹，周改永淸縣，爲霸州治，即今河北霸縣。）契丹守將終廷輝以城降。自是水路漸隘，乃登陸而西，宿於野次。我太祖先至瓦橋關，（在易水上，周改爲歸義縣，即雄州治，在今河北涿縣東南。）契丹守將姚內斌、莫州刺史劉楚信皆舉城降。五月朔，侍衞都指揮使李重進等引兵繼至，契丹瀛州刺史高彥暉舉城降。於是關南悉平。

宴諸將於行宮，議取幽州。諸將曰：「陛下離京四十二日，兵不血刃，取燕南之地，此不世之功也。今虜騎皆聚幽州之北，未宜深入。」世宗不悅。是日趣先鋒都指揮使劉重進先發，趣同促。據固安。（在今河北霸縣北。）自至安陽水，命作橋，會日暮，還宿瓦橋，是夕不豫而止。

契丹主遣使命北漢發兵撓周邊，撓音擾。聞周師還，乃罷。孫行友拔易州，擒契丹刺史李在欽獻之，斬於軍市。以瓦橋關爲雄州，益津關爲霸州。

置雄霸二州

命李重進將兵出土門擊北漢，（土門關卽井陘關，在今河北石家莊市西井陘山上。）韓令坤戍霸州，陳思讓戍雄州，遂還。重進敗北漢兵於百井。（在今山西太原市陽曲鎭北。）車駕至大梁，往還適六十日。

周世宗不受泉州貢

綱　六月，周，唐泉州遣使入貢于周；（泉州治晉江縣，卽今福建泉州市，卽清源節度使治。）不受。

目　唐清源節度使留從効遣使入貢，請置進奏院於京師。詔報之曰：「江南近服，方務綏懷。卿久奉金陵，未可改圖；若置邸上都，邸，舍也。與彼抗衡，受而有之，罪在於朕。」

唐城金陵

綱　唐城金陵。

目　唐遣鍾謨入貢於周，世宗曰：「江南亦治兵脩守備乎？」對曰：「既臣事大國，不敢復爾！」世宗曰：「不然，曏時則爲讎敵，今日則爲一家。吾與汝國，大義已定，保無他虞；然人生難期，至於後世，則事不可知。歸語汝主，可及吾時，完城郭，繕甲兵，據守要害，爲子孫計。」謨歸以告，唐主乃城金陵，凡城之不完者葺之，葺音緝。戍兵少者益之。

綱　周主立其子宗訓爲梁王。

目　初，宰相屢請王諸皇子，世宗曰：「功臣之子，皆未加恩，而獨先朕子，能自安乎！」至是不豫，乃封宗訓爲梁王，生七年矣。

綱 周以魏仁浦同平章事，我太祖爲殿前都點檢。

魏仁浦

目 世宗欲相仁浦，議者以仁浦不由科第爲疑。世宗曰：「自古用文武才略爲輔佐者，豈盡由科第邪！」乃以王溥、范質皆參知樞密院事，仁浦同平章事，樞密使如故。仁浦爲人謙謹，世宗性嚴急，近職有忤旨者，仁浦多引罪歸己以救之，所全活什七八。故雖起刀筆吏，（古者書用簡牘，筆誤則以刀削去之，故吏皆以刀筆隨。）致位宰相，時人不以爲忝。又以吳延祚爲樞密使，韓通充侍衞親軍副都指揮使，我太祖兼殿前都點檢。

李濤能見未形

世宗嘗問相於兵部尚書張昭，昭薦李濤，世宗愕然曰：「濤輕薄無大臣體，卿薦之何也？」對曰：「陛下所責者，細行也；臣所舉者，大節也。昔張彥澤虐殺不辜，濤累疏以爲『不殺必爲國患』。漢隱帝之世，濤亦上疏請解先帝兵權。夫國家安危未形，而能見之，此眞宰相器也。」世宗曰：「卿言甚善，然濤終不可置之中書。」濤喜詼諧，不脩邊幅，與弟澣甚友愛而多謔浪，（澣音緩。謔，戲也。浪，放蕩也。詩邶風終風篇：「謔浪笑敖。」）無長幼體，世宗以是薄之。又以翰林學士王著，幕府舊僚，屢欲相之，亦以其嗜酒無檢而罷。

綱 周主榮殂，梁王宗訓立。

王著終日遊醉鄉

目 世宗大漸，（大漸，病甚也。）召范質等入受顧命，謂曰：「王著藩邸故人，朕若不起，當相之。」質等出，相謂曰：「著終日遊醉鄉，豈堪爲相！愼毋泄此言。」是日，世宗殂。

世宗在藩，多務韜晦，及卽位，破高平之寇，人始服其英武。其御軍，號令嚴明，人莫敢犯。攻城對敵，矢石落其左右，略不動容。應機決策，出人意表。又勤於爲治，發姦擿伏，擿與摘同。聰察如神。閒暇則召儒者讀前史，商搉大義。性不好絲竹珍玩之物。常言：「朕必不因喜賞人，因怒刑人。」又言：「太祖養成王峻、王殷之惡，致君臣之分不終。」廣順三年正月，貶王峻爲商州司馬，以病卒。八月，王殷自鄴都入朝，太祖殺之。故羣臣有過則面質責之，服則赦之，有功則厚賞之。文武參用，各盡其能，人無不畏其明而懷其惠，故能破敵廣地，所向無前。然用法太嚴，羣臣職事小有不舉，往往置之極刑，雖素有才幹聲名，無所開宥；尋亦悔之。末年寖寬，登遐之日，登遐亦作「升遐」，離騷作「登霞」，曲禮、莊子俱作「登假」，並與遐同，猶曰適遠云爾。遠邇哀慕焉。梁王宗訓卽皇帝位。

綱 秋七月，周以我太祖領歸德軍節度使。（歸德軍節度使治宋州城，在今河南商丘市南。）

右後周三主，共十年。